순자의 철학사상

순자의 철학사상

조원일 지음

荀子

전남대학교출판부

머리말

동아시아의 전통 사상을 회고해보면 유학과의 조우를 피할 수는 없다. 유학 사상은 오랜 세월 동안 동아시아 지성계는 물론 일반인들의 삶에 절대적인 영향을 끼친 관념체계라고 할 수 있다. 그리고 이러한 영향은 아직까지도 면면히 이어져 내려오고 있다. 유학은 개인과 집단을 불문하고 아직까지도 동아시아 사람들 모두의 현재적 삶 속에 깊이 투영되어 있는 사고와 행위의 존재방식인 셈이다.

첨단과학과 물질문명이 주류를 이루고 물질적인 가치가 최고의 것으로 추앙 받고 있으며, 실용적인 학문이 최선의 선택으로 여겨지고 있는 21세기의 대한민국에서 유학은 일반적으로 보수, 형식주의, 봉건, 전근대 등과 같은 개념들과 등치되고 그 본래의 의미가 퇴색되어 있는 실정이다. 심지어는 허례허식이나 보수반동으로 언급되는 한편 체제 유지에 적합한 낡은 이데올로기로 폄하되고 있는 상황이다.

이러한 취급을 받고 있는 유학 사상은 우리들이 현실적 삶 속에서 직면하게 되는 수많은 문제들에 대하여 직설적이고 효과적인 해결방법을 제시하는 것이 불가능하다고 판단할 수도 있을 것이다. 그러나 현재 한국사회에서 발생하고 있는 수많은 문제들 즉 승자독식의 사회구조, 인간성 상실의 세태, 나날이 늘어만 가는 자살률, 양극화 사회의 고착 등과 같은 문제들 대하여 즉각적이고 효과적인 해결방안을 제시해 줄 수 있는 것은 과연 어떤 것이 있는가? 라고 하는 질문을 피력할 수 있다. 과연 이러한 의문에 대하여 바로 이러한 사상체계나 종교 관념 혹은 저러한 사회적 시스템이 그러한 문제들을 효과적으로 해결할 수 있다고 자신 있게 대안을 제시할 수 있는 것은 없다고 생각한다.

오랜 시간의 흐름 속에서 동아시아 사람들의 일반적인 삶의 존재원리로 자리매김을 해왔던 유학 사상은 시공을 뛰어넘는 보편적 원칙을 통해서 우리들에게 진정한 사랑의 의미와 그것의 실천과 정의로움에 대한 각성과 다른 사람과의 관계 속에서 타인을 배려할 줄 아는 마음과 사회적 질서를 확립하기 위한 교육의 중요성에 대하여 성찰 할 수 있도록 해주었던 것이다. 이러한 것들을 바탕으로 우리는 가치 있는 인간으로 거듭날 수 있었던 것이며, 무엇이 올바른 삶의 길인지를 체득할 수 있었던 것이다.

중국의 전국시대라고 하는 수천 년 전에 생존했던 순자가 급변하는 현대사회를 살아가고 있는 우리들에게 전하고자 했던 고대의 메시지는 과연 무엇이었을까? 순자는 우리들에게 학문에 대하여 많은 메시지를 남겼으며, 인간이 마땅히 준수해야할 예의법도에 관해서도 적지 않은 이야기를 남겼다. 또한 그의 사상체계 속에는 이상적인 국가를 형성하여 통치할 수 있는 치국방략에 대한 생각도 담겨져 있고, 이상적인 인간이 될 수 있는 여정에 대한 고민도 스며져 있고, 백성들의 고단한 삶을 다독여 줄 수 있는 경제문제의 중요성에 대한 소중한 메시지도 담겨져 있으며, 고대의 지적전통을 창조적으로 계승해야 한다고 하는 메시지도 역시 담겨져 있다.

필자는 지난 십여 년 동안 강단에서 순자의 유학사상과 관련된 강의를 하면서 틈틈이 연구논문을 작성했는데, 그 가운데 순자의 철학사상에 관한 글들을 모아서 수정작업과 보완을 거쳐 단행본을 세상에 내놓게 되었다.

본서는 고대 중국의 선진유학의 현실주의자인 순자의 사상에 대하여 천인관계론, 인성론, 교육론, 성인론, 사회론, 경제론, 정치론, 예론, 자연론, 예치와 정도론 등을 중심으로 체계적으로 분석 정리한 글이라고 할 수 있다.

먼저 제1장은 천인관계론에 대하여 순자의 천인관계론은 도덕적 의미에 집중되어 있는 선진유학의 천인관계론에 자연적 의미를 더한 새로운 형태의 천인관계론을 수립했다는 점에서 사상사적 의미가 있다고 하는 사실을 조명했다. 이러한 순자의 천인관계론에 대하여 구체적으로 자연적 의미의 천과 그것의 출현, 천과 인간의 구분, 인간의 천에 대한 반응의 문제 등의 문제를 중심으로 서술했다. 이 글은 원래 『퇴계학논총』 제21집(2013년)에 게재했던 문장을 수정과 보완작업을 거쳐 수록한 것이다.

제2장은 인성론에 관한 문제를 순자가 본성이 악하다고 하는 주장이 순자 이후 학술계의 주요 쟁점 가운데의 하나가 되었으며, 심지어 그는 이러한 주장으로 인해서 신랄한 비판을 받기도 했다는 사실을 중심으로 조명했다. 또한 현대에 와서 많은 학자들은 이러한 순자의 '본능이 곧 성이다'라는 주장에 대하여 제각기 다른 해석과 주장을 내놓고 있지만, 그들의 해석과 주장이 과연 보편타당한 것인가라는 의문에서 출발하여 이러한 문제들에 대한 명확한 정리를 통하여 순자는 어떤

이유 때문에 본성이 악하다고 주장했는가를 규명하고, 그가 언급한 '본성은 악하다'는 주장 속에는 어떠한 함의가 담겨져 있는지를 현대적인 시각에서 재조명 해보았다. 이 글은 원래 『중국학논총』 제32집(2011년)에 게재했던 문장을 수정과 보완작업을 거쳐 수록한 것이다.

제3장은 교육론에 관한 문제인데, 여기에서는 순자의 교육사상은 정치와 사회의 조화와 상호 협력체계를 구축하기 위해서 도출된 것이기 때문에 실용적인 효과를 중시했다고 볼 수 있으며, 또한 경험과 지식 및 도덕 사이의 상호 관련성을 강조함으로써 그 이론의 실질적인 효과를 증명하고자 했다고 볼 수 있다는 사실을 규명했다. 또한 순자가 언급한 교육은 인간을 근본으로 하고 인문적 소양의 육성을 통하여 인간의 생리적인 욕구를 절제하여 인간의 정서를 조화롭게 만듦으로써 결국은 인간 스스로가 안정된 삶을 영위할 수 있도록 만드는데 그 목적이 있다고 하는 사실 역시 규명했다. 그렇기 때문에 순자의 교육관은 개인의 향학과 구도를 바탕으로 하여 사회적으로 후천적인 노력과 학습으로 확대해 나가면 안정적인 사회를 구현하는데 그 주요한 목적이 있다고 하는 사실을 중심으로 서술하였다. 이 글은 원래 『동서철학연구』 제71집(2014년)에 게재했던 문장을 수정과 보완작업을 거쳐 수록한 것이다.

제4장은 순자의 성인론에 관한 문제인데, 순자에게 있어서의 '성인'은 공자나 맹자의 경우와 마찬가지로 '인성'을 최고의 경지로 끌어올린 사람을 의미한다. 또한 『순자』에서 묘사되어 있는 '성인'의 모습은 재능과 덕성을 겸비한 사람일뿐만 아니라 고대 성왕들의 법도를 닦은 사람이자 시의 적절하게 공적을 이루려고 하는 정치가의 모습이라고도 할 수 있다. 또한 순자는 이러한 '성인'은 일을 추진하는 태도에 있어서

도 명석한 지혜로 사안을 분석하고 사려 깊고 주도면밀한 판단을 내리기 때문에 쉽게 기만할 수 없는 존재라고 생각했다. 이러한 순자의 성인론의 문제를 내적수양과 정치·사회적 성취를 중심으로 분석하여 서술했다. 이 글은 원래 『중국인문과학』 제53집(2013년)에 게재했던 문장을 수정과 보완작업을 거쳐 수록한 것이다.

제5장은 사회론에 대하여 순자의 사회사상 관념 가운데는 인간의 사회적 활동으로부터 생존경쟁과 문화적 필요성이 대두되었다는 사회의 기원에 관한 문제가 있으며, 사람들 상호간에 이익의 충돌로 인해서 발생하게 되는 사회적 문제를 해결하기 위한 '예'의 제정을 통한 신분상의 차이를 규정한 사회계층의 구분에 관한 문제도 있으며, 혼란한 사회 상황을 정상적인 상태로 회복시키기 위해서는 '예'와 '법'을 통한 사회적 제어장치에 관한 문제 역시 존재하며, 사회와 정치에 관한 문제를 교육과 경제적 측면에서 다룬 부분도 찾아 볼 수 있다고 하는 사실에 중점을 두어 서술했다. 이 글은 원래 『동양문화연구』 제17집(2014년)에 게재했던 문장을 수정과 보완작업을 거쳐 수록한 것이다.

제6장은 순자의 경제론에 관한 문제인데, 선진유가의 경제사상은 공자와 맹자를 거쳐 순자에 이르러 더욱 정밀해지는 한편 현실주의적 경향을 띠게 된다고 할 수 있다. 순자에게 있어서 고대 성왕들의 경제정책은 이상적인 목표가 있는 것으로 이해되는데, 그것은 바로 경제정책의 목표가 실질적인 시행과 이론적인 보충이 조화롭게 발현되는 것이었으며, 또한 그러할 때 비로소 진정한 가치가 드러나는 것이라고 그는 생각했다. 그렇기 때문에 순자는 이상적인 정치를 실현할 수 있는 실질적인 경제정책으로 형평성 있는 조세정책과 유능한 인재의

등용 및 합리적인 직업시스템의 확립 등을 제시하고 있으며, 이것들이 조화롭게 실현되는 것이 순자의 경제정책 청사진이라고 할 수 있다. 그래서 본장에서는 순자의 경제정책의 핵심적인 요소들, 즉 형평성 있는 조세정책과 유능한 인재의 등용 및 합리적인 직업시스템의 확립을 중심으로 분석하여 서술했다. 이 글은 원래 『동양문화연구』 제10집(2012년)에 게재했던 문장을 수정과 보완작업을 거쳐 수록한 것이다.

제7장은 정치론에 관한 문제인데, 여기에서는 순자가 전국시대 말기의 사회문제 해결과 사회적 환경의 개선 및 사회의 발전을 견인할 수 있는 유일한 방법으로 정치적 조치를 들었다고 하는 사실과 함께 순자는 사회와 정치가 서로 영향을 주는 관계에 있는 것으로 보았다는 사실을 규명했다. 또한 순자가 세운 이론체계는 이성적 사유와 경험적 검증을 동시에 중시하는 것으로 목적과 수단이 하나로 녹아져 있기 때문에 그가 논의한 정치는 이론과 실천이 서로 대칭되어 있으며 이상과 실용이 함께 병행되어 있는 것이라고 할 수 있기 때문에 순자의 정치사상 속에는 유가와 법가의 사상이 하나로 관통되어져 있다고 할 수 있다는 사실을 중심으로 서술했다. 이 글은 원래 『중국학논총』 제41집(2014년)에 게재했던 문장을 수정과 보완작업을 거쳐 수록한 것이다.

제8장은 예론에 대해서인데, 순자가 예론체계를 수립한 것은 전통유가의 천인합덕의 관념을 부정하고 더나가 성악설을 주장하기 위해서였다는 사실을 중심으로 서술했다. 또한 순자는 이로부터 천과 인성에 철학적 의미의 단서를 제공했으며, 환경적인 필요에 부응하기 위한 인간사회의 조화로부터 착수하여 성인이 제정한 예의법도가 갖춘 경험적 의미를 강조하는 한편 이러한 것을 통하여 안정되고 질서가 있는

사회구현의 목적을 달성하고자 했다는 사실 역시 규명했으며, 그의 예론체계의 내용은 경험 속에서 검증적인 의미를 더한 것을 특별히 중시한 것이라는 점 역시 천명했다. 그렇기 때문에 본장에서는 '예'는 성인의 손에서 그것의 중요성과 효용의 범위 등이 완성되어 인륜과 정치 및 사회 등의 제반 생활영역 속에 골고루 포함되어져 있게 되는 것이라고 하는 사실의 규명을 중심으로 서술했다. 이 글은 원래 『퇴계학논총』 제22집(2013년)에 게재했던 문장을 수정과 보완작업을 거쳐 수록한 것이다.

제9장은 순자의 자연론에 관한 문제이다. 순자의 철학사상은 비록 중국철학사에 있어서 중시 받지를 못했으나 그가 고민한 현실문제에 대한 철저한 반성과 이상적인 사회를 건설하고자 하는 열망으로 당시의 혼란한 상황을 개선하려고 한 점은 충분히 철학적인 검토의 대상이 될 수 있다고 볼 수 있다. 순자는 과연 어떻게 공자와 맹자로 대표되는 전통유가의 도덕사상체계와 다른 관점을 기초로 자신이 직면한 현실의 문제를 해결하려 했을까? 그것은 바로 순자의 자연론에서 그러한 문제의 해결의 실마리를 찾을 수 있다고 생각한다. 그렇기 때문에 본장에서는 이와 같은 문제에 대하여 순자의 자연과 인간의 관계 및 자연과 사회와의 관계에 대한 분석을 중심으로 규명했다. 이 글은 원래 『중국학논총』 제19집(2005년)에 게재했던 문장을 수정과 보완작업을 거쳐 수록한 것이다.

제10장은 예치와 정도론에 대한 문제이다. 순자는 정치 분야에 있어서 예의의 숭상을 통한 천하의 안정을 가장 중요한 가치체계로 생각했기 때문에 그의 '예치'사상이 탄생하게 된다고 하는 사실을 규명했다. 유가의 현실주의자였던 순자는 국가 통치방법에는 일정 정도의 도

덕준칙이 존재하고 있다고 생각했는데, 즉 '예'의 규범과 상벌의 시행과 인재의 등용 등등의 국가를 경영하는 방법론 속에서 이러한 도덕준칙이 있다는 것이다. 그러므로 순자에게 있어서 치도治道라고 하는 것은 정도政道에서 파생되어 나온 것이라고 할 수 있는 것이다. 그렇기 때문에 본장에서는 예치와 정도의 관계에 대해서 먼저 예치로서 정도를 분석해보고 그 다음에 군주를 존중하는 방법을 통해 분석을 하고, 마지막으로 백성들을 귀하게 대하는 방법을 통하여 분석하여 서술했다. 이 글은 원래 『중국인문과학』 제45집(2010년)에 게재했던 문장을 수정과 보완작업을 거쳐 수록한 것이다.

필자는 청소년시절 동서양의 지적知的전통에 대한 호기심을 채우기 위해서 동서양고전의 바다에 흠뻑 빠져 있었다. 이러한 시간들은 지금 돌이켜보면 매우 소중한 자산을 축적할 수 있는 기간이었다고 생각한다. 대학을 졸업한 후에 고대 중국의 지적전통에 대한 갈증을 해소하고자 타이완 중국문화대학 대학원과 중국의 북경대학 대학원에서 십년 가까이 중국의 고전 숲속에서 청춘을 불살랐다. 이러한 고대 중국의 지적전통에 대한 연구과정 속에서 수많은 석학들의 가르침을 받을 수 있었던 것은 매우 소중하고 값진 체험이었다고 생각한다.

낯선 타국 땅에서의 유학시절 엄정하고 열정적으로 부족한 제자를 진정한 학자의 길로 인도해주신 타이완과 북경의 은사님들에 대하여 깊은 사의를 표하고자 한다. 또한 타이완에서의 유학생활 기간 내내 후배에게 늘 따뜻한 격려와 용기를 북돋아주셨으며, 어렵고 힘든 유학을 무사히 마칠 수 있도록 항상 든든한 멘토 역할을 해줘서 오늘의 나를 있게 만들어준 최정국 선배님께 진심으로 감사하는 마음을 올린다.

지난 이십여 년 동안 학생시절부터 지금에 이르기까지 공부하는 남편을 늘 변함없이 지지해주었으며, 힘들거나 어려울 때를 막론하고 항상 곁에서 함께 해준 아내에 감사하다는 마음과, 어린 시절부터 휴일에 가까운 곳에 한번 같이 다녀주지 못한 무심한 아빠를 묵묵히 기다리며 예쁘게 자라준 딸 수현에게 커다란 고마움을 전하며, 내가 사랑하는 두 여인이 항상 건강하고 행복하길 기원하는 마음으로 이 조그마한 책을 바친다.

2014년 늦여름

남녘땅 屯德齋에서

조원일

| 목차 |

제3장 교육론

제4장 성인론

제5장 사회론

제9장 자연론

제10장 예치와 정도론

제1장 천인관계론

1. 시작하는 말

순자는 전국시대 말기에 생존했는데, 그 시기에 있어서 그는 누락되어서는 안 될 사상가로서 자리매김하고 있었다. 이는 단지 그가 생존하던 시기가 백가쟁명의 시기였기 때문만이 아니라, 그가 각 학파의 학설을 수용하고 조합하여 자신만의 견해를 제시했기 때문이라고 할 수 있다. 그러므로 순자는 전국시대의 집대성적 사상가라고 할 수 있으며, 이와 같이 한 시대의 획을 그은 관건적인 경향을 띤 사상가였던 순자에 대한 재조명은 반드시 필요하다고 생각한다.

순자는 당시 다양한 환경의 변화에 직면하여 사회적 혼란과 제자백가의 잘못된 견해들을 바로잡기 위해서, 당시의 학술사상에 대하여 다양한 형태의 반응을 보였다. 이와 관련하여 순자의 사상가운데 가장 특별하고 근원적인 의미를 가진 주장은 바로 그가 천天에 대하여 진행한 주장이라고 할 수 있다. 순자는 자연적 의미의 천을 강조하였는데, 그가 비록 천에 자연적 의미만 갖추어져 있다고는 말하지 않았지만, 후세의 학자들 대부분은 순자가 언급한 천이 자연적 의미만을 갖추고 있다고 주장하며 심지어는 순자를 유가의 이단자로 보기도 한다. 이러한 견해들은 순자에 대한 오해와 편견에서 비롯된 것이라고 생각된다.

천인관계의 문제에 있어서 순자가 천을 논급한 목적은 인간을 설명하기 위함에 있었다고 할 수 있다. 이러한 천인관계의 문제에 대한 순자의 사상은 전대의 공자나 맹자의 천인관계에 관한 사상보다 진일보한 발전이 있다고 언급되어 질 수 있다. 즉 순자는 유가의 주나라 문화전통 사상을 전승하는 가운데 인식한 도덕적 의미의 천 관념에 직하稷下에서 흡수한 자연적 의미의 천도天道 관념을 적절하게 배합했다는 것이 바로 진일보 한 점이라고 할 수 있는 것이다. 이러한 순자의 천도 관념은 일견 모순되는 것처럼 보이지만, 그 안에는 도덕과 자연 사이의 대립을 초월하여 상호보완과 상호계발을 해줄 수 있는 부분을 포함하고 있다고 볼 수 있다.

선진유가의 천인관계론 가운데 순자의 천인관계론은 도덕적 의미에 집중되어 있는 유학의 천인관계론에 자연적 의미를 더한 새로운 형태의 천인관계론을 수립했다는 점에서 사상사적 의미가 있다고 판단한다. 이러한 순자의 천인관계론에 대하여 본문에서는 자연적 의미의 천과 그것의 출현, 천과 인간의 구분, 인간의 천에 대한 반응의 문제 등에 관하여 논의를 진행 해보았다.

2. 자연적 의미의 천

순자는 자연적 의미의 천 관념의 제기를 통하여 기존의 천인관계의 모식을 재정립하여 새로운 각도로 천과 인간 사이의 문제를 처리하고자 했다고 할 수 있다. 이러한 천의 자연적 의미는 순자가 처음으로 제기한 것이 아니라 순자 이전에 이미 존재하고 있었던 개념으로 『춘추좌전』에 "천에는 육기六氣가 있는데, 이것이 땅으로 내려와 오미五味를 낳게 하고, 오색五色을 발하게 하며, 오성五聲을 이루게 하거늘, 정도가 지나치면 여섯 가지 병이 생긴다."[1]라고 언급되어 있는 것처럼 이미 오래전에 존재하고 있었다. 그러나 이러한 개념에 대하여 상세하게 설명을 한 사람은 유가에서는 순자뿐이었다고 할 수 있다. 순자는 천에 대한 이해에 있어서 먼저 천의 운행은 일정한 것이라고 하는 화두를 던진다.

> 하늘의 운행에는 일정한 법도가 있다. 요임금 때문에 존재하는 것도 아니고, 걸왕 때문에 없어지는 것도 아니다. 거기에 다스림으로 호응하면 곧 길하고, 거기에 혼란으로 호응하면 곧 흉하다.[2]

순자는 천을 객관적 존재인 자연계로 보는 한편 이러한 자연계는 규칙적으로 운행한다고 생각했다. 이와 같은 객관적 존재로서의 자연계는 인간사와는 무관하게 돌아가는 것이기 때문에 순자는 인간세상의

---

1) 『春秋左傳』, 「昭公元年」, "天有六氣, 降生五味, 發爲五色, 徵爲五聲. 淫生六疾."

2) 『荀子』, 「天論」, "天行有常, 不爲堯存, 不爲桀亡. 應之以治則吉, 應之以亂則凶."

길흉화복은 전적으로 인간 자신에 의해서 결정되는 것이라고 했다.

> 농사에 힘쓰고 쓰는 것을 절약하면 하늘도 가난하게 할 수 없고, 잘 보양하고 제때에 움직이면 하늘도 병들게 할 수 없으며, 올바른 도를 닦아 도리에 어긋나지 않으면 하늘도 재난을 당하게 할 수 없다. 그러므로 장마와 가뭄도 그러한 사람을 굶주리게 할 수 없고, 추위와 더위도 병들게 할 수 없으며, 요괴도 불행하게 할 수 없는 것이다.……타고난 때는 잘 다스려지던 시대와 같은데도 재앙과 재난은 잘 다스려지던 시대와는 달리 많은 것에 대해 하늘을 원망할 수는 없는 것이며, 그들의 행동 방법이 그렇게 만든 것이다.[3)]

순자는 천하의 안정됨과 혼란한 문제에 당면하여, 일월성신으로 대표되는 천과 춘하추동으로 대표되는 때와 삶과 죽음으로 대표되는 대지 모두가 천하의 안정됨과 혼란한 상황을 연출하는 것과는 전혀 관계가 없다는 점을 강조했다. 그렇기 때문에 순자는 인간이 농사에 힘쓰고 소비를 절약하며, 건강을 잘 챙기고 시의적절한 운동을 하고, 올바른 삶의 태도를 유지하면, 천은 인간을 곤궁하게 만들거나 질병이 생기게 만들거나 혹은 재앙에 빠지게 만드는 등의 물리적 영향력을 행사할 수 없다고 한 것이다.

천의 규칙적인 측면에 대해서 말하자면, 그것의 표현은 바로 일정함에 있는 것으로 이러한 일정함은 천의 운행상태를 설명하는 것이며, 그것은 항상 일정하고 지속적인 것으로 외부 힘의 영향을 받아서 변하

---

3) 『荀子』, 「天論」, "彊本而節用, 則天不能貧; 養備而動時, 則天不能病; 修道而不貳, 則天不能禍. 故水旱不能使之飢, 寒暑不能使之疾, 祆怪不能使之凶.……受時與治世同, 而殃禍與治世異, 不可以怨天, 其道然也."

는 것이 아닌 것이다. 천의 운행에 일정함이 있다고 하는 것은 천의 운행에 일정한 도리와 법칙이 있다는 것을 나타내는 것이라고 할 수 있다.

> 하늘이 여러 백성들을 낳으셨으니, 사물이 있으면 법칙이 있다. 백성들은 불변하는 마음을 가져, 이 아름다운 덕을 좋아한다.[4)]

> 하늘이 무슨 말씀 있으시더냐? 사계절이 운행되고 만물이 자라고 있지만, 하늘이 무슨 말씀을 하시더냐?[5)]

> 요임금 때문에 존재하는 것도 아니고, 걸왕 때문에 없어지는 것도 아니다.[6)]

위의 인용문들에서 언급한 "법칙"과 "말씀" 및 "하지 않는다"는 말들은 모두가 일정한 도리의 규칙적인 측면을 나타내는 것으로 영원하고 객관적이라는 것이다. 이러한 규칙성이 인간세계에 대하여 나타나는 반응은 과연 어떤 형태일 것인가? 순자는 이에 대하여 "하늘은 사람들이 추위를 싫어한다 하여 겨울을 없애지 않는다. 땅은 사람들이 먼 것을 싫어한다 하여 넓음을 없애지 않는다."[7)]라고 하여, 겨울과 넓음 모두는 인간의 좋아함과 싫어한고 하는 기호에 의해서 변하는 것이 아니라고 한다. 이는 천의 일정함을 설명하는 것으로, 천이 천이되는 본질을 나타내는 것이라고 할 수 있다.

---

4) 『詩經』, 「大雅」, "天生蒸民, 有物有則, 民之秉彝, 好是懿德."
5) 『論語』, 「陽貨」 "子曰: 天何言哉? 四時行焉, 百物生焉, 天何言哉?"
6) 『荀子』, 「天論」, "天行有常, 不爲堯存, 不爲桀亡."
7) 『荀子』, 「天論」, "天不爲人之惡寒也, 輟冬; 地不爲人之惡遼遠也, 輟廣."

이러한 순자의 자연계의 변화에 대한 견해는 음양가의 사상과는 다른 경향을 띠고 있다고 할 수 있다.

> 추연은 나라를 가진 자가 더 음란하고 사치하여 도덕을 숭상할 수 없으므로, 대아에서 말한 것처럼 도덕을 먼저 자신의 몸에 정제한다면 비로소 그 덕을 백성들에게까지 미칠 수 있음을 보았다. 그래서 깊이 음양의 소멸과 성장 변화를 관찰하고, 기이하고 현실과 거리가 먼 변화를 기술하여 「종시」, 「대성」 편 등 십만여 자를 지었다. 그 말들이 멀고 크고 종잡을 수 없어서 변함없는 도리에 맞지 않으나, 먼저 작은 사물을 검증하고 난 후에 그것을 추론하여 확대해나가 무한한 곳까지 이르렀다.[8]

음양오행의 사상은 매우 이른 시기까지 거슬러 올라갈 수 있는데, 『사기』에 "황제가 성력에 대하여 정확하게 관측한 이후로 오행으로 만물을 구성하는 이론체계를 세우고, 천지만물이 생기고 소멸되는 신진대사의 이치를 발견하고, 윤달을 설치함으로써 일 년의 열두 달 외에 남는 시간을 처리하여 추운 계절과 더운 계절의 차이를 바로잡았다."[9] 라고 기록되어 있는 것처럼, 음양오행은 천문역법의 발전으로부터 비롯되어온 것이다. 전국시대 말기에 이르러 추연鄒衍이 그 학설을 체계화 시켰는데, 그는 음양의 변화와 오행의 상호결합을 통하여 오덕종시설五德終始說을 만들어 새로운 형태의 역사관으로 발전시켰다. 추연은

8) 『史記』, 「孟子荀卿列傳」, "騶衍睹有國者益淫侈, 不能尙德, 若大雅整之於身, 施及黎庶矣. 乃深觀陰陽消息而作怪迂之變, 終始, 大聖之篇十餘萬言. 其語閎大不經, 必先驗小物, 推而大之, 至於無垠."

9) 『史記』, 「曆書」, "蓋黃帝考定星歷, 建立五行, 起消息, 正閏餘."

오행상승의 이론으로 역사상의 왕조흥망 사례를 연구했는데, 그의 이러한 학설은 한대에 매우 깊은 영향을 끼쳤다.

> 순자는 고대 종교 관념이 두 차례에 걸친 대전환기 속에서 생존했는데, 하나는 서주초기에 싹트기 시작하여 도가의 천도관에 이르는 시기까지로 이때는 천의 신비적인 성질은 점진적으로 물질적 성질의 것으로 대체되어가는 추세였다. 다른 하나는 춘추시대 말기부터 시작하여 전국시대 초기에 이르는 시기로 이때는 모든 자연현상의 이변을 천의 의지의 표현으로 보았는데, 그러한 주장의 선봉에는 묵가가 있었으며 전국시대 중후기에 와서 음양・오행 등의 미신 술수적인 이론이 주입된다. 『사기』, 「맹자순경열전」에 "순경은 멸망된 국가와 혼미한 군주가 서로 이어지고, 대도를 따르려고 하지 않고 무속에 미혹되고, 길흉의 징조를 믿는다."라고 하는 언급은 순자 천론편이 시대에 대한 객관적 이성인식의 내재적 수요를 반영하는 것이다.[10]

순자는 인간세계의 안정과 혼란은 천과 전혀 별개의 일임을 강조했는데, 해와 달과 별들이 운행되고 있는 현상과 사계절 등은 우임금 때나 걸왕 때나 모두 같은 것으로 그것이 인간세계의 질서와 혼란과는 전혀 관계없다는 것이다. 순자는 천이 객관적인 존재임을 강조하는 한편 자연계의 특별한 현상에 대하여 설명했다.

> 유성이 떨어지고 나무가 우는소리를 내면 나라 사람들이 모두 두려워하는데, 그 이유는 무엇인가? 그것은 아무것도 아니다. 천지의 변화이자 음양의 조화로 드물게 생기는 일이다. 그것을 괴상하게 여기는 것은 괜찮지만, 두려워하는 것은 잘못이다. 일식과 월식이 생기고 철에 맞지 않

---

10) 曾春海, 『儒家哲學論集』, 臺北, 文津出版社, 1989년, 112쪽 참조.

는 비바람이 일고 혜성이 나타나는 것은 늘 어느 시대에나 있었던 일이다. 군주가 현명하면 정치가 평안하게 이루어져서, 비록 그런 일이 세상에 연이어 발생해도 아무 상관이 없다. 군주가 어리석으면 정치가 험난해져서, 그런 일이 비록 한 번도 일어나지 않아도 아무 소용이 없다. 유성이 떨어지고 나무가 우는소리를 내는 것은 바로 천지의 변화이자 음양의 조화로 드물게 생기는 일이다. 이상하게 여기는 것은 괜찮지만 그것을 두려워하면 안 된다.[11]

순자는 유성이 추락하고 나무가 소리를 내는 것에 대하여 천지간 자연현상의 일부분으로 보았지, 재이현상이나 미신관념의 징조로 보지 않았다. 순자는 다만 이러한 것이 일반적인 현상은 아닌 것이기 때문에 사람들이 괴이하게 느끼게 되는 것이라고 했다. 그래서 순자는 이러한 특별한 현상은 천착해서 규명할 필요가 없는 것이라고 생각했다. 이와 같이 천은 객관적으로 존재하는 자연계일 뿐이라는 것이 순자의 천에 대한 관념이었던 것이다.

많은 별들은 일정하게 돌고, 해와 달은 번갈아가며 빛을 비추고, 사계절은 번갈아 바뀌고, 음과 양은 크게 변화하며 만물을 생성시키고, 비바람은 널리 내리고 불어 생육을 돕는다. 만물은 각각 그러한 조화를 얻어 생겨나고, 각각 그러한 양육을 얻어 성장한다. 그러한 일을 하는 것은 드러내 보이지 않고 그 공적만을 드러낸다. 이러한 것을 두고 신묘함이

11) 『荀子』, 「天論」, "星隊木鳴, 國人皆恐. 曰: 是何也? 曰: 無何也! 是天地之變, 陰陽之化, 物之罕至者也. 怪之, 可也; 而畏之, 非也. 夫日月之有蝕, 風雨之不時, 怪星之黨見, 是無世而不常有之. 上明而政平, 則是雖並世起, 無傷也; 上闇而政險, 則是雖無一至者, 無益也. 夫星之隊, 木之鳴, 是天地之變, 陰陽之化, 物之罕至者也; 怪之, 可也; 而畏之, 非也."

라 한다. 모두가 그렇게 하여 이루어 놓은 것은 알지만, 이루어 놓는 방법은 그 형체가 없어 알 수가 없다. 이러한 것을 두고 하늘의 공적이라 하는 것이다.[12]

위의 인용문에서 순자는 천체의 운행과 해와 달의 교체 및 사계절의 변화와 음양의 전환과 비바람에 의한 생산 등등의 현상을 천의 공적이라고 보고 있다. 이는 순자가 천에 대하여 자연계로서 혹은 물질계의 현상적 측면에서 설명한 것이라고 할 수 있다. 순자는 인간이란 단지 그것에 의해서 이루어진 것만을 이해할 수 있으며 형체가 없는 것은 이해를 할 수가 없는 것이라고 주장했다. 이들 가운데 몇 가지는 주의를 할 만한데, 먼저 "이러한 것을 두고 하늘이라고 하는 것이다."라와 같은 언급은 순자가 천을 운동변화의 능력을 갖춘 물질적 자연계로 보았다는 것을 의미한다. 그러나 순자가 "이러한 것을 두고 하늘의 공적이라 하는 것이다."라고 언급한 것은 천의 업무와 구체적인 실행을 설명하는 것으로, 천은 반드시 천체의 운행과 해와 달의 교체 및 사계절의 변화와 음양의 전환과 비바람에 의한 생장을 지속시켜야 하는데, 이렇게 해야만 천의 운행에 일정한 법도가 있다는 것이 드러나게 되는 것이다. 다른 하나는 앞의 인용문에서 언급한 인간의 인식능력은 한계가 있기 때문에 이루어져 있는 것만 인식할 수 있을 뿐, 형체가 없는 것은 인식할 수 없다는 것으로 이는 본체계와 현상계의 분야에 속하는 것이라고 할 수 있다. 끝으로 천의 운행은 신묘함인데, 이는 자연계의

---

12) 『荀子』, 「天論」, "列星隨旋, 日月遞炤, 四時代御, 陰陽大化, 風雨博施, 萬物各得其和以生, 各得其養以成, 不見其事, 而見其功, 夫是之謂神. 皆知其所以成, 莫知其無形, 夫是之謂天功."

현상이라는 의미의 천이 그 운행방식을 "그러한 일을 하는 것은 드러내 보이지 않고 그 공적만을 드러낸다."라고 하는 것처럼 신묘하게 드러낸다는 것을 의미하는 것이다.

3. 천과 인간의 구분

순자는 천의 자연적 의미를 밝혀서 천의 자연적인 특성을 강조했다. 이어서 순자는 천과 인간의 관계에 대하여 명확한 경계를 구분하는데, 이는 인간이 객관적 실재로서의 천과 맞닥뜨렸을 때 마땅히 어떤 태도를 가지고 그것을 이해하고 대응해야하는지에 대한 성찰이었다고 할 수 있다. 그렇기 때문에 순자는 구분의 개념을 제기하여 천과 인간의 문제에 대하여 설명했던 것이다.[13)]

> 위로는 신분질서의 구분이 어지럽지 않고, 아래로는 직무수행 능력이 궁지에 몰리는 일이 없게 되니, 이것이 정치의 극치다.[14)]

> 사람을 사람이라 할 수 있는 근거는 무엇인가? 사람에게는 분별 능력이 있다는 것이다. 굶주리면 먹을 것을 바라고, 추우면 따스한 것을 바라며, 수고로우면 쉬기를 바라고, 이익을 좋아하고 손해를 싫어하는데, 이것은 사람들이 나면서부터 가지고 있는 것이다. 그것은 외부의 영향으로 그렇게 되는 것이 아니며, 성왕인 우임금이나 폭군인 걸왕이 모두 같다.……그러므로 사람으로서의 도에는 어디에나 분별이 있다는 것이

---

13) 簡淑慧, 「分的起源及其在荀子思想系統中的地位」, 『孔孟月刊』, 29卷, 第5期, 23~28쪽 참조.

14) 『荀子』, 「儒效」, "分不亂於上, 能不窮於下, 治辯之極也."

다. 분별에는 분수보다 더 큰 것이 없고, 분수에는 예의보다 더 큰 것이 없으며, 예의에는 성왕보다 더 큰 것이 없다.[15)]

위의 인용문에서 순자가 언급한 굶주리면 먹을 것을 욕구하고, 추우면 따뜻한 것을 욕구하고, 피곤하면 휴식을 욕구하고, 이익을 좋아하고 손해를 싫어하는 것 등은 모두가 인간이 태어날 때부터 가지고 있는 본능으로 본래적으로 그렇게 갖춰져 있는 것이다. 그러나 인간과 짐승의 차이점은 바로 인간이 가지고 있는 구분과 분별의 능력에 있는 것이다.

순자는 분별의 주요한 기능이 도를 표현하는 것이라고 보았으며, 분별이 도달하고자 하는 목적은 바로 예의에 있다고 주장했다. 순자가 제기한 군자의 분별은, 바로 분별 있는 말을 하는 것이 군자가 마땅히 다해야할 본분인 것이다. 즉 순자는 군자가 예의의 실천을 통하여 천하에 간사한 언론이 무분별하게 유행하는 어지러운 상황을 종식시킬 수 있기를 염원했던 것이다.

순자는 천도와 인도의 구별을 통하여 천과 인간 사이의 구분을 확실하고 분명하게 하여 그것들의 혼란으로 인해 야기되는 잡다한 이론들을 종식시키고자 하였다. 이러한 구분이 혼란을 방지할 수 있다고 생각했던 순자는 천과 인간의 문제에 대해서도 구분의 필요성이 절실한 것으로 보았던 것이다. 그래서 순자는 천과 인간의 특성에 대하여 구분을 통하여 명확하게 설명을 했던 것이다.

---

15) 『荀子』, 「非相」, "人之所以爲人者何已也? 曰: 以其有辨也. 飢而欲食, 寒而欲煖, 勞而欲息, 好利而惡害, 是人之所生而有也, 是無待而然者也, 是禹桀之所同也.……故人道莫不有辨. 辨莫大於分, 分莫大於禮, 禮莫大於聖王."

> 그러므로 천과 인간의 구분을 명확하게 하면 곧 그를 지극한 사람이라 할 수 있다. 작위를 가하지 않아도 이루어지고 추구하지 않아도 얻어지는 것, 이것을 천의 직무라 한다.……천의 직무가 성립되고, 천의 공적이 이루어진 뒤에, 인간의 형체가 갖추어지고 정신이 생겨나서, 좋아함과 싫어함, 기쁨과 노여움, 슬픔과 즐거움의 감정이 깃들게 된다. 이것을 천정이라 한다. 귀·눈·코·입과 육체는 각각 밖의 것들과 접촉해 기능을 발휘하나, 기능을 함께할 수는 없다. 이것을 천관이라 한다. 마음은 가운데 텅 빈 곳을 차지하고, 귀·눈·코·입과 육체의 오관을 다스린다. 이것을 천군이라 한다. 그와 같은 종류가 아닌 것들을 적절히 이용해 인류를 양육해 주고 있다. 이것을 천양이라 한다. 그와 같은 생활에 순조로운 것을 복이라 하고, 그와 같은 종류의 생활을 거스르는 것을 화라고 한다. 이것을 천정이라 한다.[16]

순자는 천의 본질을 두 가지 측면으로 구분했는데, 하나는 천직天職과 천공天功이고 다른 하나는 천정天情·천관天官·천군天君·천양天養·천정天政이다. 먼저 전자 즉 천직과 천공에 대하여 언급하자면, 천공은 이루어 놓은 것은 알지만, 이루어 놓는 방법은 그 형체가 없어 알 수가 없다고 하는 것이며, 천직은 작위를 가하지 않아도 이루어지고 추구하지 않아도 얻어지는 것으로, 이러한 것들은 천의 자연적 의미의 형이상 본질에 대한 설명으로 천을 천이라고 할 수 있는 근거가 되는 것이다. 부패영傅佩榮은 "순자 마음속에서의 천은 의지가 없고 목적도

---

16) 『荀子』, 「天論」, "故明於天人之分, 則可謂至人矣. 不爲而成, 不求而得, 夫是之謂天職.……天職旣立, 天功旣成, 形具而神生, 好惡喜怒哀樂臧焉, 夫是之謂天情. 耳目鼻口形能各有接而不相能也, 夫是之謂天官. 心居中虛, 以治五官, 夫是之謂天君. 財非其類以養其類, 夫是之謂天養. 順其類者謂之福, 逆其類者謂之禍, 夫是之謂天政."

없는 존재로서, 순자가 말하는 천직은 작위를 가하지 않아도 이루어지고 추구하지 않아도 얻어지는 것으로, 맹자가 언급한 운명의 의미에 매우 가깝다."[17] 부패영은 순자가 운명의 의미로서 천에 대하여 취한 태도는 "성인만이 천에 대하여 알려고도 추구하지도 않는다."라고 했는데, 이처럼 성인이 천에 대하여 알려고도 추구하지도 않는다고 하는 것은 확실히 순자가 운명의 의미로서 천에 대하여 취한 태도가 틀림없다고 생각하지만, 그렇다고 해서 부패영의 주장처럼 순자 마음속의 천이 결코 완전히 의지가 없고 목적도 없는 존재라고는 생각하지 않는다.

다음 후자에 대하여 언급하자면, 이는 천이 현상계의 본질로 나타는 것에 대한 설명으로, 순자는 천의 직무가 성립되고 천의 공적이 이루어진 이후에 이어서 천정天情·천관天官·천군天君·천양天養·천정天政의 문제에 대한 논의를 진행해나간다. 양경楊倞이 주석에서 "인간의 육체 역시 천의 직무와 천의 공적으로 이루어진 것이다."라고 언급한 것처럼 인간 역시 천의 공적으로 이루어진 것으로, 천에 의해서 각종 감각기관의 기능과 인식능력을 부여받은 존재인 것이다. 이는 또한 인간의 "이루어 놓은 것은 알지만, 추구하지 않아도 얻어지는 것."이 되는 것이다. 이와 같이 볼 때, 먼저 순자는 구분을 사용할 때에 천과 인간의 구분만을 처리하지 않고 천과 천의 구분도 처리했다고 할 수 있다. 이러한 천과 천의 구분은 형이상의 천과 현상계의 천의 분별이며, 이러한 두 가지 의미는 천이 자연적 의미의 천이라고 하는 관점에서의 설명인 것이다. 요명춘廖名春과 같은 경우 순자가 주장한 것은

17) 傅佩榮, 『儒道天論發微』, 臺北, 學生書局, 1988년, 157쪽 참조.

천과 인간의 구분이지 천과 인간의 상호분리는 아니라는 것이며, 순자의 천과 인간의 분리는 천과 인간 각자는 자신들만의 특정한 직분과 직능이 있다는 것을 설명하기 위한 것으로 이는 양자가 다르다는 것이지, 천과 인간이 전혀 관계가 없다는 것을 의미하는 것은 아니다라고 했다.[18)]

순자는 정情·관官·군君·양養·정政의 문제를 비례의 원칙을 유추하는 방식을 통하여 천이 현상계의 본질로 나타나는 특징으로 설명했다. 순자는 인간의 좋음·싫음·기쁨·노함·슬픔·즐거움 등의 정서적 반응에서 천의 감정을 설명하고, 귀·눈·코·입과 육체의 기능으로 천의 기관 기능을 설명하고, 마음으로 천의 오관을 다스림을 설명하고, 만물을 통해서 인간을 양육해 주는 것으로 천의 부양을 설명하고, 이들과 같은 것으로써 순조롭거나 거스르는 태도로 천의 정사를 설명한다. 천정은 그것이 정현되는 것이 은밀한 것인데, 이는 인간의 정서가 마음에 내재되어 있는 특징과 서로 같은 것이다. 그리고 천관은 인간의 오관이 서로 제각각이어서 서로가 접해있으나 서로 도울 수 없는 것으로, 천관의 각자 직무는 상호 불간섭함을 나타내고 있는 것이다. 천군은 마음이 매우 중요한 것이며, 이는 인간 마음의 주재능력을 나타내는 것으로 오관이 마음에 의해서 비로소 조화를 이룰 수 있으며 또한 최대의 역량을 발휘할 수 있다는 것을 나타내고 있는 것이다. 천양은 양육으로 인간과 다른 종류의 것들과 그것들을 재단하는 것의 관련성을 설명하는 것으로, 이는 인간과 다른 종류의 것들로 인간을 양육하려면 재단하는 과정 속에서 재제와 분별의 적극적인 작용

18) 廖名春, 『荀子新探』, 臺北, 文津出版社, 1994년, 189쪽 참조.

을 통하여 일상생활에서 생명의 유지에 필요한 과정을 체현해내는 것이다. 천정에서는 순조롭거나 거스르는 태도로서 그것과 다른 종류의 사물과의 관계 및 그 결과를 설명하고 있는 것으로, 이는 인간사의 관점에서 볼 때, 어떻게 해야 만이 인간이 직면한 국가와 사회의 문제를 거슬러 재앙을 자초하지 않고 순조롭게 해결하여 행복을 추구할 것인가를 나타내고 있는 것이다.

그렇기 때문에 순자의 천과 인간의 구분은 인간・사회・자연이라고 하는 삼자를 분별하는 것이라고 할 수 있지만, 그렇다고 해서 순자가 인간과 자연의 관계를 크게 획정지은 것은 아니다. 즉 자연은 인간 생존의 기반이 되며 인간은 자연의 연속과 완성이며, 인간은 주체적으로 천군을 맑게 하고 천관을 바르게 하며 천양을 비축하고 천정을 순조롭게 하고 천정을 양육해야 만이 비로소 그 천의 공적을 온전히 할 수 있게 되어 인간을 인간이라고 할 수 있는 본분을 실천할 수 있게 되는 것이다.

순자의 천과 인간의 구분에서 또 다른 문제 가운데의 하나는 바로 주체적인 인간이 천을 인식할 수 있는지 여부의 문제라고 할 수 있다. 이러한 문제에 관해서는 두 가지 측면으로 설명해볼 수 있는데, 하나는 바로 순자가 인간의 인식능력을 긍정했으나 인간의 인식능력의 한계를 부정하지 않았다는 점이다. 다른 하나는 바로 순자는 성인이 인식주체의 대표가 된다고 보았다는 점인데, 이러한 성인에 대해서는 순자의 이론 속에서 명쾌한 설명을 찾아보기 힘들다고 할 수 있다. 그렇기 때문에 순자가 언급한 성인은 유가의 전통 속에서 언급되어지는 성왕으로 보아도 무방하다고 생각한다.

> 오직 성인만은 천에 대하여 알려고도 추구하지도 않는다.……그의 마음인 천군을 어둡게 하고, 그의 감각기능인 천관을 어지럽히고, 자연의 양육인 천양을 버리고, 자연의 화복인 천정을 거스르고, 자연의 감정인 천정을 위배하면, 천공인 그 자신을 잃게 된다. 이것을 두고 대흉이라 한다. 성인은 그의 마음인 천군을 맑게 하고, 그의 감각기능인 천관을 올바르게 하고, 자연의 양육인 천양을 두루 갖추고, 자연의 화복인 천정을 따르고, 자연의 감정인 천정을 길러서, 그의 몸인 천공을 온전히 해야 하는 것이다. 그렇게 되면 곧 그가 할 일과 해서는 안 될 일을 알게 된다. 그러면 하늘과 땅도 제 할 일을 해, 만물을 모두 부릴 수 있게 될 것이다. 그 행위가 빈틈없이 모든 것을 잘 다스리고, 그의 보양이 빈틈없이 모두 적절하면, 그의 삶은 손상되지 않는다. 이것을 두고 천을 안다고 하는 것이다.[19]

위의 인용문에서 순자의 천 인식에 대한 태도에서 취한 아는 것과 알려고 하지 않음이라고 하는 양면성은 결코 순자가 범한 논리적 모순이 아니라, 인간의 인식능력상에 있어서의 구분을 명확하게 한 것일 뿐이다. 먼저 알려고 하지 않음의 측면은 순자가 "이러한 것이 비록 심원하다 하더라도 올바른 사람은 거기에 대해 생각을 더하지 않고, 그것이 비록 위대하다 하더라도 능력을 더 보태려 하지 않으며, 그것이 비록 빈틈없다 하더라도 더 살펴 주지 않는다."[20]라고 언급한 것에서

---

19) 『荀子』, 「天論」, "唯聖人爲不求知天.……暗其天君, 亂其天官, 棄其天養, 逆其天政, 背其天情, 以喪天功, 夫是之謂大凶. 聖人淸其天君, 正其天官, 備其天養, 順其天政, 養其天情, 以全其天功. 如是, 則知其所爲, 知其所不爲矣; 則天地官而萬物役矣. 其行曲治, 其養曲適, 其生不傷, 夫是之謂知天."

20) 『荀子』, 「天論」, "如是者, 雖深, 其人不加慮焉; 雖大, 不加能焉; 雖精, 不加察焉."

"이러한 것"은 천이 그렇게 한 까닭을 의미하는 것이며, 인간이 그러한 천이 그렇게 한 까닭에 대하여 이해한 것은 "그러한 일을 하는 것은 드러내 보이지 않고 그 공적만을 드러낸다."는 것이다. 이는 천의 직무와 천의 공적의 차원에 속하는 것으로 곧 형이상의 차원인 것이다. 그러므로 그것이 이루어 놓은 것은 알지만, 이루어 놓는 방법은 그 형체가 없어 알 수가 없는 것이다. 이점에 대하여 진대제陳大齊와 같은 경우 "순자가 천에 대해서 알려고도 추구하지도 않는다. 라고 언급한 이유는 두 가지 측면으로 볼 수 있는데, 하나는 천의 의지를 알기 위해서 천을 알려고 추구하지 않는다는 것이며, 다른 하나는 천이 그렇게 하는 까닭을 알기 위해서 천을 알려고 추구하지 않는다는 것이다."[21]라고 언급하고 있다. 이와 같은 진대제의 견해는 순자의 사상과 합치되는 것이라고 할 수 있다. 그가 언급한 천의 의지를 안다고 하는 각도에서 본 관점은 미신이나 재이사상에 쉽게 빠질 수 있는 여지가 있기 때문에 순자는 이를 제거하려 했다는 것이다. 또한 천이 그렇게 하는 까닭을 안다고 하는 각도에서 본 관점은 인간의 능력으로는 언급할 수 없는 것이기 때문에 이해할 필요가 없는 것이다. 그렇기 때문에 순자는 "그러므로 군자는……그들이 천지만물을 대함에 있어서는 그것들이 그와 같이 되어 있는 까닭을 설명하는 일에는 힘쓰지 않고, 그 자원을 잘 쓰기에 노력한다."[22]라고 생각했던 것이다. 그러므로 천의 직무는 심원하고 위대하며 정밀한 것 등의 측면으로 나타나는 것이기 때문에 인간이 마땅하게 취해야할 태도는 생각을 더하지 않고 능력을 더

---

21) 陳大齊, 『荀子學說』, 臺北, 中國文化大學出版部, 1988년, 27쪽 참조.

22) 『荀子』, 「君道」, "故君子……其於天地萬物也, 不務說其所以然, 而致善用其材."

보태려 하지 않고 더 살펴 주지 않는 것이다. 이러한 것이 바로 알려고 추구하지 않는다고 하는 것으로서 인간과 천의 구분을 획정 지어주는 한계점인 것이다.

다음은 천을 안다고 하는 측면으로 순자가 다음과 같이 언급한 것에서 분석해볼 수 있다.

> 그러므로 위대한 기교는 아무것도 하지 않는 데에 있고, 위대한 지혜는 아무것도 생각하지 않는 데에 있다. 천에 대해 알 수 있는 것은 그것이 확실히 지적할 수 있는 현상으로 드러나는 범위에 한정된다. 땅에 대해 알 수 있는 것은 그것이 생물을 번식시키기에 합당함을 드러내 주는 범위에 한정된다. 사계절에 대해 알 수 있는 것은 그것이 여러 가지 일을 할 수 있는 방도를 드러내 주는 범위에 한정된다. 음양에 대해 알 수 있는 것은 그것이 여러 가지를 다스릴 수 있는 조화를 드러내 주는 범위에 한정된다.[23]

순자는 우선 인간이 인식과 이해를 할 수 있는 범위를 긍정하는데, 그것은 바로 현상 · 합당함 · 방도 · 조화의 네 가지 측면이다. 천의 현상은 그것이 드러내는 상징으로 이것을 통하여 절기나 기후의 변화를 예측할 수 있는 것이다. 땅의 합당함은 토지가 각종 작물을 심기에 적합하다는 것을 의미하는 것으로 이것을 통하여 각종의 작물들이 번성하고 생육하는 것이다. 사계절의 방도는 봄 여름 가을 겨울의 변화와 질서를 의미하는 것으로 이것을 통하여 자연계의 법칙이 생겨서 노동

---

23) 『荀子』, 「天論」, "故大巧在所不爲, 大智在所不慮. 所志於天者, 已其見象之可以期者矣; 所志於地者, 已其見宜之可以息者矣; 所志於四時者, 已其見數之可以事者矣; 所志於陰陽者, 已其見和之可以治者矣."

이나 일에 종사할 수가 있게 되는 것이다. 음양의 조화는 춥고 더운 것이 마땅한 때에 순서에 맞춰서 조화롭게 변화하여 이것을 통해서 인간사의 모든 일을 대비하고 국가의 업무를 정립하는 법칙이 되는 것이다.

이상의 논거들을 기초로 하여 순자가 언급한 안다고 하는 문제에 대하여 알 수 있는 사실은 바로 맑음・올바름・두루 갖춤・순응함・양육함의 노력을 통하여 천군・천양・천정天情・천정天政으로 나타나는 천의 현상계의 본질을 파악할 수 있다는 것이다. 다시 말하자면 맑음・올바름・두루 갖춤・순응함・양육함의 노력을 통하여야 만이 비로소 천군・천양・천정天情・천정天政 즉 천이 이루어 놓은 것을 안다고 하는 것이며, 그것의 목표가 질서를 회복할 수 있는 다스림과 적합한 양육환경의 조성 및 평안한 삶의 영위에 도달함에 있는 것이다. 이러한 것이 바로 순자가 언급한 천의 본래 의미이며 또한 천의 공적을 온전하게 펼쳐서 그것이 천지만물에 두루 미치게 하는 것이다.

4. 인간의 천에 대한 반응

순자는 천의 직무와 천의 공적에 대하여 설명을 했으나, 그것은 단지 인간의 눈앞에 펼쳐진 객관적 실재를 드러낸 것뿐이었다. 오직 인간만이 여기에서 천과 반응한 후에 비로소 관계를 수립할 수 있어서 인간이 천・지・인의 삼재 가운데 연출하는 각색을 명확하게 할 수 있게 되는 것이다.

> 천에는 그의 철에 따른 변화가 있고, 땅에는 여러 가지 생산물이 있으며, 사람에게는 그 다스림이 있다. 이것을 두고 하늘과 땅의 변화에 참여하는 것이라 한다. 사람으로서 참여하는 일은 버리고 참여하는 대상만 알기를 바란다면 미혹된 일이다.[24]

위의 인용문에서 순자는 분명하게 천・지・인이 그것의 시스템 속에서 다른 성질을 드러내고 있는데, 이는 『중용』의 "오직 천하의 지극한 정성스러움만이 자신의 성을 다할 수 있게 된다. 자신의 성을 다할 수 있으면 남의 성을 다할 수 있고, 남의 성을 다할 수 있으면 만물의 성을 다할 수 있으며, 만물의 성을 다할 수 있으면 천지의 화육을 도울 수 있다. 천지의 화육을 도울 수 있으면, 천지의 조화에 참여할 수 있게 된다."[25]라는 언급과 서로 부합된다고 할 수 있다. 그 가운데 몇 가지는 다음과 같은 의의를 가지고 있다. 먼저 인간과 천지는 상호 호응하고 협력하는 관계로서 천이 계절의 변화로 나타나고 땅이 이로움으로 드러날 때에 인간의 일은 바로 천지와 호응하여 그러한 여건을 잘 다스리는 것이다. 또한 오직 이러한 기초 위에서만이 천은 생성하고 인간은 이룩한다는 것의 이론적 근거가 있게 되는 것이다. 다음은 인간이 천지에 대하여 반응하는 과정 속에서 소홀할 수 없는 것은 바로 고찰하고 검사하는 노력인데, 부단히 검토하고 검증하는 데에서만이 인간의 다스림에 하자가 없게 되어 비로소 그러한 다스림이 적합하게

24) 『荀子』, 「天論」, "天有其時, 地有其財, 人有其治, 夫是之謂能參. 舍其所以參, 而願其所參, 則惑矣."

25) 『中庸』, 「二十二章」, "唯天下至誠, 爲能盡其性; 能盡其性, 則能盡人之性; 能盡人之性, 則能盡物之性; 能盡物之性, 則可以贊天地之化育; 可以贊天地之化育, 則可以與天地參矣."

될 수 있는 것이다. 끝으로 순자는 천·지·인의 관계에 대한 위치를 분명하게 했는데, 이는 선진유가의 사상에서 상당히 획기적인 발상이었는데, 이러한 발상은 장자의 "나는 일월과 더불어 그 빛을 같이하고, 나는 천지와 더불어 영구불변하네."[26]라고 하는 견해와 유사성을 발견할 수 있다. 이러한 점에 대하여 또 다른 설명을 하자면, 인간이 천에 대하여 반응하는 것은 필연적인 것인데, 이것이 바로 인간의 직무인 것이다. 그러므로 순자는 "사람으로서 참여하는 일은 버리고 참여하는 대상만 알기를 바란다면 미혹된 일이다."라고 주장했던 것이다. 여기에서 순자는 계절의 변화·이로움·다스림 등의 각종 다른 직분의 작용이 드러남을 제시하여 인간이 반드시 그러한 다스림의 직분을 완성해야 만이 비로소 올바른 도리에 부합할 수 있다고 했다.

인간이 천에 대하여 반응하는 것은 그 필연성이 있는 것인데, 그렇다면 이러한 반응이 달성하고자 하는 목표는 무엇인가? 그것은 바로 천은 생성하고 인간은 이룩한다고 하는 즉 천생인성天生人成이다.

> 하늘과 땅은 군자를 낳았고 군자는 하늘과 땅을 다스리니, 군자란 하늘과 땅의 변화에 참여하는 것이며 만물을 아울러 거느리는 것이며 백성들의 부모가 되는 것이다.[27]

> 성인은 그의 마음인 천군을 맑게 하고, 그의 감각기능인 천관을 올바르게 하고, 자연의 양육인 천양을 두루 갖추고, 자연의 화복인 천정을 따르고, 자연의 감정인 천정을 길러서, 그의 몸인 천공을 온전히 해야

26) 『莊子』, 「在宥」, "吾與日月參光, 吾與天地爲常."

27) 『荀子』, 「王制」, "天地生君子, 君子理天地; 君子者, 天地之參也, 萬物之摠也, 民之父母也."

하는 것이다. 그렇게 되면 곧 그가 할 일과 해서는 안 될 일을 알게 된다. 그러면 하늘과 땅도 제 할 일을 해, 만물을 모두 부릴 수 있게 될 것이다.[28)]

여기에서는 인간의 직분은 무엇인가에 대하여 "사람에게는 그 다스림이 있다."라고 언급한 바와 같이 인간의 이룩함이 기초가 된다는 것을 설명하고 있다. 그렇다면 인간은 어떻게 이룩할 수 있는 것인가? 또한 어떠한 목표를 달성해야 만이 비로소 이룩했다고 할 수 있는 것인가? 먼저 어떻게 이룩하는가의 문제에 대하여 순자는 정리를 방법론으로 제시한다. 정리의 본래의 의미는 사물 자체에 구비되어 있는 본질적인 발전 추세에 의해서 그것이 완전하게 갖춰지는 것에 가깝게 되는 것을 의미한다. 이러한 정리의 기초 아래서 다스림은 비로소 표준과 발전의 방향이 있게 되는 것이다. 그러므로 순자는 "적은 노력으로 정리되는 것을 다스림이라 한다."[29)]라고 언급했던 것이다. 앞에서 언급했던 천 · 지 · 인의 시스템 속에서 순자는 더욱 실제적인 방법론을 제시하는데, 즉 그는 사회정치적 측면에서 착수하여 사회적인 폐단을 바꾸려고 했었다. 그렇다고 해서 이러한 방법론이 순자가 공자나 맹자가 제시했던 역사 · 문화의 함의를 담고 있는 전반적인 인문적 시스템을 중시하지 않았다는 것을 의미하는 것은 아니다. 순자가 언급한 예에서 볼 수 있듯이, 그는 예를 방법으로 삼는 한편 그것에 새로운 의미를 부여하여 새로운 도식을 창조했다. 그래서 순자는 인간사회를 더욱

---

28) 『荀子』, 「天論」, "聖人淸其天君, 正其天官, 備其天養, 順其天政, 養其天情, 以全其天功. 如是, 則知其所爲, 知其所不爲矣; 則天地官而萬物役矣."

29) 『荀子』, 「修身」, "少而理曰治."

동태적이고 활력을 구비한 이상적인 사회로 만들고자 했던 것이며, 그 방향은 천과 인간의 관계를 새롭게 건립하는 데에 있는 것으로 이룩함의 목표를 완성하는 것에 있는 것이라고 할 수 있다. 그러므로 여기에서는 이룩함의 목표에 있어서 도달하고자 하는 단계는 과연 어디까지인가? 라고 하는 질문이 제기 될 수 있는데, 그것에 대한 대답은 바로 천의 공적을 온전하게 한다는 단계라고 할 수 있다. 순자는 천정天情 · 천관 · 천군 · 천양 · 천정天政 등의 다섯 개의 천의 기능을 인간이 알 수 있게 되는 특질이 될 때, 인간은 이러한 것에 대하여 기름 · 올바름 · 맑음 · 두루 갖춤 · 순응함의 태도로 반응하게 되는 것이다. 이와 같이 해야 만이 비로소 인간의 직분을 완성할 수 있는 것이기 때문에 순자는 "성인은 그의 마음인 천군을 맑게 하고, 그의 감각기능인 천관을 올바르게 하고, 자연의 양육인 천양을 두루 갖추고, 자연의 화복인 천정을 따르고, 자연의 감정인 천정을 길러서, 그의 몸인 천공을 온전히 해야 하는 것이다."라고 언급했던 것이다.

인간의 천에 대한 반응은 그것의 실천적인 측면에 있어서 두 가지 방면으로 나누어 볼 수 있는데, 하나는 천을 제어하고 이용한다는 것이고 다른 하나는 천을 섬긴다는 것이다.

먼저 천을 제어하여 이용한다는 즉 제천制天 · 용천用天에 대하여 살펴보면 다음과 같다.

> 천을 위대하게 여기고 그 생성의 힘을 고맙게 생각하는 것과, 물자를 비축하면서 그것을 제어하여 사용하는 것 가운데 어느 쪽이 더 낫겠는가? 천을 따르면서 그것을 기리는 것과 천으로부터 타고난 것을 처리하면서 그것을 이용하는 것 가운데 어느 쪽이 더 낫겠는가? 계절의 변화

를 기다리는 것과 계절의 변화에 호응하여 그것을 활용하는 것 가운데 어느 쪽이 더 낫겠는가?……그러므로 인간으로서의 본분을 버리고 천을 생각한다면 곧 만물의 실정을 잃게 될 것이다.[30]

위의 인용문에서 나타난 바와 같이 제천에는 두 개의 중요한 원칙이 있음을 알 수 있다. 즉 제천은 반드시 자연의 운행질서를 따라야 한다는 것과 제천은 반드시 만물의 본질에 호응해야 한다는 것이다. 제천의 첫 번째 의미에 대하여 언급하자면, 제천은 반드시 자연의 법칙에 조화되어야 하는 것으로, 순자는 "그와 같은 종류가 아닌 것들을 적절히 이용해 인간을 양육해 주고 있다. 이것을 천양이라 한다."[31]라고 했는데, 여기에서 설명하는 양육이 요구하는 것은 무엇인가? 그것은 바로 그와 같은 종류가 아닌 것들을 적절히 이용해 인간을 양육하는 것이다. 자연계의 운행은 서로가 밀접하게 연결되어 있으며 상호의존적인 것으로 이러한 것은 쉽게 바뀔 수 없는 법칙이라고 할 수 있다. 인간이 만일 이러한 자연계의 운행법칙에 역행할 경우 바로 멸망으로 치달을 수밖에 없게 되는 것이다. 그래서 순자는 "그와 같은 종류에 순응하는 것을 복이라 하고, 그와 같은 종류에 역행하는 것을 재앙이라 한다."[32]고 언급했던 것이다.

제천의 두 번째 의미 즉 만물의 본질에 호응해야 한다는 것은, 제천의 첫 번째 의미의 확대로서 사물과 사물의 관계에서 시작하여 한 걸

---

30) 『荀子』, 「天論」, "大天而思之, 孰與物畜而制之! 從天而頌之, 孰與制天命而用之! 望時而待之, 孰與應時而使之!……故錯人而思天, 則失萬物之情."

31) 『荀子』, 「天論」, "財非其類以養其類, 夫是之謂天養."

32) 『荀子』, 「天論」, "順其類者謂之福, 逆其類者謂之禍."

음 더 나가 사물의 본질에게까지 확장시켜야 한다는 것이다. 그러므로 순자는 "여럿이 모여 사는 방법이 합당하다면 만물이 모두 그들에게 합당케 되고, 여러 가지 가축들이 모두 나름대로 잘 자라게 될 것이며, 여러 생물도 모두 그들의 명대로 살게 될 것이다."[33] 라고 주장했던 것이다. 그래서 인간이 만일 자연의 법칙을 알 수 있게 된다면 만물의 본성에 순응할 수 있는 것이며, 만물의 본성에 순응할 수 있게 된다면 천을 제어하고 이용할 수 있게 되는 것이다.

순자는 천의 자연적인 의미를 강조했는데, 무엇 때문에 천을 섬긴다고 하는 것을 통하여 인간의 천에 대한 반응에 관하여 전혀 다른 각도의 노선을 언급한 것일까?

> 예에는 세 가지 근본이 있다. 하늘과 땅은 생명의 근본이고, 선조는 종족의 근본이고, 훌륭한 군주는 다스림의 근본이다. 하늘과 땅이 없다면 어떻게 생명이 있겠는가? 선조가 없다면 사람이 어디서 나왔겠는가? 훌륭한 군주가 없다면 어떻게 다스려지겠는가? 세 가지 중에 어느 하나가 없어도 안락한 사람은 없을 것이다. 그러므로 예는 위로는 하늘을 섬기고 아래로는 땅을 섬기며 선조를 높이고 훌륭한 군주를 존중해야 한다. 이것이 예의 세 가지 근본이다.[34]

순자는 예의 근원이 천지 · 선조 · 훌륭한 군주라고 하였으며, 이러한 것들의 근원은 다른 측면들로 표현되고 있다. 즉 생명의 근본 ·

---

33) 『荀子』, 「王制」, "群道當, 則萬物皆得其宜, 六畜皆得其長, 群生皆得其命."
34) 『荀子』, 「禮論」, "禮有三本. 天地者, 生之本也; 先祖者, 類之本也; 君師者, 治之本也. 無天地, 惡生? 無先祖, 惡出? 無君師, 惡治? 三者偏亡, 焉無安人. 故禮, 上事天, 下事地, 尊先祖而隆君師, 是禮之三本也."

종족의 근본·다스림의 근본으로 구분되어 표현되고 있는 것이다. 그러므로 예의 요구에 있어서 순자가 언급한 천을 섬긴다고 하는 것의 목적은 예의 근본을 긍정하는 데에 있는 것임과 동시에 인문의 중요성을 강조하는 데에 있었던 것이라고 할 수 있다. 오직 천지·선조·훌륭한 군주에 대한 긍정적인 태도가 있어야 만이 곧 "군자는 형식을 갖추기 위해 그런 일을 한다."[35]라고 하는 이상이 가능해질 것이며, 이러한 형식은 결코 인문적 수식이 아닌 것으로, 인간의 도리 즉 인도의 드러남으로서 이는 곧 인간의 천에 대한 반응인 것이다. 그러므로 천인관계의 전반적인 모식에서 볼 때, 순자는 인간을 위해서 새로운 길을 열어 놓았다고 할 수 있다. 구체적으로 말하자면 그는 천명을 천인관계의 주체로 보질 않고 자연을 통하여 인간의 능동성을 부각시키는 한편 인간존재의 천지사이에서의 역할을 강조하여 인간의 가치와 책임을 한층 더 제고시켰다고 할 수 있는 것이다.

5. 맺는 말

이상과 같이 순자의 천인관계론에 대하여 자연적 의미의 천과 그것의 출현, 천과 인간의 구분, 인간의 천에 대한 반응의 문제를 중심으로 논의를 진행해보았는데, 이를 정리하면 다음과 같다.

순자는 자연적 의미의 천 관념의 제기를 통하여 기존의 천인관계의 모식을 재정립하여 새로운 각도로 천과 인간 사이의 문제를 처리하고자 했다고 할 수 있다. 이러한 천의 자연적 의미는 순자가 처음으로

---

35) 『荀子』, 「天論」, "君子以爲文."

제기한 것이 아니라 순자 이전에 이미 오래전부터 존재하고 있었던 개념이다. 그러나 이러한 개념에 대하여 상세하게 설명을 한 사람은 유가에서는 순자뿐이었다고 할 수 있다. 순자는 천에 대한 이해에 있어서 먼저 천의 운행은 일정한 것이라고 하는 주장을 한다. 즉 순자는 천을 객관적 존재인 자연계로 보는 한편 이러한 자연계는 규칙적으로 운행한다고 생각했다. 또한 순자는 천이 객관적인 존재임을 강조하는 한편 자연계의 특별한 현상에 대하여 천지간 자연현상의 일부분으로 간주하였을 뿐 이를 결코 재이현상이나 미신관념의 징조로 보지를 않았다. 순자는 다만 이러한 것이 일반적인 현상은 아닌 것이기 때문에 사람들이 괴이하게 느끼게 되는 것이어서 구태여 이러한 특별한 현상을 규명하기 위한 노력은 필요가 없는 것이라고 주장했던 것이다. 이와 같이 천은 객관적으로 존재하는 자연계일 뿐이라는 것이 순자의 천에 대한 관념이었던 것이다.

순자는 천과 인간의 관계에 대하여 명확한 경계를 구분하는데, 이는 인간이 객관적 실재로서의 천과 맞닥뜨렸을 때 마땅히 어떤 태도를 가지고 그것을 이해하고 대응해야하는지에 대한 성찰이었다고 할 수 있다. 그렇기 때문에 순자는 천도와 인도의 구별을 통하여 천과 인간 사이의 구분을 확실하고 분명하게 하여 그것들의 혼란으로 인해 야기되는 잡다한 이론들을 종식시키는 한편 이러한 구분이 혼란을 방지할 수 있다고 생각하여 천과 인간의 문제에 대해서도 구분의 필요성이 절실하게 요청되는 것으로 보았다. 순자의 천과 인간의 구분은 인간 · 사회 · 자연이라고 하는 삼자를 분별하는 것이라고 할 수 있지만, 그렇다고 해서 순자가 인간과 자연의 관계를 크게 획정지은 것은 아니다. 즉 자연은 인간 생존의 기반이 되며 인간은 자연의 연속과 완성이며, 인간은 주체적으로 천군을 맑게 하고 천관을 바르게 하며 천양을 비축하고 천정을 순조롭게 하고 천정을 양육해야 만이 비로소 그 천의 공적을 온전히 할 수 있게 되어 인간을 인간이라고 할 수 있는 본분을 실천할 수 있게 되는 것이다. 순자의 천과 인간의 구분에서 또 다른 문제 가운데의 하나는 바로 주체적인 인간이 천을 인식할 수 있는지 여부의 문제라고 할 수 있다. 즉 천의 직무는 심원하고 위대하며 정밀한 것 등의 측면으로 나타나는 것이기 때문에 인간이 마땅하게 취해야할 태도는 생각을 더하지 않고 능력을 더 보태려 하지 않고 더 살펴 주지 않는 것이다. 이러한 것이 바로 알려고 추구하지 않는다고 하는 것으로서 인간과 천의 구분을 획정 지어주는 한계점인 것이다.

인간의 천에 대한 반응은 그것의 실천적인 측면에 있어서 두 가지 방면으로 나누어 볼 수 있는데, 하나는 천을 제하고 이용한다는 것이고 다른 하나는 천을 섬긴다는 것이다. 먼저 천을 제어하여 이용한다는 제천·용천인데, 제천은 반드시 자연의 운행질서를 따라야 한다는 것과 제천은 반드시 만물의 본질에 호응해야 한다는 것이다. 즉 인간이 만일 자연의 법칙을 알 수 있게 된다면 만물의 본성에 순응할 수 있는 것이며, 만물의 본성에 순응할 수 있게 된다면 천을 제어하고 이용할 수 있게 되는 것이다. 다음 천을 섬긴다고 하는 것인데, 이러한 천을 섬기는 것의 목적은 예의 근본을 긍정하는 데에 있는 것임과 동시에 인문의 중요성을 강조하는 데에 있었던 것이라고 할 수 있다.

이상과 같은 순자의 천인관계론은 천명을 천인관계의 주체로 보지를 않고 자연을 통하여 인간의 능동성을 부각시키는 한편 인간존재의 천지사이에서의 역할을 강조하여 인간의 가치와 책임을 한층 더 제고시켰다고 할 수 있는 것이다.

참고문헌

朱公遷, 『詩經義疏』, 『四庫全書』 本.

趙汸, 『春秋左氏傳補注』, 『通志堂經解』 本.

黃侃, 『論語義疏』, 『皇淸經解』 本.

朱熹, 『中庸章句』, 『海淵閣』 明刻本.

王先謙, 『荀子集解』, 北京, 中華書局, 1992년.

王忠林, 『荀子讀本』, 臺北, 三民書局, 1996년.

王先謙, 『莊子集解』, 北京, 中華書局, 1987년.

司馬遷, 瀧川資言 會注考證, 『史記會注考證』, 太原, 北岳文藝出版社, 1999년.

陳大齊, 『荀子學說』, 臺北, 中國文化大學出版部, 1988년.

廖名春, 『荀子新探』, 臺北, 文津出版社, 1994년.

傅佩榮, 『儒道天論發微』, 臺北, 學生書局, 1988년.

曾春海, 『儒家哲學論集』, 臺北, 文津出版社, 1989년.

簡淑慧, 「分的起源及其在荀子思想系統中的地位」, 『孔孟月刊』, 29卷, 第5期.

제2장 인성론

1. 시작하는 말

고대 중국의 인성론 전통에 있어서 맹자孟子의 '성선설性善說'과 함께 한 획을 그어온 순자의 '성악설性惡說'에 대하여 지난 시간들 속에서 수많은 학자들이 각기 나름대로의 해석과 견해를 피력해왔다. 그러나 이러한 해석과 견해들 대부분이 순자의 '성악설'을 이루는 중요한 성분의 하나인 선악善惡 개념의 분석을 간과한 경향들을 보이고 있다.

순자가 언급한 '성性'은 형식적인 측면에서 본다면 다음과 같은 두 가지의 의미를 가지고 있다고 할 수 있다. 하나는 '성'은 타고난 것이라는 의미이고, 다른 하나는 자연적인 것이라는 의미이다. 이러한 두 가지 의미 가운데 어느 것 하나만 갖추고 있어도 '성'이라고 할 수 있는 것이다. 이러한 정의를 바탕으로 실질적인 측면에 본다면 '성'은 자연적인 생명의 여러 가지 징후라고 할 수 있는 것으로서 곧 인간의 자연적 성질을 의미한다고 할 수 있다. 좀 더 구체적으로 말한다면 감각기관과 그 기능 그리고 생리적 욕구 및 심리적 욕망 등을 포함한다고 할 수 있다. 이와 같이 언급되어지는 '성'에 관한 논의는 '본능이 곧 성이다'라고 하는 주장도 할 수 있게 되는 것이다.

'본능이 곧 성이다'라고 한다면 '성'의 문제에 관하여 순자는 마땅히 고자告子처럼 '성에는 선善함도 없고 불선不善함도 없다'라고 주장했어야 함에도 불구하고 '성은 악惡하다'라고 하는 주장을 한다. 순자는 도대체 왜 본성이 악하다고 하는 주장을 한 것일까? 그는 기존의 학설과 다른 새로운 이론체계를 세우기 위해서 본성이 악하다는 주장을 한 것일까? 아니면 어떤 피치 못할 고충이 있었던 것일까?

순자가 본성이 악하다고 하는 주장은 이후 학술계의 주요 쟁점 가운데의 하나가 되었으며, 심지어 그는 이러한 주장으로 인해서 신랄한 비판을 받기도 했다. 현대에 와서 많은 학자들은 이러한 순자의 '본능이 곧 성이다'라는 주장에 대하여 제각기 다른 해석과 주장을 내놓고 있지만, 그들의 해석과 주장이 과연 보편타당한 것인가라는 의문이 생긴다. 그렇기 때문에 본문에서는 이러한 문제들에 대한 명확한 정리를 통하여 순자는 어떤 이유 때문에 본성이 악하다고 주장했는가를 규명하고, 그가 언급한 '본성은 악하다'는 주장 속에는 어떠한 함의가 담겨져 있는지를 현대적인 시각에서 재조명 해보았다.

2. 性惡에 대한 현대학자들의 해석

인간의 본성이 악하다고 하는 주장은 순자의 사상체계 가운데 후세 학자들로부터 가장 주목을 받는 한편 의견이 분분한 부분이라고 할 수 있을 것이다. 이와 같은 인간의 본성이 악하다는 주장으로 인하여 순자는 송대宋代에 많은 유학자들로부터 적지 않은 비판을 받는데, 특히 정이천程伊川 같은 경우 "순자는 심하게 순수하지 않음에 치우쳐 있다. 그는 본성은 악한 것이다 라고 하는 한마디 때문에 그 큰 근본을 이미 상실했다."[1]라고 비판을 한다.

현대의 학자들은 순자의 인간의 본성이 악하다는 주장에 대하여 송대의 유학자들에게서 보여 지는 것과 같은 감정적인 비판에서 벗어나 비교적 객관적인 각도에서 비판하지만, 일부 개념들의 의미를 명확하게 규정하지 못했기 때문에 순자가 주장한 '성악'에 대한 이해 역시 제각기 다른 양상을 보이고 있다.

모종삼牟宗三은 순자의 '본성은 악한 것이다'라는 주장에 대하여 비교적 합리적인 해석을 하는데, 그의 해석은 현대신유학자들 사이에서 상당한 영향력과 대표성을 지니고 있다고 할 수 있다.

> 순자는 인간의 본성에 대하여 단지 한 측면만을 보았는데, 그것은 인간을 생리적 욕구를 가진 자연 생명체로만 본 것이다. 이러한 동물적인 성향을 가진 자연 생명체는 그 자체로만 보았을 때 악하다고 할 수 없으며 자연적일 뿐이다. 그러한 것을 따르기만 하고 조절하지 않는다면 곧 악과 무질서가 발생할 것이다. 이것이 바로 순자가 말하는 본성은 악하다라는 것이다.[2]

즉 모종삼은 순자가 언급한 인간의 본성이란 것은 인간의 자연적 성향을 의미하는 것으로, 이러한 자연적 성향에는 선이나 악이라고 하는

1) 程頤, 程顥, 『二程全書』, 遺書十九, 臺北, 臺灣中華書局, 1990년.
2) 牟宗三, 『名家與荀子』, 臺北, 學生書局, 1985년, 223쪽 참조.

가치판단이 내재되어 있지 않은 가치중립적인 것이기 때문에 인간의 본성이 악하다고는 말할 수 없다고 하는 것이다. 그러나 순자는 그의 저서 곳곳에서 인간의 본성은 악하다고 언급하고 있는데, 이러한 문제에 대하여 과연 어떻게 해석해야 할 것인가의 문제에 직면하게 된다. 다시 말하면 자연적 성향으로서의 본성과 악 사이에는 어떠한 상관관계가 성립되어 있는가의 문제에 직면하게 된다는 것이다. 이러한 문제에 대한 해답은 다음과 같다. "그러한 것을 따르기만 하고 조절하지 않는다면 곧 악과 무질서가 발생할 것이다. 이것이 바로 순자가 말하는 본성은 악하다 라는 것이다." 즉 자연적 성향으로서의 본성을 따르기만 하고 적절하게 조절하지 않는다면 악과 무질서가 발생하는 결과가 초래될 것이라는 것을 의미한다. 그러므로 순자는 본성은 악한 것이라고 주장했다는 것이다.

위정통韋政通은 이러한 문제에 대하여 좀 더 진일보한 견해를 내놓는다.

> 인간 본성의 자연적 성향에서 악이 발생한다는 것의 관건은 바로 자연적 성향을 따른다는 것에서 찾아질 수 있다. 자연적 성향을 따른다는 것은 바로 자연적인 본능을 따르기만 할 뿐 그러한 자연적인 본능을 절제할 줄 모른다는 것을 의미한다. 현실의 삶 속에서 인간은 욕망이 없을 수 없다. '인간은 태어날 때부터 욕망이 있다'(禮論)는 말은 보편적인 사실이다. 인간은 욕망을 가지고 있을 뿐만 아니라 본능을 따르기 때문에 결국은 욕망이 많은 존재로 궁핍함이 누적되어도 만족할 줄 모른다. 그래서 인간과 인간 사이에는 쟁탈이 발생하여 결국 폭력이 출현하는 것이다. 그러므로 인간 본성의 자연적 성향이 요구하는 것을 따른 결과 인간의 본성은 악하다는 결과가 출현하는 것은 필연적이라고 할 수 있다.[3)]

인간 본성의 자연적인 성향은 욕망을 추구하기 때문에 욕망이 많고 그러한 욕망을 충족시켜줄 수 있는 재화가 적은 상황 속에서, 만일 모든 인간들이 자연적인 성향을 따르기만 하고 절제하지 않는다면 반드시 인간들 사이에서 쟁탈과 혼란이 발생하게 되는데 이것이 바로 악의 국면인 것이다. 이와 같이 인간 본성의 자연적인 성향이 추구하는 것을 따르기만 했을 때 반드시 악의 국면이 조성된다면, 순자의 인간의 본성이 악하다는 주장은 설득력을 얻게 되는 것이다.

위정통은 여기에서 특히 "그러한 것을 따르기만 한다."라는 점을 강조하는데, 이는 한편으로 인간 본성의 자연적인 성향이 악으로 변화되어지는 필연성을 설명한 것으로 모종삼의 해석에 비하여 더욱 설득력을 갖게 된다. 다른 한편으로는 "그러한 것을 따르기만 한다."는 의미 속에는 선택의 의미가 내재되어 있다는 것이다. 다시 말하면 비록 본성에는 악으로 편향되는 경향이 있기는 하지만 인간 스스로 이러한 경향을 따를 것인가 혹은 거스를 것인가를 선택할 수 있기 때문에, 악의 출현은 선택에 의해 결정될 수 있다는 것이다.

이상과 같은 위정통의 해석은 인간 본성의 자연적인 성향으로부터 악이 생성될 수 있다는 점을 관건성의 문제로 설명하는 한편 악의 기원문제에 대한 설명도 있기는 하지만, 본성이 악하다는 문제에 대한 직접적인 해석은 없다.

본성이 악하다는 문제에 관해서는 진대제陳大齊의 해석이 앞서 언급한 두 학자들의 부족한 부분을 보충할 수 있다고 판단된다.

---

3) 韋政通, 『荀子與古代哲學』, 臺北, 臺灣商務印書館, 1992년, 68쪽 참조.

본성이 악하다고 하는 말의 진정한 의미는 본성이라고 하는 심리적 요소 그 자체가 악하다는 의미가 아니라, 그러한 본성에 의해 발생되는 행위로 인해 결과적으로 조성된 사실이 악하다는 것이다.[4]

진대제는 윤리학의 '동기론'과 '결과론'의 구분에 근거하여 순자가 취한 것이 '결과론'이라고 생각했다. 즉 그는 인간 본성의 자연적인 성향을 따르게 되면 악의 결과가 조성될 수 있기 때문에 순자는 이러한 악의 발생근거로서의 본성을 악하다고 보아서 성악을 주장한 것이라고 한 것이다. 엄밀하게 본다면 순자의 '성악설'은 '인성향악설人性向惡說'일 뿐이다.[5]

그렇지만 인간의 본성은 악하다 라는 명제를 인간의 본성에는 악한 경향이 있다 라고 해석했을 때 여전히 해결해야할 문제가 발생하는데, 그 이유로는 인간의 본성은 악하다는 명제와 인간의 본성에는 악한 경향이 있다는 명제 사이에는 분명한 차이점이 존재하기 때문이다. 구체적으로 말하자면 후자는 단지 인간의 본성에 악한 경향이 있다는 것만을 초래할 뿐 인간의 본성 그 자체는 결코 악이 아니라는 것이며, 전자는 인간의 본성 자체가 악한 것이기 때문에 개선의 필요가 있다는 것이다.

요명춘廖名春은 순자가 인간의 본성 그 자체를 악한 것으로 본 것에 대하여 다음과 같은 논리로 긍정한다.

순자의 성악론은 인간 본성이 자연적 성향의 기초 위에서 건립된 것이다. 순자는 이익을 좋아하고 남을 미워하고 시기하기하며 좋은 음악

4) 陳大齊, 『荀子學說』, 臺北, 中國文化大學出版部, 1988년, 58쪽 참조.
5) 陳大齊, 『荀子學說』, 臺北, 中國文化大學出版部, 1988년, 66쪽 참조.

과 아름다운 여인을 좋아하는 것은 인간의 생리적 본능이라고 생각했다. 이러한 것은 '태어날 때부터 가지고 있는' 것으로 이러한 본능은 분쟁과 서로 해침 그리고 음란함의 근원이 되는 것으로, 이는 '편벽되고 불공평하여 바르지 못한 것이 되어, 도리에 벗어나서 어지럽게 되고 만다.'는 것의 근원이 된다는 것이다. 그러므로 그는 인간의 이러한 생리적 본능은 악한 것이라고 생각한 것이다. 이것이 바로 순자가 주장한 성악론의 논리이다.[6]

인간의 본성에는 악한 경향이 있다는 진대제의 이론과 비교했을 때 요명춘의 해석은 인간의 본성은 본래 악하다는 주장으로도 불리어질 수 있을 것이다. 그러나 요명춘은 바로 이어서 순자의 이러한 주장에 대하여 비판을 한다. 즉 순자가 인간의 사회성과 자연적 본능을 명확하게 구분하지 못한 결과로 주장된 인간의 본성이 악한 것이라는 명제는 잘못되었다는 것이다.

순자의 성악론은 선천적 성악론이다. 그래서 그는 '양보' · '신의나 신뢰' · '예의나 규범'과 같은 후천적 작위를 인간의 본성에서 배제시켜 본성 외의 것으로 간주한다. 그러나 '이익을 좋아함' · '남을 미워하고 시기함' · '좋은 음악과 아름다운 여인을 좋아함'과 같은 것들은 태어날 때부터 갖게 되는 자연적 속성이라고 할 수 있을까? 이것은 문제의 소지가 있다. 사실 '이익을 좋아함'에서는 과연 어떤 것이 이익인지를 파악 할 수 있을 때 비로소 좋아할 수 있는 것이며, '남을 미워하고 시기함'에서는 어떤 점을 미워해야 할지를 인식할 때 비로소 시기할 수 있는 것이며, '좋은 음악과 아름다운 여인을 좋아함'에서는 먼저 어떤 것이 아름답고 어떤 것이 추한 것인지를 판별할 수 있을 때 비로소 좋아할 수 있는

---

6) 廖名春, 『荀子學說』, 臺北, 文津出版社, 1994년, 106~107쪽 참조.

> 것이다. 이러한 좋아함과 시기함 모두는 학습을 통해서 체득되는 것이지 인간의 자연적인 본능 속에 갖추어져 있는 것이 아니다. 순자는 이와 같이 인간의 사회적 속성을 자연적 본능에 귀결시켜 악과 인간의 생리적 욕구를 연결시킨 일면에 매몰되어 인간의 본성이 악하다는 결론을 도출해냈는데, 이는 완전히 틀린 견해다.[7]

'이익을 좋아함' · '남을 미워하고 시기함' · '좋은 음악과 아름다운 여인을 좋아함' 등은 태어날 때부터 갖게 되는 것이 아니다 라는 주장은 틀린 말은 아니지만, 이러한 것들이 인간의 본성에 속하지 않는다고 했을 때는 문제가 발생한다. 즉 순자가 언급한 인간의 본성에는 태어날 때부터 가지게 되는 것이라는 의미 이외에 자연적인 것이라는 의미도 있다. '이익을 좋아함' 등은 비록 태어날 때부터 갖게 되는 선천적인 속성은 아닐지라도 자연적인 것이라고 할 수 있으며, 이러한 것들은 교육과 학습의 필요가 없는 것이기 때문에 본성에 귀속시킬 수 있는 것이다.

이상에서 언급한 현대학자들의 '성악'에 대한 해석들은 비록 다 같은 것이라고 할 수는 없지만, 모두 본성과 악의 관계에 초점을 집중하여 자연적인 속성과 성악 사이의 불일치의 해결을 시도했다. 그렇기 때문에 순자가 사용한 악 개념의 특수한 의미에 대한 분석이 불가피하게 소홀할 수밖에 없었던 것이다. 그러므로 다음 장에서는 관심의 초점을 악의 의미에 맞춰서 순자가 과연 어떻게 이러한 개념을 사용했는지 살펴보도록 하겠다.

---

7) 廖名春, 『荀子新探』, 臺北, 文津出版社, 1994년, 107쪽 참조.

3. 善과 惡의 개념 분석

순자가 사용한 선과 악의 개념은 두 가지 측면의 의미가 있다는 주장이 있는데 다음과 같다. 하나는 완벽함과 열악함의 의미이고, 다른 하나는 선량함과 악함의 의미라는 것이다.[8] 만일 이러한 주장이 정확한 것이라면 우리는 앞서 언급한 학자들의 논의가 모두 악함의 의미에만 집중되어 있을 뿐 열악함의 의미에 대해서는 인식을 소홀히 했기 때문에 자연적인 속성과 성악 사이의 불일치의 문제를 해결할 수 없었을 것이라고 말할 수 있다.

앞서 언급한 바와 같은 장기지張豈之의 구분방법은 위에서 언급한 문제들에 대한 해결의 실마리를 제공했다고 할 수 있다. 그의 견해에 의하면 '성악'이라고 하는 것은 한편으로 본성의 열악함을 의미하고 다른 한편으로는 본성의 악함을 의미하는 것이라고 말할 수 있다.

> 순자가 언급한 본성은 자연적인 천성이나 원초적 자질과 생리적 본능을 의미하는 것으로 어떠한 가공과 개선을 거치지 않은 상태의 것을 말한다. 이러한 의미에서 본다면 그가 언급한 '성악'은 인간 본성의 열악함을 의미하는 것이다. 그러나 그는 또 인간의 본성을 원초적 자질로 보고 그 속에는 예의나 법률제도를 만들어 내거나 포함시킬 수도 없다고 강조하는 한편 예의나 법률제도와도 상충된다고 강조했다. 예를 들면 '인간의 본성을 따르고 감정에 따라서 행동한다면 반드시 서로 다투고 빼앗고 하면서 사회질서의 어지러움을 야기 시켜 무법사회가 출현하게 된다.' 『순자 · 성악』 이러한 의미에서 본다면 그가 언급한 '성악'은 본성의 악함을 지칭하는 것이다. 이와 같이 볼 때 '악'에는 열악함의 의미와 악

8) 張豈之, 『中國儒學思想史』, 臺北, 水牛出版社, 1992년, 123쪽 참조.

함의 의미가 있는 것이다.[9]

위의 인용문에서 볼 수 있듯이 선량함이라는 것은 '예의나 법률제도'에 부합한 내용을 의미하는 것이며, 악함이라는 것은 '예의나 법률제도'에 위배되는 행위를 의미한다. 바꿔 말하면 이는 도덕표준에 부합되는지의 여부에 따라 선과 악을 구분한 것이기 때문에, 선과 악은 도덕과 비도덕의 개념에 상당한다고 할 수 있을 것이다. 그러나 서복관徐復觀을 비롯한 일부 학자들은 이러한 각도에서 이해되어진 순자의 '성악'은 성립할 수 없다고 생각했다.[10] 즉 순자가 언급한 본성의 개념 속에는 도덕적 의미가 내재되어 있지 않기 때문에 선은 도덕이고 악은 비도덕이라고 말할 수가 없다는 것이다.

『순자』 속에 선과 악의 개념은 각각 200여 차례 정도 보이며 그 의미 역시 매우 다양하다고 할 수 있다. 그러나 선과 악이 함께 보이는 경우는 「성악性惡」의 '성악선위性惡善僞'와 '선악지분善惡之分' 외에 다음과 같은 곳에서 보여 진다.

> 현명한 사람을 존중하고 유능한 인사를 기용하여 공적이 있는 사람에게는 상을 주고 죄가 있는 사람에게는 벌을 내리는 것은 군주 혼자서만 행한 것이 아니다. 그것은 옛 성왕으로부터 내려온 법도요 민심을 통일하는 근본이며, 선함을 선하다고 하고, 악함을 악하다고 하는 당연한 응대로서 국가의 다스림은 반드시 이러한 상벌의 법도에 의존해야 한다는 것은 옛날이나 지금이나 한가지인 것이다.[11]

---

9) 張豈之, 『中國儒學思想史』, 臺北, 水牛出版社, 1992년, 123~124쪽 참조.
10) 徐復觀, 『中國人性論史』, 臺北, 臺灣商務印書館, 1990년, 255~256쪽 참조.
11) 『荀子』, 「彊國」, "夫尙賢使能, 賞有功, 罰有罪, 非獨一人爲之也, 彼先王之

위의 인용문 가운데 "선함을 선하다고 하고, 악함을 악하다고 하는 당연한 응대"라는 말은 대략 '선하면 상을 주고 악하면 벌을 준다.'는 의미에 상당한다고 볼 수 있는데, 그 속에는 선과 악을 도덕과 비도덕의 의미로 이해한듯한 분위기가 담겨져 있으며 또한 도덕적 행위에 대하여 장려를 하고 비도덕적 행위에 대해서는 징벌을 가해야 한다는 의미가 담겨져 있다. 그러나 문장 전체의 맥락에서 볼 때 여기에서 말하고자 하는 요점은 공적과 죄의 문제에 있다. 즉 "공적이 있는 사람에게는 상을 주고, 죄가 있는 사람에게는 벌을 내린다."는 말속에서 의미하는 바는 한 개인의 공과功過에 대한 상벌의 문제이지 개인의 도덕수양 문제와는 무관하다고 할 수 있는 것이다. 그러므로 위의 인용문에서 언급된 선과 악을 도덕과 비도덕의 문제로 이해하는 것은 문제의 소지가 있다고 판단된다.

> 부정한 음악이 사람의 마음을 감동시키게 되면 여기에 따라 부정한 기운이 일어나게 되고, 그 부정한 기운은 마침내 부정한 노래와 춤으로 나타나 사람의 마음을 음탕하게 만들어 혼란이 생기게 된다. 그러나 바른 음악이 사람의 마음을 감동시키게 되면 이에 따라 바른 기운이 일어나게 되고, 그 바른 기운은 바른 노래와 춤으로 나타나 사람의 마음을 아름답게 만들어 여기서 질서가 생기게 된다. 노래하고 화답하는 데는 서로 맞아 어울리는 것이 있고, 선과 악 또한 마찬가지로 종류에 따라 같은 결과를 낳는다. 그러므로 군자는 무엇보다도 음악에 있어서 바른 것과 사악함을 신중하게 가려 부정한 것을 버리고 바른 것을 따르는 것이다.[12]

道也, 一人之本也, 善善惡惡之應也, 治必由之, 古今一也."

12) 『荀子』, 「樂論」, "凡姦聲感人而逆氣應之, 逆氣成象而亂生焉. 正聲感人而

위의 인용문은 음악과 사회적 분위기와의 관계에 대하여 설명한 것이다. 즉 퇴폐적인 음악은 사람들의 마음을 뒤흔들어 사회적 혼란을 야기 시키고, 좋은 음악은 사람들의 정서를 순화시켜 사회의 질서를 유지시키는 기능을 한다는 것이다. 여기에서 언급된 선과 악 역시 도덕적 의미를 가지고 있지 않다고 할 수 있다.

순자는 「성악」에서 선과 악의 개념에 대하여 다음과 같이 설명하고 있다.

> 옛날부터 지금에 이르기까지 세상에서 말하는 선이라고 하는 것은 바르고 이치에 맞으며 질서가 있는 것이다. 일반적으로 말하는 악이라고 하는 것은 편벽되고 불공평하고 도리에 어긋나 혼란한 것이다. 이것이 바로 선과 악의 구분이다.[13)]

잠일성岑溢成은 위의 문장 가운데서 "바르고 이치에 맞으며 질서가 있는 것과 편벽되고 불공평하고 도리에 어긋나 혼란한 것"은 개인의 도덕행위와 사회질서 유지와도 관련이 있다고 주장한다. 즉 순자는 선악 구분의 기준을 예의와 이러한 두 측면의 의미를 갖춘 것으로 삼았다는 것이다. 그러나 잠일성은 순자가 인간과 짐승의 구분에 대하여 언급할 때 비교적 사회질서 유지의 측면에 편중되어 있다는 점을 강조한다.[14)] 순자가 '성악'을 주장한 까닭은 '인간이 인간 되는 이유'를 바

順氣應之, 順氣成象而治生焉. 唱和有應, 善惡相象, 故君子愼其所去就也."

13) 『荀子』, 「性惡」, "凡古今天下之所謂善者, 正理治平也; 所謂惡者, 偏險悖亂也. 是善惡之分也已."

14) 岑溢成, 「荀子性惡論析辯」, 『鵝湖學誌』, 第3期, 臺北, 文津出版社, 1989년, 52~54쪽 참조.

로 사회질서 유지에 근거하였기 때문이며 또한 인간과 짐승의 차이점에 대해서도 이러한 기준을 적용하기 때문에, 순자에게 있어서 사회질서 유지의 의미가 개인의 도덕행위의 의미에 선행된다고 할 수 있는 것이다.

사회질서의 측면에서 보았을 때 선이라고 하는 것은 "바르고 이치에 맞으며 질서가 있는"상태를 의미하는데, 이는 사회의 이상적이고 완벽한 상태를 말한다. 또한 악이라는 것은 "편벽되고 불공평하고 도리에 어긋나 혼란한"상태를 의미하며 이는 이상적이지 못하고 불안정한 상태를 의미한다. 또한 순자는 「불구不苟」에서도 '예의禮義'와 '비예의非禮義'로써 사회적 질서와 혼란에 대하여 설명을 한다. 즉 순자는 이상적이거나 완벽한 사회적 상태는 바로 예의의 표현이 그 구체적인 내용이 되어야 하는 것이며, 이상적이지 못하고 불안정한 사회적 상태는 예의가 결여되어 있거나 도덕적 상태가 이루어지지 않은 것을 의미한다고 생각한 것이다. 여기에서의 선과 악은 도덕과 비도덕의 개념에 상당히 접근되었다고 할 수 있다.

순자의 도덕과 비도덕에 관한 논의 역시 주목할 만한 가치가 있다고 할 수 있다.

> 타인의 선함을 보면 마음을 가다듬어 반드시 스스로 내 자신을 돌이켜보고, 타인의 선하지 않은 것을 보면 걱정이 되어 혹시 나에게도 그러한 결점이 없나 반성하여 볼 것이다. 그래서 나에게 선함이 있으면 굳건히 지켜 스스로 기뻐할 것이요, 선하지 않음이 나에게 있으면 재앙이 나에게 있듯이 미워할 것이다.[15)]

---

15) 『荀子』, 「修身」, "見善, 修然必以自存也; 見不善, 愀然必以自省也. 善在身,

위의 인용문에서 말하고자 하는 것은 바로 타인의 도덕기준에 부합하는 행위를 보면 반드시 자신의 행위 역시 도덕적 요구에 부합하는지를 냉정하게 성찰하고, 타인의 도덕기준에 위배되는 행위를 보게 되면 자신 역시 같은 잘못을 범하지 않았는지 돌이켜 반성해야만 한다는 것이다. 또한 자신의 행위가 도덕기준에 부합된다면 마땅히 그러한 점을 굳게 지켜나가야 하며, 자신의 행위가 도덕기준에 위배된다면 마땅히 잘못된 점을 개선하여 같은 실수를 되풀이해서는 안 된다는 것이다.

> 이제 만일 선하지 않은 사람과 함께 있다면 항상 듣는 것은 사람을 속이는 거짓말 뿐, 또 항상 보는 것은 추악함과 사악함 그리고 탐욕뿐이다. 이렇게 하여 자기 자신에게 형벌이 가해지는 상황으로 몰려도 자각하지 못하는 것은 주위로부터의 영향에 따른 완만한 변화이기 때문이다.[16]

이것은 환경의 중요성을 강조한 언급으로, 만일 개인이 품행이 불량한 사람들과 어울리게 되면 그러한 사람들로부터 보고 듣게 되는 것은 모두 남을 기만하는 거짓말과 추악하고 사악한 행위와 탐욕스러운 마음일 뿐으로, 시간이 지나면 자신 역시 이러한 악습에 물든다는 것이다.

이상과 같이 볼 때 순자가 사용한 선과 악의 개념은 그 의미에 있어서 오늘날 현대인들이 사용하는 개념과 의미상에 있어서 분명한 차이가 존재하고 있음을 알 수 있을 것이다. 즉 순자가 언급한 선과 악에는

介然必以自好也, 不善在身, 菑然必以自惡也."

16) 『荀子』, 「性惡」, "今與不善人處, 則所聞者欺誣詐僞也, 所見者汙漫淫邪貪利之行也. 身且加於刑戮而不自知者, 靡使然也."

도덕과 비도덕의 의미가 내재되어 있지 않기 때문이다. 다만 그가 언급한 '선악지분善惡之分'과 '성악선위性惡善僞'의 주장들 속에서 도덕·비도덕과 유사한 개념이 보일 뿐이다. 또한 그가 도덕과 비도덕을 설명할 때 사용한 개념 역시 선과 불선이다.

4. 性惡善僞

순자는 「성악」에서 "인간의 본성은 악이며, 그 선한 요소는 모두 후천적인 작위에 기인하는 것이다."라는 언급을 하는데, 이것은 그의 인성에 대한 기본적인 관점이라고 말 할 수 있다. 또한 문장 전반에 걸친 논의는 결국 이러한 주장의 연장이라고 할 수 있다. 앞서 진행된 논의를 근거로 하여 순자의 "인간의 본성은 악이며, 그 선한 요소는 모두 후천적인 작위에 기인하는 것이다."를 해석해보면 다음과 같다고 할 수 있다. 즉 인간의 자연적 성향은 불완전하고 비도덕적인 것이고, 완전하거나 도덕적 행위의 실현은 후천적인 학습과 노력에 의해야 한다는 것이다. 이러한 주장은 "생리적 본능을 본성이라고 한다."의 각도에서 인간의 본성을 인식한 것이 아니고 "인간이 인간 되는 까닭"의 각도에서 인간의 본성을 인식한 것이라고 할 수 있다. 즉 순자는 인간을 도덕적 존재로 인식하는 유가의 근본정신을 계승하여, 이러한 기준으로부터 그는 본성이 비도덕적이라고 생각하고 '성악'을 주장한 것이다. 그러므로 본 장에서는 '성악'과 '선위善僞'의 문제에 대한 분석을 중심으로 논의를 진행해보도록 하겠다.

먼저 '성악'에 대하여 살펴보겠다. 이 문제에 관하여 장기지張豈之는 '성악'은 한편으로는 본성의 열악함을 의미하고 다른 한편으로는 본성의 악함을 의미한다고 주장했다.[17] 다시 말하면 본성이란 것은 비도덕적인 것이라는 것이다. 그러므로 '성악'의 '악'을 비도덕적 의미로 해석할 수 있다는 말이 되는데 이러한 주장은 그 타당성이 부족하다는 것을 이미 앞에서 언급했다. 그렇다면 여기에서 우리는 '성악'과 '악성'의 차이에 대하여 살펴볼 필요가 있다고 생각된다. 즉 '성악性惡'에서 성은 비도덕적 의미를 내포하고 있으며, '악성惡性'에서의 성은 도덕이 아니라는 의미를 내포하고 있는 것이다.[18]

필자는 비록 순자가 언급한 '성악'에서 '악'을 도덕이 아니라는 해석에는 동의 할 수는 없지만, 이러한 주장은 '도덕이 아님'의 근원에 대한 해석을 가능하게 해준다고 본다. 모종삼 등과 같은 학자들의 견해에 의하면 인간 본성의 자연적인 성향이 '악성'으로 변하게 되는 관건성의 문제는 결국 "자연적 성향으로서의 본성을 따르기만 한다."는 데에서 찾아질 수 있다는 것이다. 즉 자연적인 성향으로서의 본성 그 자체는 '악'이 될 수가 없고 다만 그러한 성향을 조절하지 못하고 제어하지 못했을 때 '악'의 결과가 조성된다는 것이다.

그러나 순자는 "자연적 성향으로서의 본성을 따르기만 한다."는 것만이 '악'의 근원적인 문제라고 보지 않았다. 또한 순자는 한 걸음 더 나아가 "자연적 성향으로서의 본성을 따르기만 한다."는 것으로부터 '악'이 조성될 수 있는 원인을 '성악'에 있다고 보았다. 즉 본성 자체가

---

17) 張豈之, 『中國儒學思想史』, 臺北, 水牛出版社, 1992년, 124쪽 참조.

18) 鮑國順은 인간의 자연적인 성향이 '惡性'으로 변하게 되는 원인을 인간이 자연적인 욕망을 쫓기만 할 뿐 절제할 줄 모르기 때문에 발생하게 되는 것이라고 주장한다. 그가 언급한 '惡性'은 바로 이런 의미이다. 鮑國順, 『荀子學說析論』, 臺北, 華正書局, 1993년, 13쪽 참조.

'악'이라는 것이다. 일반적으로 우리는 순자의 성악설에 대하여 단편적으로 전자의 의미에만 관심을 집중할 뿐, 후자의 의미를 소홀히 하는 경향이 있는데 바로 이러한 후자의 의미가 순자가 주장하고자 했던 핵심이라고 할 수 있는 것이다.

그러므로 '악성'은 다음과 같은 두 가지의 조건들을 만들어낸다고 할 수 있다. 하나는 인간의 자연적인 성향은 불완전하다는 것이고, 다른 하나는 인간의 자연적인 성향을 방임한다는 것이다. 인간의 자연적인 성향을 방임했을 경우 '악'의 결과가 조성된다는 말속에는 '방임'이라고 하는 선택을 포함하고 있음과 동시에 상대적으로 조절이나 제어를 선택할 수 있는 성분을 포함하고 있기 때문에 의지의 자유 관점에서 본 것이라고 할 수 있다. 그러나 이러한 주장은 그 설득력이 매우 약하다고 할 수 있다. 즉 어째서 방임을 선택한 것이 도덕적인 것이 아니란 말인가?

이러한 문제는 당시의 유가의 학자들이 직면했던 문제였다고 할 수 있다. 즉 당시에 성행했던 일부 사조들 가운데는 인간의 자연적 성향이 완벽하고 이상적인 것이라고 생각하여 일체의 외재적 간섭을 배제한 자연 그대로의 상태로 방임할 것을 주장하는 학파도 있었기 때문에 유가에서 중시하는 예의법도나 인문제도 등은 필요 없는 것으로 취급되었다. 이러한 상황 속에서 인간의 본성을 자연 그대로의 상태로 방임하자는 이론의 문제점을 지적하기 위해서 순자는 '성악'을 주장한 것이다. 즉 순자는 인간의 본성은 불완전하고 결함이 있는 것이기 때문에 그것을 방임하고 조절하지 않는다면 '악'의 결과가 조성된다고 보았던 것이다. '악'의 형성은 한편으로는 자유의지의 선택 결과에 의한 것이며, 다른 한편으로는 이러한 선택이 도덕적인 것이 아니기 때문에 본성은 비도덕적인 것이라는 것이다.

다음은 '선위善僞'에 대하여 살펴보겠다. 순자가 주장한 '성악선위性惡善僞'는 '성性'과 '위僞'의 구분이 단지 선천적인 것과 후천적인 것의 구분에만 그치는 것이 아닐 뿐만 아니라 동시에 '위僞'의 결과가 반드시 '선'이 되는 것이 아니라는 점을 의미하기도 한다. '위'와 '선'은 두 측면의 의미를 가지고 있기 때문에 이러한 주장을 상당히 복잡한 형태로 만드는 한편 다양한 이해를 가능하게 하는 것이다. '선위善僞'의 문제에 대한 이해를 보다 쉽게 하기 위하여 '위선僞善'의 문제와 비교하여 분석해보도록 하겠다.

'선위善僞'는 다음과 같은 두 가지 의미를 함축하고 있다. 그 가운데 하나의 의미로는 인격의 완성과 도덕은 후천적인 학습과 노력에 의해서 실현된다는 것이다. 이때의 '선'은 '악'과 상대적인 의미로서의 '선'이며, '위'는 수양 혹은 인위적인 노력 등을 의미한다. 이러한 의미는 반드시 '성악'과 동반되어 이해되어져야 할 것이다. 앞서 언급한 것처럼 '성'은 불완전하고 비도덕적인 것이기 때문에 인간 행위의 준칙이 되지 못하는 것이다. 인간 본성의 불완전하고 비도덕적인 성향만으로는 동물과의 차이를 규정 지울 수 없기 때문에 반드시 인간만의 특징을 규정 지울 수 있는 그 무엇이 필요한 것이다. 다시 말하면 '성악'과 대비되는 개념으로서 그 무엇이 필요하다는 것이다. 이러한 '성악'과 대비되는 개념으로서 그 무엇이 바로 '선위'라는 것이다. 이러한 '선위'는 도덕과 이상은 인간의 학습과 노력에 의해 실현된다는 것을 의미한다. 이렇게 인간의 인위적인 노력과 실천의 중요성을 강조한 순자의 '선위'는 도가道家에서 주장한 '무위無爲'와 분명한 대비를 이루고 있다고 할 수 있다.

'선위善僞'의 또 다른 의미는 다음과 같다. 즉 도덕은 반드시 실천이 전제가 되어야한다는 것이다. 만일 인간이 실천을 하지 않는다면 도덕이라고 하는 것은 그 존재이유를 상실하게 되는 것이다.[19] '선위'는 단지 '선'이 반드시 '위'를 그 전제로 해야만 한다는 것을 의미할 뿐, '위'의 결과가 반드시 '선'이 되어야 한다는 의미는 포함하고 있지를 않다.(여기에서의 '선'은 '불선' 즉 비도덕과 대비되는 의미로서의 '선'을 의미한다.) 바꿔 말하면 도덕의 영역은 인간이 그것을 실천하는 것으로부터 열리는 것이며, 이러한 영역 내에서야 비로소 도덕과 비도덕이라고 하는 것이 있게 된다는 것이다.

'위선'에서의 '위'는 이상理想의 의미로 간주해서 해석해야 하며, '선'은 두 가지 의미를 겸해서 가지고 있다고 할 수 있다.[20] 이상의 의미로서의 '위僞'란 장기적인 학습과 노력이 축적되어 나온 결과를 의미하며 이러한 결과를 '선'이라고 부른다. 사회 전체의 측면에서 본다면 이것은 일종의 인류 문명에 대한 긍정으로 인류가 장기간에 걸쳐 자연과의

19) 『荀子』, 「儒效」, "道라는 것은 하늘의 道도 아니고 땅의 道도 아니며, 사람으로서 마땅히 걸어가야 할 길로서 군자가 밟아나가야 할 길을 말한다."라고 언급되어있는 것에서 볼 수 있듯이 荀子에 있어서의 道는 자연의 법칙을 의미하는 것이 아니라 인간세계의 규범을 의미하는 것이다.

20) 여기에서 말하는 두 가지 의미를 겸해서 가지고 있는 말은 의리적인 측면에서 언급한 것이다. 앞서 張豈之의 견해를 비판한 이유는 바로 그가 이러한 두 가지 의미를 보편적으로 응용을 했기 때문이다. 그러나 '性惡善僞'주장의 측면에서 본다면, '善'과 '惡'은 기본적으로는 '완벽함'과 '조악함'으로 해석되거나 '도덕'과 '비도덕'으로 해석되는 것이 비교적 타당하다고 생각된다. 또한 개별적이고 다른 상황 속에서는 이 둘이 병존될 수도 있다. 그러나 이러한 두 의미에는 선후가 있는데, 즉 먼저 기본적인 의미가 있고 그 뒤에 응용한 의미가 있다는 것이다.

투쟁 속에서 점차 원시생활에서 벗어나 문명 생활로의 진입을 했음을 의미하는 것이다. 개인의 측면에서 본다면 이것은 성인聖人이라는 존재가 선천적으로 성인이 된 것이 아니고 장기간에 걸친 자아수양과 노력을 거쳐 만들어진 존재라는 것을 의미하는 것이다. 즉 장기간 노력을 하면 성인이 될 수 있다는 것이다.

이와 같이 '위선'은 '위'와 '선' 사이에 어떠한 필연적 관련이 있다는 것을 나타내고는 있지만, 그러한 필연성은 자연계의 인과율적 필연성이 아니고 인간세계 속에서의 실천 가운데의 필연성을 의미하며 끊임없는 실천을 그 전제로 한다.

이상과 같은 '성악선위性惡善僞'의 주장 속에는 인간의 본성이 불완전하다는 것이 지적되어 있다. 인간의 본성이 불완전한 이유에는 다음과 같은 것이 있다. 즉 소극적인 측면으로는 예의가 없고 예의를 알지 못하기 때문이며, 적극적인 측면으로는 도덕행위를 방해하기 때문이다.[21] '성악'의 주장은 기본적으로 '선위'를 기준으로 해서 나온 것이다. 즉 '선위'라는 것은 한편으로 '선'의 의미와 범위를 규정하는 것으로 그것은 인간의 실천행위를 통해서 드러나는 것이기 때문에 본성이라고 말할 수 없는 것이며, 다른 한편으로는 '성악'은 해결의 방법을 제공해주며 또한 '선'으로 통할 수 있는 길을 제시해주고 있는데 그것이 바로 실천이라는 것이다.

---

21) 岑溢成은 '性惡'을 강한 의미와 약한 의미로 구분한다. 즉 강한 의미는 禮義가 파괴된 것을 뜻하고, 약한 의미는 禮義가 결핍된 것을 뜻한다고 한다. 岑溢成, 「荀子性惡論析辯」, 『鵝湖學誌』, 第3期, 臺北, 文津出版社, 1989년, 56쪽 참조.

5. 맺는 말

앞에서 살펴본 바와 같이 인간의 본성이 악하다고 하는 주장은 순자의 사상체계 가운데 후세 학자들로부터 가장 주목을 받는 한편 의견이 분분한 부분이라고 할 수 있다. 특히 현대학자들의 순자가 언급한 '성악'에 대한 해석들은 비록 다 같은 것이라고 할 수는 없지만, 모두 본성과 악의 관계에 초점을 집중하여 자연적인 속성과 성악 사이의 불일치의 해결을 시도했다고 볼 수 있으며, 그렇기 때문에 순자가 사용한 악 개념의 특수한 의미에 대한 분석이 불가피하게 소홀할 수밖에 없었던 것이다. 그러므로 관심의 초점을 악의 의미에 맞춰서 순자가 과연 어떻게 이러한 개념을 사용했는지 분석한 결과는 다음과 같다.

순자가 사용한 선과 악의 개념은 그 의미에 있어서 오늘날 현대인들이 사용하는 개념과는 의미상에 있어서 분명한 차이가 존재하고 있다고 할 수 있다. 이러한 차이는 순자가 언급한 선과 악에는 도덕과 비도덕의 의미가 내재되어 있지 않기 때문에 존재하는 것이다. 다만 그가 언급한 '선악지분'과 '성악선위'의 주장들 속에서 도덕 · 비도덕과 유사한 개념이 보일 뿐이며, 또한 그가 도덕과 비도덕을 설명할 때 사용한 개념 역시 선과 불선이다.

또한 순자가 언급한 '성악선위'의 주장 속에는 인간의 본성이 불완전하다는 것이 지적되어 있다. 인간의 본성이 불완전한 이유에는 다음과 같은 것이 있다. 즉 소극적인 측면으로는 예의가 없고 예의를 알지 못하기 때문이며, 적극적인 측면으로는 도덕행위를 방해하기 때문이다. '성악'의 주장은 기본적으로 '선위'를 기준으로 해서 나온 것이다. 즉 '선위'라는 것은 한편으로 '선'의 의미와 범위를 규정하는 것으로 그것은 인간의 실천행위를 통해서 드러나는 것이기 때문에 본성이라고 말할 수 없는 것이며, 다른 한편으로는 '성악'은 해결의 방법을 제공해주며 또한 '선'으로 통할 수 있는 길을 제시해주고 있는데 그것이 바로 실천이라는 것이다.

참고문헌

王先謙,『荀子集解』, 北京, 中華書局, 1992년.

程頤, 程顥,『二程全書』, 遺書十九, 臺北, 臺灣中華書局, 1990년.

牟宗三,『名家與荀子』, 臺北, 學生書局, 1985년.

韋政通,『荀子與古代哲學』, 臺北, 臺灣商務印書館, 1992년.

陳大齊,『荀子學說』, 臺北, 中國文化大學出版部, 1988년.

廖名春,『荀子新探』, 臺北, 文津出版社, 1994년.

張豈之,『中國儒學思想史』, 臺北, 水牛出版社, 1992년.

徐復觀,『中國人性論史』, 臺北, 臺灣商務印書館, 1990년.

鮑國順,『荀子學說析論』, 臺北, 華正書局, 1993년.

岑溢成,「荀子性惡論析辯」,『鵝湖學誌』, 第3期, 臺北, 文津出版社, 1989년.

제3장 교육론

1. 시작하는 말

순자의 교육사상은 그의 정치와 사회의 조화와 상호 협력체계를 구축하기 위해서 도출된 것이기 때문에 실용적인 효과를 중시했다고 볼 수 있으며, 또한 경험과 지식 및 도덕 사이의 상호 관련성을 강조함으로써 그 이론의 실질적인 효과를 증명하고자 했다고 볼 수 있다.

정치와 사회는 모두 인간이 만든 시스템으로서 인간이 주체가 된다. 그렇기 때문에 순자가 언급한 교육은 인간을 근본으로 하고 인문적 소양의 육성을 통하여 인간의 생리적인 욕구를 절제하여 인간의 정서를 조화롭게 만듦으로써 결국은 인간 스스로가 안정된 삶을 영위할 수 있도록 만드는데 그 목적이 있다고 할 수 있다. 그러므로 순자의 교육관은 개인의 향학과 구도를 바탕으로 하여 사회적으로 후천적인 노력과 학습으로 확대해 나아가 안정적인 사회를 구현하는데 그 주요한 목적이 있다고 할 수 있다.

가정은 사회를 구성하는 가장 기층적인 단위라고 할 수 있다. 무릇 모든 인간은 가정에서 태어나고 그곳에서 성장하는 가운데 사회화의 과정을 접하게 되고 또 사회생활에 필요한 방법과 규범 등을 습득함으로써 안정적인 삶을 영위할 수 있게 되는 것이다. 그러므로 순자는 만일 양호한 사회적 환경이 조성되지 못하게 될 경우 인간은 반드시 속된 것을 추종하게 되고 이익만을 추구하게 되어 마음이 혼란스러운 지경에 이르게 된다고 생각했다. 그렇기 때문에 순자는 스승의 가르침과 벗의 보완이 중요하다고 생각하여 신중하게 스승을 선택하여 가르침을 따를 것과 교유할 벗을 삼가 하여 선택함으로써 후천적인 노력과 학습에 의한 예의의 도리를 다할 수 있도록 해야 한다고 했다.

순자가 언급한 교육은 비교적 실용적인 효과를 중시했다고 할 수 있다. 그렇기 때문에 순자는 교육에 있어서 도리에 부합함을 추구했던 것이며 그것의 실천에 있어서 효과를 보고자 했었던 것이다. 그래서 순자는 예의의 도리를 숭상하는 한편 그러한 것에 도덕의 가치와 이성의 합리적인 측면과 경험의 실증을 겸해서 갖춰야 한다고 생각했다. 이와 같은 순자의 교육관의 요지는 교육을 통하여 모든 사람들이 성인의 경지에 도달할 수 있게 만드는 것에 있다고 할 수 있다.

선진유가의 교육사상 가운데 순자의 교육사상이 차지하는 비중은 결코 적은 것이 아니라고 생각하는데, 그 이유는 순자의 교육사상이 도덕교육적인 측면에 집중되어 있는 유학의 교육사상에 사회교육적인 측면을 더했기 때문이라고 생각하기 때문이다.

이상과 같은 순자의 교육사상에 대하여 본문에서는 후천적인 학습과 교육을 통하여 본성을 변화시킴 및 예악의 교육을 중심으로 살펴보았다.

2. 후천적인 학습

순자는 인간의 사회화 과정을 매우 중시했기 때문에 정규적인 학습 외에 사회적 환경의 인간에 대한 사회화 과정의 영향력 역시 소홀히 취급하지 않았다. 그렇기 때문에 그는 "초나라에 살면 초나라 풍습을 따르게 되고, 월나라에 살면 월나라 풍습을 따르게 되며, 중원 땅에 살면 중원 풍습을 따르게 된다. 이것은 타고나 본성이 아니라 쌓아 가는 버릇을 따르기 때문이다."[1]라고 언급했던 것이다.

일반적으로 인간은 한 사회 속에서 생활하는 존재이기 때문에 반드시 사회적 환경의 제약을 받게 되고 그가 속한 사회의 보편적인 생활 방식을 학습하게 되며, 그 사회에서 공동적으로 준수해야할 가치규범을 인정함으로써 사회의 요구에 적응하게 되어 그 사회의 한 구성원이 되는 것이라고 할 수 있다. 인간은 사회를 떠나서 홀로 고립되어 살수는 없는 존재이기 때문에 반드시 사회화 과정의 세례를 받아들일 수밖에 없는 것이다. 이러한 사회화 과정 속에서 사회적 양식에 대한 모방과 적응 과정을 거쳐서 그러한 것들이 오래 쌓여 습관이 되면 그러한 것을 당연하게 보는 것이며, 그렇지 않을 경우 이상한 존재로 취급하게 되는 것이다. 그러므로 순자는 "장인의 아들은 모두 수공업 일을 계승하고, 도성 사람들은 그들의 풍습에 편안히 익숙해져 있다."[2]라고 언급했는데, 이는 사회화의 효과를 드러낸 것이라고 할 수 있다.

하지만 사회구성원들이 부귀와 이익만을 드높이고, 끊임없이 저마다의 욕구를 추구하며, 재화를 귀중하게 여김으로써 그것을 인생의 가

---

1) 『荀子』, 「儒效」, "居楚而楚, 居越而越, 居夏而夏, 是非天性也, 積靡使然也."
2) 『荀子』, 「儒效」, "工匠之子, 莫不繼事, 而都國之民安習其服."

장 중요한 목적으로 여기게 된다면 천하는 반드시 혼란의 나락으로 떨어지게 될 것이다. 그래서 순자는 "그러므로 사람이란 일상적으로 하는 일을 근신할 줄 알아야 하며, 습속을 삼가며 쌓아 가는 노력을 따른다면 군자가 된다."[3]라고 주장했던 것이다.

이와 같이 순자가 주장한 의미를 분석해보면 인간이 이익을 다퉈 혼란을 초래하는 것에 맹목적으로 종속되어서는 안 되는 것이며, 이성적 판단능력을 운용하여 물욕의 구속에서 벗어나 학문과 예의를 쌓음으로써 지혜와 덕성의 겸비를 이룩해야 한다는 것이다. 이러한 예의법도를 숭상하는 군자는 여러 사람들에게 영향을 끼칠 수 있어서 사회의 풍속을 개선시켜서 그 사회의 가치를 올바르게 정립하게 되는 것이다. 바로 이러한 점이 순자가 학문이 쌓이는 것의 효용성을 중시한 이유인 것이며 스승과 법도를 숭상한 이유도 되는 것이다.

> 그러므로 사람에게 스승과 법도가 있다는 것은 위대한 보배를 가지고 있는 것이고, 사람에게 스승과 법도가 없다는 것은 큰 재앙이 되는 것이다. 사람에게 스승과 법도가 없다면 타고난 본성을 그대로 존중할 것이고, 스승과 법도가 있다면 노력을 쌓는 것을 존중할 것이다. 그런데 스승과 법도라는 것은 노력을 쌓는 데서 얻어지는 것이지 본성으로부터 받는 것이 아니다. 본성이란 홀로 독립해 잘 다스려질 수 있는 것이 아니기 때문이다. 타고나는 본성은 우리가 어찌할 수가 없지만 교화시킬 수는 있다. 노력을 쌓아 간다는 것은 우리가 본래 타고나는 것은 아니지만 노력할 수는 있다. 노력으로 습속을 바로잡아 가면 본성을 교화시킬 수가 있다. 한결같이 스승과 법도만을 받들고 이단은 거들떠보지 않는 것이 노력을 쌓아 가는 방법이다. 습속은 사람의 뜻을 바꿔 놓고 편안히

---

3) 『荀子』, 「儒效」, "故人知謹注錯, 愼習俗, 大積靡, 則爲君子矣."

오랫동안 그렇게 지내면 사람의 바탕도 바뀌어 지게 된다. 한결같이 스승과 법도만을 받들고 이단은 거들떠보지 않는다면, 신명함에 통하게 되고 천지의 변화와 함께하게 된다.[4)]

일반적으로 순자는 "오늘날 사람의 본성이 악한 것은 반드시 스승과 법도의 가르침이 있은 뒤에라야 바로잡히게 되는 것이다."[5)]라고 생각했기 때문에, 정치적으로 군주는 마땅히 예의를 제정하여 백성들의 성정을 계도할 수 있는 환경을 조성해줘야 하고, 개인적으로는 처신하는 것을 삼가 하여 조심하고 스승과 벗을 신중하게 선택함으로써 사악하고 편벽된 것으로부터 오염되는 것을 막아서 예의의 학습을 쌓아야 하는 것이라고 주장했던 것이다.

사람에게 비록 아름다운 본성과 자질이 갖추어져 있고 지혜로운 마음과 분별력이 주어져 있다 하더라도, 반드시 현명한 스승을 구해서 그를 섬기고 좋은 벗을 골라서 그와 교우해야 한다. 현명한 스승을 찾아서 그를 섬기면 곧 그가 듣는 것이 요・순・우・탕 같은 성인의 도가 될 것이다. 좋은 벗을 구해서 그를 벗하면 곧 그가 보는 것이 충실하고 신의가 있고 공경스럽고 사양하는 행동이 될 것이다. 그 자신이 나날이 인의의 길로 발전해도 스스로는 알지 못할 것이다. 주어진 환경에 따라 그렇게 되는 것이다.[6)]

---

4) 『荀子』, 「儒效」, "故有師法者, 人之大寶也; 無師法者, 人之大殃也. 人無師法, 則隆性矣; 有師法, 則隆積矣. 而師法者, 所得乎積, 非所受乎性, 不足以獨立而治. 性也者, 吾所不能爲也, 然而可化也. 積也者, 非吾所有也, 然而可爲也. 注錯習俗, 所以化性也; 並一而不二, 所以成積也. 習俗移志, 安久移質. 並一而不二, 則通於神明, 參於天地矣."

5) 『荀子』, 「性惡」, "今人之性惡, 必將待師法然後正."

6) 『荀子』, 「性惡」, "夫人雖有性質美而心辯知, 必將求賢師而事之, 擇良友而

순자의 교육사상 가운데 스승과 벗은 개인이 학습을 효과적이고 성공적으로 이룰 수 있는 관건적인 요인이라고 할 수 있는 것이다. 그렇기 때문에 순자는 스승과 법도 그리고 벗의 중요성을 역설했던 것이다. 스승이라고 하는 존재는 개인이 학문을 연마하는 과정 가운데의 본받을 대상으로, 이는 문화전달의 주요한 통로이자 지적사유의 중요한 매개체가 되는 것이라고 할 수 있다.

> 예는 자신을 바르게 간직하는 근거가 되고, 스승은 예를 바르게 지키는 근거가 된다. 예가 없다면 무엇을 근거로 몸을 바르게 간직하겠는가? 스승이 없다면 우리가 어떻게 예가 올바른 것이라는 것을 알 수 있겠는가? 예에 따라 그대로 행할 수 있는 것은 감정이 예를 따르면 편안히 지낼 수 있기 때문이다. 스승이 말한 대로 말하게 되는 것은 바로 지려知慮가 스승을 따르고 있기 때문이다. 감정이 예를 따라 편안하고 지려가 스승을 따르는 사람은 바로 성인이 될 수 있다.[7]

그러므로 스승 된 사람은 자기 자신을 올바른 본보기로 삼아야 하고, 배우는 사람은 현명한 스승을 선택하여 섬기는 것을 중시해야 한다. 스승이 전수해주는 것은 예의법도의 가르침인데, 이러한 예의법도라는 것은 성왕이 제정한 것이다. 그러므로 배우는 사람은 실제로는 성왕을 스승으로 삼아서 그가 제정한 예의법도를 따라야 하는 것이다. 성왕은 권세를 갖춘 성인으로, 그의 본질적인 성품은 일반인과 다를

友之. 得賢師而事之, 則所聞者堯舜禹湯之道也; 得良友而友之, 則所見者忠信敬讓之行也. 身日進於仁義而不自知也者, 靡使然也."

7) 『荀子』, 「修身」, "禮者, 所以正身也; 師者, 所以正禮也. 無禮何以正身? 無師, 吾安知禮之爲是也? 禮然而然, 則是情安禮也; 師云而云, 則是知若師也. 情安禮, 知若師, 則是聖人也."

것이 없다. 일반 사람들이 만일 후천적인 노력에 의해서 학습이 쌓이고 올바른 교육이 수반되어 예의에 진력할 수 있게 된다면 역시 요임금이나 순임금과 같은 성인이 될 수 있는 것이다.

> 지금 길거리의 사람이라 하더라도 모두 안으로는 아버지와 자식의 도리를 알 수 있고, 밖으로는 임금과 신하의 올바른 관계를 알 수 있다. 그러니 그것들을 알 수 있는 자질과 행할 수 있는 능력이 길거리의 사람에게도 있음이 분명한 것이다. 지금 길거리의 사람에게 그것을 알 수 있는 자질과 행할 수 있는 능력을 가지고서 어짊과 의로움을 알 수 있는 이치와 행할 수 있는 능력을 근본으로 하여 행동하게 해 보라. 그러면 곧 그들도 우임금처럼 될 수 있음이 분명해질 것이다. 지금 길거리의 사람에게 도를 익히는 학문을 하고 마음을 오로지 하고 뜻을 통일해 사색하고 익히 살펴보게 하여, 오랜 시일 동안 선을 쌓기에 쉴 사이가 없게 하면 곧 신명함이 통달해 하늘과 땅의 변화와 행동을 함께할 것이다. 그러므로 성인이란 사람의 작위가 쌓여 이루어지는 것이다.[8)]

그러므로 스승을 따라서 학문을 배우는 도리는 "그 방법에 있어서는 경전을 외우는 데서 시작하여 『예기』를 읽는 데서 끝나며, 그 뜻에 있어서는 선비가 되는 것에서 시작하여 성인이 되는 것으로 끝난다. 노력을 오랫동안 쌓으면 그런 경지에 들어갈 수 있지만, 학문이란 죽은 뒤에야 끝나는 것이다. 그러므로 학문의 방법에는 끝이 있지만, 그 뜻

---

8) 『荀子』, 「性惡」, "塗之人者, 皆內可以知父子之義, 外可以知君臣之正, 然則其可以知之質, 可以能之具, 其在塗之人明矣. 今使塗之人者, 以其可以知之質, 可以能之具, 本夫仁義法正之可知可能之理, 可能之具, 然則其可以爲禹明矣. 今使塗之人伏術爲學, 專心一志, 思索孰察, 加日縣久, 積善而不息, 則通於神明, 參於天地矣. 故聖人者, 人之所積而致矣."

은 잠시라도 버려둘 수가 없다."[9]라고 하는 것에 그 요체가 있는 것이라고 할 수 있는 것이다.

순자는 교우문제에 대해서도 역시 매우 중요시하는 태도를 보이는데, 즉 그는 한 개인이 신중하게 선량한 사람을 선택하여 벗으로 삼을 것을 장려한다. 또한 그는 이러한 벗과 함께 서로를 격려하고 제휴함으로써 예절과 충신 및 사양의 덕을 서로에게 전해주는 등의 일련의 과정을 통하여 한 개인이 선함을 쌓아서 성인의 경지에 도달할 수 있는 가능성을 더욱 높이게 되는 것이라고 했다.

> 일반 사람들은 벗을 사귀는 데 신중하지 않으면 안 된다. 벗이란 서로 돕는 것이다. 뜻을 둔 도가 같지 않다면 어떻게 서로 도울 수 있겠는가? 땔나무를 고루 펴놓고 불울 붙이면 불은 건조한 곳으로 옮겨간다. 땅을 평평히 해놓고 물을 부으면 물은 축축한 곳으로 흐르게 된다. 물건이 같은 종류를 서로 따르는 것이 그처럼 분명한 것이다. 벗을 통해서 그 사람을 살핀다면 그 사람을 올바로 알게 됨을 어찌 의심하겠는가? 벗을 사귈 때는 그 사람이 훌륭한 사람이어야만 하니, 신중하지 않으면 안 된다. 그것이 덕의 기초가 되기 때문이다.[10]

일반적으로 가정과 스승 및 벗은 한 개인을 둘러싸고 있는 사회적 환경 가운데 개인의 후천적 학습에 가장 큰 영향을 줄 수 있는 중요한 요소라고 할 수 있으며, 개인의 지혜와 덕성의 발전에 막대한 영향력

---

9) 『荀子』, 「勸學」, "其數則始乎誦經, 終乎讀禮; 其義則始乎爲士, 終乎爲聖人. 眞積力久則入. 學至乎沒而後止也. 故學數有終, 若其義則不可須臾舍也."

10) 『荀子』, 「大略」, "匹夫不可不愼取友. 友者, 所以相有也. 道不同, 何以相有也? 均薪施火, 火就燥; 平地注水, 水流濕. 夫類之相從也, 如此其著也, 以友觀人, 焉所疑? 取友善人, 不可不愼, 是德之基也."

을 행사할 수 있는 중요한 매개체라고도 할 수 있다. 그러므로 순자는 학습이라는 것은 인간이 사회화의 과정 속에서 형성되어지는 것이라고 역설하는 데, 이는 가정・스승・벗이 개인의 학습효과에 대하여 관건적인 역할을 하게 된다는 것을 강조한 것이라고 할 수 있는 것이다.

3. 교육을 통한 본성의 변화

순자는 전국시대 당시의 혼란한 상황이 바로 인간에 의해서 초래된 것임을 간파하고 있었다. 그렇기 때문에 순자는 그와 같은 혼란한 시대적 상황을 타개하기 위해서는 반드시 인간이 주체가 되어 혼란을 종식시킬 수 있는 통치의 도리를 모색해야 한다고 생각했다. 순자는 인간이 비록 자연계의 한 구성원이기는 하지만 오직 인간만이 이성의 지혜를 통하여 도구나 기계를 만들고 운용하여, 자연의 섭리를 거스르지 않는 상태에서 만물을 제어하고 자연환경의 제약을 극복함으로써 인간 자신의 운명을 개선할 수 있게 되는 것이라고 생각했다. 그러므로 순자는 자연의 요소가 인간의 행위에 대하여 미칠 수 있는 영향에는 한계적 요인이 있을 뿐이지 결정적 요인은 없는 것이라고 여겼다. 인간의 행위를 형성시키고 발전시키는 결정적인 요소는 바로 인간들 사이에 상호 영향을 주고받는 사회적 요인에 있는 것이라고 할 수 있다.

> 그러므로 군자는 자기에게 달려 있는 것에 힘을 쓰고 하늘에 달려 있는 것은 흠모하지 않는다. 소인은 자기에게 달려 있는 것은 버려두고 하늘에 달려 있는 것을 흠모한다. 군자는 자기에게 달려 있는 것에 힘을 쓰고 하늘에 달려 있는 것은 흠모하지 않기 때문에 날로 발전한다. 소인

> 은 자기에게 달려 있는 것은 버려두고 하늘에 달려 있는 것을 흠모하기 때문에 날로 퇴보한다.[11)]

순자에게 있어서 인간의 타고난 재능과 성품은 지능과 같은 것으로 취급되었다. 이러한 것들이 군자와 소인지간에 차이가 발생하게 되는 까닭은 바로 인간들 사이의 상호관계 속에서 표출되는 말이나 행동과 덕행 등이 다르기 때문이다. 그러므로 순자는 "타고난 재능・성품과 지능은 군자와 소인이 똑같다. 영예를 좋아하고 치욕을 싫어하며, 이로움을 좋아하고 해로움을 싫어하는 것도 군자와 소인이 같다. 그러나 그들이 그것을 추구하는 방법은 다르다."[12)]라고 언급했던 것이다. 즉 소인은 자신의 본성대로 행동하기 때문에 이익을 다투어 강제로 타인의 것을 탈취하는 짓을 서슴지 않고 하는 것이다. 그렇기 때문에 만일 임의로 소인을 세상에 가득하게 채운다면 곧 세상은 혼란의 도가니로 빠지게 될 것이다. 그래서 순자는 인간사회의 분쟁과 충돌을 해결하기 위해서는 사람들 상호간에 조화와 화합을 이룰 수 있는 인문사회의 구축이 필요하다고 주장했던 것이다. 또한 순자는 이러한 사회를 만들기 위해서는 반드시 근본적인 것에서부터 착수해야 한다고 했는데, 즉 인간의 개인적인 이익만을 추구하는 정서와 본성을 계도하여 예의법도의 시스템적 제어 속으로 진입하게 만들어서 안정되고 조화로운 최선의 사회모식을 이룩해야 한다고 했던 것이다.

---

11) 『荀子』, 「天論」, "故君子敬其在己者, 而不慕其在天者; 小人錯其在己者, 而慕其在天者. 君子敬其在己者, 而不慕其在天者, 是以日進也; 小人錯其在己者, 而慕其在天者, 是以日退也."

12) 『荀子』, 「榮辱」, "材性知能, 君子小人一也; 好榮惡辱, 好利惡害, 是君子小人之所同也; 若其所以求之之道則異矣."

오늘날 사람들의 본성은 나면서부터 이익을 좋아하는데, 이것을 따르기 때문에 쟁탈이 생기고 사양함이 없어진다. 사람은 나면서부터 질투하고 미워하는데, 이것을 따르기 때문에 남을 해치고 상하게 하는 일이 생기며 충성과 신뢰가 없어진다. 사람은 나면서부터 귀와 눈의 욕망이 있어 아름다운 소리와 빛깔을 좋아하는데, 이것을 따르기 때문에 지나친 혼란이 생기고 예의와 아름다운 형식이 없어진다. 그러니 사람의 본성을 따르고 사람의 감정을 좇는다면 반드시 다투고 뺏게 되며, 분수를 어기고 이치를 어지럽히게 되어 난폭함으로 귀결 될 것이다. 그러므로 반드시 스승과 법도에 따른 교화와 예의의 교도가 있어야 하며, 그런 뒤에야 서로 사양하게 되고 아름다운 형식을 갖게 되어 다스림으로 귀결 될 것이다.13)

그렇기 때문에 순자는 교육의 목적이 본성을 변화시켜 작위를 일으킨다고 하는 것에 있음을 긍정하였던 것이다. 그렇다면 본성과 작위의 차이는 무엇에 있는 것인가?

본성이라는 것은 하늘로부터 타고난 것이어서 배워서 행하게 될 수 없는 것이며, 노력으로 이루어질 수 없는 것이다. 예의란 성인이 만들어 낸 것이어서 배우면 행할 수 있는 것이며, 노력하면 이루어질 수 있는 것이다. 배워서 행할 수 없고 노력해서 이루어질 수 없는데도 사람에게 있는 것을 본성이라 하고, 배우면 행할 수 있고 노력하면 이루어질 수 있는 사람에게 있는 것을 작위라 한다. 이러한 것이 본성과 작위

---

13) 『荀子』, 「性惡」, "今人之性, 生而有好利焉, 順是, 故爭奪生而辭讓亡焉; 生而有疾惡焉, 順是, 故殘賊生而忠信亡焉; 生而有耳目之欲, 有好聲色焉, 順是, 故淫亂生而禮義文理亡焉. 然則從人之性, 順人之情, 必出於爭奪, 合於犯分亂理, 而歸於暴. 故必將有師法之化, 禮義之道, 然後出於辭讓, 合於文理, 而歸於治."

의 구분이다.[14]

순자가 주장한 의미를 미루어 보면, 곧 인문의 작위로써 인간이 본래 가지고 있는 자연적인 본성을 계도해야 한다는 사실을 알 수 있게 된다. 그러나 한편으로는 순자는 자연적인 본성을 제거할 수 없다는 사실을 인식하고 있었는데, 그러한 자연적인 본성을 제거 한다면 그것은 인간존재가 될 수 없기 때문이다. 인간은 자연계의 한 구성원으로서, 본능적인 욕구가 있는 존재이기 때문에 만일 이러한 자연적인 본능을 제거하게 된다면, 인간은 더 이상 삶을 영위할 수 없게 되어 도태될 것이며 결국에는 소멸되게 되는 것이다. 그렇기 때문에 인간의 생존을 지속시키기 위해서는 반드시 인간 본래의 자연적인 본성을 유지시켜야 하는 것이다. 그렇지만 인간사회의 조화와 공존을 지속시키기 위해서는 반드시 인문규범의 제약으로써 인간이 자신의 자연적인 본성을 조절할 수 있는 능력을 강화시켜야만 하는 것이다. 그렇게 함으로써 자연적인 본성이 인간의 행위에 대하여 끼칠 수 있는 영향력을 감소시키게 되어 인간이 인간답게 될 수 있는 존엄성을 드러낼 수 있게 되는 것이다. 바로 이러한 점이 순자가 인간의 이성과 지적능력을 중시하는 한편 인문의 작위를 강조한 이유가 되는 것이다.

순자는 인문의 작위가 일반적인 사람들의 자연적인 본성에서 나온 것이 아니고 성인이 일반 사람들의 자연적인 본성을 다스리기 위해서 만든 인문규범에서 온 것으로 보았다. 그래서 그는 "그러므로 성인께

---

14) 『荀子』, 「性惡」, "凡性者, 天之就也, 不可學, 不可事. 禮義者, 聖人之所生也, 人之所學而能, 所事而成者也. 不可學, 不可事, 而在人者, 謂之性; 可學而能, 可事而成之在人者, 謂之僞. 是性僞之分也."

서는 사람들의 본성을 교화시켜 작위를 일으키고, 작위를 일으켜 예의를 만들어 내고, 예의를 만들어 내어 법도를 제정한다. 그러니 예의와 법도는 성인이 생겨나게 하는 것이다."[15]라고 언급했던 것이다. 그러나 성인과 일반 사람들 모두가 같은 본성을 가지고 있는데 과연 어떻게 해서 본성의 한계를 초월하여 인문의 작위를 이룩할 수 있는 것인가? 라고 하는 의문이 제기 될 수 있다. 이러한 의문에 대하여 순자는 성인이 바로 "생각을 쌓고 작위를 오랫동안 익힌다."[16]고 하는 존재이기 때문에 그러할 수 있다고 했던 것이다. "생각을 쌓음"이라는 것은 성인이 이전 사람들의 지혜를 습득하여 누적시킬 수 있게 되어 자신의 지혜로 만들어 독립적인 판단을 할 수 있게 되어 도리를 분명하게 밝힐 수 있음 가리키는 것이다. 또한 "작위를 오랫동안 익힌다."고 하는 것은 성인이 이전 사람들의 경험적 지식의 학습을 통하여 이를 현실적 상황에 맞게 적용하는 것으로 선한 사람을 선택하여 본받고 악한 사람을 보면 돌이켜 자기반성을 해야 하는 것을 가리키는 것이다. 이러한 것들이 함께 병행될 때에 비로소 예의법도의 제정이 이루어질 수 있게 되어 인문의 작위가 완성되는 것이다.

예의법도라고 하는 것은 사회적인 규범이 되는 것으로 인간의 본성 바깥에 있으면서 인간의 언어와 행위를 제약하는 것으로 일종의 사회적 규범이 되는 것이라고 할 수 있다. 이러한 것들이 비록 효율적으로 사회적 제어를 할 수 있는 시스템을 갖추고는 있지만, 그러한 것들을 과연 어떻게 사람들의 마음속에 내재화 시켜서 일반적인 사람들이 마

---

15) 『荀子』, 「性惡」, "故聖人化性而起僞, 僞起而生禮義, 禮義生而制法度; 然則禮義法度者, 是聖人之所生也."

16) 『荀子』, 「性惡」, "積思慮, 習僞故."

음속으로부터 기뻐하면서 그러한 규범들을 준수하려고 할 수 있게 만들 수 있는 것일까? 이러한 의문에 대하여 순자는 바로 교육이 이러한 변화를 책임지는 중요한 역할을 담당하는 것으로 보았다. 교육의 계도를 통하여 모든 사람들이 예의를 숭상할 수 있게 되고 법도를 밝힐 수 있게 되어, 외재적인 규범을 자기내적 도리로 변화시킬 수 있게 된다면 사고와 언행 등이 모두 사리에 합당하게 되어 도道에 가깝게 될 것이다.

> 혈기가 굳세고 강하면 곧 조화시켜 부드럽게 한다. 지혜와 생각이 너무 깊으면 곧 평이하게 하여 단순하게 한다. 용감하고 사나우면 곧 순하게 인도하여 돕는다. 너무 잽싸고 서두르면 곧 행동을 절제케 해준다. 마음이 좁고 옹졸하면 곧 넓고 크게 틔워준다. 비굴하고 느슨하며 이익을 탐하면 높은 뜻으로 드높여 준다. 용렬하고도 아둔하면 곧 스승과 벗으로 그런 성질을 없애 준다. 게으르면서도 경박하면 곧 재앙으로 경고해 분명히 알게 해준다. 어리석다 할 정도로 정성스럽고 우직하면 곧 예와 음악으로 알맞게 해주고, 사색으로 융통성 있게 해준다. 모든 기를 다스리고 마음을 기르는 방법은 예를 따르는 것보다 더 빠른 길은 없고, 스승을 얻는 것보다 더 중요한 것은 없으며, 좋아하는 것을 한결같이 하는 것보다 더 신통한 것은 없다.[17)]

순자가 언급한 기운을 다스리고 마음을 수양하는 것의 종지는, 결국

---

17) 『荀子』, 「修身」, "血氣剛强, 則柔之以調和; 知慮漸深, 則一之以易良; 勇膽猛戾, 則輔之以道順; 齊給便利, 則節之以動止; 狹隘褊小, 則廓之以廣大; 卑溼重遲貪利, 則抗之以高志; 庸衆駑散, 則刦之以師友; 怠慢僄棄, 則炤之以禍災; 愚款端慤, 則合之以禮樂, 通之以思索. 凡治氣養心之術, 莫徑由禮, 莫要得師, 莫神一好."

교육에 의한 변화로 제각기 다른 기질의 사람들 모두가 예의를 습득하여 기운과 마음을 다스려서, 자연적인 본성을 변화시키게 되면 군자가 될 수 있다는 것에 있다.

> 군자가 마음을 수양하는 데는 정성보다 더 좋은 것이 없다. 정성을 다하면 다른 사고가 나지 않을 것이다. 오직 인仁만을 지키고, 오직 의로움만을 행해야 한다. 정성된 마음으로 인을 지키면 그것이 겉으로 드러나고, 그것이 겉으로 드러나면 신묘해지고, 그것이 신묘해지면 사람들을 교화시킬 수가 있다. 정성된 마음으로 의로움을 행하면 조리가 서고, 조리가 서면 모든 것이 분명해지고, 모든 것이 분명해지면 사람들을 훌륭하게 변화시킬 수 있다.[18]

군자가 마음을 수양하고 몸을 수양하는 것을 정성으로 하면 예의의 교화에 통할 수 있게 되고 모든 일의 변화에 대응할 수 있게 되어 자연의 조화에 순응하게 되어 도道에 합치되게 되는 것이다. 그래서 순자는 "군자도 널리 배우며 매일 자기에 대해 생각하고 살피면 앎이 밝아지고 행동에 허물이 없을 것이다."[19]라고 주장했던 것이다.

그렇기 때문에 순자에게 있어서, 인간의 덕행은 인간자신의 반성적 사고에서 비롯되는 것이지 인간의 자연적 본성에서 비롯되어 나온 것은 아닌 것이다. 그러므로 순자는 예의로써 본성을 바꾸고 지혜로써 인문의 작위를 만들어 인문가치의 판단 근거를 수립하여 조화로운 인

---

18) 『荀子』, 「不苟」, "君子養心莫善於誠, 致誠則無它事矣. 惟仁之爲守, 惟義之爲行. 誠心守仁則形, 形則神, 神則能化矣. 誠心行義則理, 理則明, 明則能變矣."

19) 『荀子』, 「勸學」, "君子博學而日參省乎己, 則知明而行無過矣."

문적 사회의 완성을 염원했던 것이다. 이러한 것들 가운데 가장 핵심적인 관건은 바로 교화에 의한 가르침과 학습에 있는 것이라고 할 수 있다.

순자가 가르침을 언급할 때는 반드시 스승과 법도에 따른 교화를 말하곤 한다. 그래서 그는 "반드시 스승과 법도에 따른 교화와 예의의 교도가 있어야 하며, 그런 뒤에야 서로 사양하게 되고 아름다운 형식을 갖게 되어 다스림으로 귀결될 것이다."[20]라고 주장했던 것이다. 또한 순자가 학습에 대하여 언급할 때는 반드시 오랫동안 익혀서 성인의 경지를 이루는 것을 말하곤 했다. 그래서 그는 "지금 사람들의 본성은 본디 예의가 없으므로 애써 배워 그것을 지니기를 바라는 것이다."[21]라고 주장하는 것이며, "그래서 학문은 『예기禮記』에 이르러 끝맺게 된다. 대체로 이것을 일컬어 도덕의 준칙이라고 한다."[22]고도 주장하는 것이다. 이러한 순자의 주장을 종합해보면 바로 "인간의 선함은 후천적 작위에 기인하는 것이다."[23]를 강조하는 것에 있음을 알 수 있게 된다. 자기내적 교화 즉 덕성을 완성하고 성인의 경지를 이룩할 수 있게 되는 것은 바로 스승과 법도에 따른 교화에 의해서 가능하게 되는 것이다.

> 충성스럽고 신의가 있고 올바르고 성실하여 아무도 해치거나 손상시키지 않는 사람은 어떤 사람을 상대해도 그렇지 않은 일이 없는데, 이것

---

20) 『荀子』, 「性惡」, "必將有師法之化, 禮義之道, 然後出於辭讓, 合於文理, 而歸於治."

21) 『荀子』, 「性惡」, "今人之性, 固無禮義, 故彊學而求有之也."

22) 『荀子』, 「勸學」, "故學至乎禮而止矣. 夫是之謂道德之極."

23) 『荀子』, 「性惡」, "其善者僞也."

> 이 인덕이 있는 사람의 바탕이다. 그는 충성과 신의를 바탕으로 삼고, 올바르고 성실한 것을 기강으로 삼으며, 예의로 자신의 수식을 삼고, 인륜과 원리를 이치로 삼아 짧은 말 간단한 움직임도 한결같이 법칙이 될 수 있는 것이다.[24)]

본성을 변화시켜 작위를 일으킨다는 것은 순자의 교육사상의 근간이 된다고 할 수 있는 것으로, 이러한 과정을 거쳐서 교육과 학습의 이상을 실현할 수 있게 되는 것이다.

4. 예악의 교육

순자는 자신의 교육사상 가운데 예악의 중요성에 대하여 상당히 강조하고 있다. 구체적으로 그는 예禮를 악한 본성을 변화시켜 인문적 작위에 부응하게 만들 수 있는 것으로 보았으며, 음악樂은 악한 본성을 변화시켜서 정서를 순화시켜주는 것으로 보았다. 아울러 예악의 기능이 정치적인 측면과 교육적인 측면을 하나로 관통시킬 수 있는 것으로 보아서, 성왕의 인도에 의해서 그것의 실천적인 효과를 기대할 수 있다고도 하였다.

> 성인이란 도의 중추가 되는 사람이다. 천하의 도의 중추가 바로 이것이며, 여러 성왕의 도가 하나라는 것도 바로 이것이다. 그러므로 『시경』·『상서』·『예기』·『악경』도 모두 여기에 다다른다. 『시경』에서 말하

24) 『荀子』, 「臣道」, "若夫忠信端愨, 而不害傷, 則無接而不然, 是仁人之質也. 忠信以爲質, 端愨以爲統, 禮義以爲文, 倫類以爲理, 喘而言, 臑而動, 而一可以爲法則."

고 있는 것은 성인의 뜻이다. 『상서』에서 말하고 있는 것은 성인의 일이다. 『예기』에서 말하고 있는 것은 성인의 행실이다. 『악경』에서 말하고 있는 것은 성인의 조화이다. 『춘추』에서 말하고 있는 것은 성인의 미묘한 진리이다.[25]

성왕은 도를 밝히고 도를 체득하고 도를 실천하기 때문에 커다란 도의 핵심이 되는 것이다. 성왕은 도를 예禮로써 실천하고 예禮로써 제도를 정비하여서 계층 간의 구별과 차등의 분별이 있게 된 것이다. 사회 계층 사이의 조화를 도모하기 위해서는 반드시 올바른 음악으로써 그들을 가지런히 하여야 하며, 그들을 예의제도의 시스템 속에 안착시켜야만 하는 것이다. 그래서 순자는 "공경은 예의를 이루고, 조화는 음악을 이룬다."[26]라고 언급했던 것이며, 또 "음악은 모든 것을 다 같이 화합하게 하지만, 예의는 모든 것을 따로따로 구별한다. 그러나 예의와 음악의 법통은 사람들의 마음을 주관한다."[27]라고도 언급했던 것이다.

예의와 음악의 시행에는 제각기 그 효과가 있다고 할 수 있는데, 즉 인간의 행위를 바르게 인도해줄 수 있는 효능이 있는 것이다. 예의는 제도의 외재적 측면이라고 할 수 있고 음악은 제도의 내재적 측면이라고 할 수 있는 것으로, 내재적 측면과 외재적 측면이 상호작용을 통하여 인간의 마음을 안정시키고 성정과 이성을 균형 잡히게 하는 것이다.

순자는 학문을 세우고 지혜를 숭상했기 때문에 예의를 주로하고 음

---

25) 『荀子』, 「儒效」, "聖人也者, 道之管也. 天下之道管是矣, 百王之道一是矣. 故詩書禮樂之道歸是矣. 詩言是其志也, 書言是其事也, 禮言是其行也, 樂言是其和也, 春秋言是其微也."

26) 『荀子』, 「臣道」, "恭敬, 禮也; 調和, 樂也."

27) 『荀子』, 「樂論」, "樂合同, 禮別異, 禮樂之統, 管乎人心矣."

악으로써 그것을 보완했던 것이다. 일반적으로 사람 마음의 근본은 감정을 상념으로 삼고 이성을 사고로 삼는다고 할 수 있다. 이성을 좇아서 예의를 이룩하기 때문에 인간 마음의 이성적 요청에 합치될 수 있는 것이고, 감정을 좇아서 음악을 이룩하기 때문에 인간 마음의 감성적 염원에 부응할 수 있는 것이다. 그래서 순자는 "음악이란 아무것으로도 변화시킬 수 없는 조화로 이루어지는 것이며, 예의란 아무것으로도 바꿀 수 없는 조리로 이루어지는 것이다."[28]라고 언급했던 것이다.

유가에서는 예악에 대하여 모두 중시하고 있는데, 유독 순자만이 음악에 대하여 상세한 언급을 하고 있다고 할 수 있다. 순자는 음악의 효용성에 대해서 인간의 감정에서 즐거움을 절대로 떼어 버릴 수 없기 때문에 반드시 음악이 필요한 것으로 보았다.

> 음악이란 즐겁다는 의미이다. 인간의 감정에서 즐거움을 절대로 떼어 버릴 수 없기 때문에 음악이 없을 수 없다. 그러므로 인간에게서는 음악이 없을 수가 없고, 즐거우면 곧 그것이 흥겨운 소리나 노랫소리에 나타나고 춤을 추는 행동으로 표현된다. 이리하여 인간의 도리는 여기에 노랫소리와 춤으로 나타나는 것으로 인간의 성정의 변화는 모두 여기에서 발휘되는 것이다.[29]

순자는 음악을 인간에게 내재되어 있는 감정의 변화가 발로되어 노랫소리와 춤을 추는 행동으로 표현되는 것으로 보았다. 그렇기 때문에 인간의 성정의 변화는 그들의 음악의 관찰을 통하여 충분히 살펴볼 수

---

28) 『荀子』, 「樂論」, "且樂也者, 和之不可變者也. 禮也者, 理之不可易者也."
29) 『荀子』, 「樂論」, "夫樂者, 樂也, 人情之所必不免也. 故人不能無樂, 樂則必發於聲音, 形於動靜, 而人之道, 聲音動靜, 性術之變盡是矣."

가 있게 되는 것이라고 할 수 있다. 그러므로 인간의 악한 본성을 변화시켜 선함으로 돌아가게 하려면 반드시 음악을 신중하게 선택하여 그것을 듣게 하고 그러한 음악으로써 교화시켜야만 해야 하는 것이다.

> 모든 간사한 음악은 사람들을 감동시켜 반역의 기운이 이에 호응해 생겨나게 하며, 반역의 기운이 형상을 이루어 춤이 되면 어지러움이 생겨난다. 올바른 음악은 사람들을 감동시켜 순조로운 기운이 이에 호응해 생겨나며, 순조로운 기운이 형상을 이루어 춤이 되면 다스림이 생겨난다. 음악을 노래하면 이에 조화되어 호응하는 기운이 생겨나고 선과 악이 서로 형상을 이루어 춤이 된다. 그러므로 군자는 음악에 대해서는 거취를 신중히 하는 것이다.[30]

순자는 음악이 인간에게 미치는 영향이 매우 크고, 사람들을 매우 빠르게 변화시킨다는 사실에 대하여 매우 심도 있는 인식을 하고 있었기 때문에, 음악을 통하여 사회의 풍속을 좋게 변화시키면 백성들의 마음을 온화하게 만들 수 있는 효과를 볼 수 있다고 주장했다.

> 음악이란 즐기는 것이라고 하는 것이다. 군자는 올바른 도를 터득함을 즐기고, 소인은 그의 욕망을 채우게 됨을 즐긴다. 올바른 도로 욕망을 통제하면 곧 즐거우면서도 어지럽지 않게 되고, 욕심만 내고 올바른 도는 잊어버린다면 곧 미혹되어 즐겁지 않게 된다. 그러므로 음악이란 즐거움으로 인도하는 방편이다. 쇠와 돌과 실과 대나무로 만든 악기들은 덕으로 인도하는 방편이다. 음악이 바르게 연주되면 백성들이 올바른 길로 향하게 된다. 그러므로 음악이란 사람들을 올바로 다스리는 성

---

30) 『荀子』, 「樂論」, "凡姦聲感人而逆氣應之, 逆氣成象而亂生焉. 正聲感人而順氣應之, 順氣成象而治生焉. 唱和有應, 善惡相象, 故君子愼其所去就也."

대한 것이다.[31)]

그러므로 순자가 언급하는 음악은 교육적 효과에 그 중점이 있는 것이라고 할 수 있는 것이다. 그래서 선왕들이 음악을 통한 교화의 통치술을 제정하여 백성들을 하나의 도리로 이끌음으로써 안정적인 통치의 목적을 달성할 수가 있었던 것이다.

> 그러므로 음악이란 한 가지 표준을 잘 살펴 화합하도록 정한 것이며, 여러 가지 사물을 견주어서 절도를 수식한 것이며, 여러 악기들의 합주로써 아름다운 형식을 이루는 것이다. 그것은 충분히 한 가지 도를 따를 수가 있으며, 충분히 만물의 변화를 다스릴 수가 있다. 이것이 선왕이 음악을 제정한 근거이다.[32)]

그리고 선왕이 음악을 통한 교화의 방법을 수립했는데, 이는 곧 올바른 음악을 제정하여 백성들을 교화시키고 그들을 선함으로 이끌기 위함이었던 것이다.

> 그러므로 아雅와 송頌의 음악을 제정하고 이끌어 주어 그 음악을 충분히 즐기면서도 어지러움으로 흐르지 않게 하고, 그 형식은 충분히 분별되면서도 없어지지 않게 하고, 그 소리의 복잡하고 단순한 가락과 뾰족하고 둥그스름한 장단은 충분히 사람의 선한 마음을 감동시켜 저 사

31) 『荀子』, 「樂論」, "樂者, 樂也. 君子樂得其道, 小人樂得其欲. 以道制欲, 則樂而不亂; 以欲忘道, 則惑而不樂. 故樂者, 所以道樂也. 金石絲竹, 所以道德也. 樂行而民鄕方矣. 故樂也者, 治人之盛者也."

32) 『荀子』, 「樂論」, "故樂者審一以定和者也, 比物以飾節者也, 合奏以成文者也; 足以率一道, 足以治萬變. 是先王立樂之術也."

> 악하고 더러운 기운이 가까이할 수 없도록 한 것이다. 이것이 선왕들이 음악을 제정한 이유이다.[33]

음악이라고 하는 것은 내재적인 정서를 순화시켜 그것을 외부적으로 표현하는 것이기 때문에 궁극적으로는 악한 본성을 변화시켜 본성이 그러한 선함을 잃지 않도록 만들어주는 것이라고 할 수 있다. 예의라는 것은 외재적 제도에 의해서 내재적 본성을 변화시키는 것이기 때문에 성실함을 드러내고 거짓을 제거하는 것이라고 할 수 있다. 그렇기 때문에 음악으로써 예의를 보완하고 예의를 좇아서 음악을 완성해야하는 것이므로 양자가 상호 보완적인 역할을 함으로써 개인적으로 안정을 얻을 수 있게 되고 천하가 평안해지게 되는 것이다.

> 그러므로 음악의 맑고 밝음은 하늘을 상징하는 것이고, 그 넓고 큼은 땅을 상징하는 것이며, 몸을 앞뒤로 젖히고 빙빙 돌며 춤추는 것은 사철과 흡사한 것이다. 그러므로 음악이 바르게 연주되면 뜻이 맑아지고, 예의가 닦여지면 행실이 이루어지며, 귀와 눈은 잘 들리고 잘 보이게 되고, 혈기는 평온하게 되며, 풍습은 바로잡고 풍속을 순화시켜 온 천하가 모두 편안해지고, 아름답고 선한 사람들이 서로 즐기게 된다.[34]

이상과 같이 순자는 예악을 병행하여 시행하는 것을 매우 중시했으며, 이성과 감정을 겸비한 교육방법을 매우 중요하게 보았는데, 이는

---

33) 『荀子』, 「樂論」, "故制雅頌之聲以道之, 使其聲足以樂而不流, 使其文足以辨而不諰, 使其曲直繁省廉肉節奏, 足以感動人之善心, 使夫邪汚之氣無由得接焉. 是先王立樂之方也."

34) 『荀子』, 「樂論」, "故樂行而志淸, 禮脩而行成, 耳目聰明, 血氣和平, 移風易俗, 天下皆寧, 美善相樂."

결국 순자가 염원했던 조화롭고 안정된 사회의 건설이라고 하는 이상을 실현하기 위한 전제였던 것이라고 할 수 있다.

5. 맺는 말

이상과 같이 순자의 교육사상에 대하여 후천적인 학습과 교육을 통하여 본성을 변화시킴 및 예악의 교육을 중심으로 논의를 진행해보았는데, 이를 정리하면 다음과 같다.

순자는 사회구성원들이 부귀와 이익만을 드높이고, 끊임없이 저마다의 욕구를 추구하며, 재화를 귀중하게 여김으로써 그것을 인생의 가장 중요한 목적으로 여기게 된다면 천하는 반드시 혼란의 나락으로 떨어지게 될 것이라고 생각했다. 그렇기 때문에 순자는 인간이 이익을 다퉈 혼란을 초래하는 것에 맹목적으로 종속되어서는 안 되는 것이며, 이성적 판단능력을 운용하여 물욕의 구속에서 벗어나 학문과 예의를 쌓음으로써 지혜와 덕성의 겸비를 이룩해야 한다고 주장했다. 이러한 예의법도를 통하여 사회의 풍속을 개선시켜서 그 사회의 가치를 올바르게 정립할 수 있게 되는 것이 바로 순자가 학문이 쌓이는 것의 효용성을 중시한 이유인 것이며 스승과 법도를 숭상한 이유도 되는 것이다. 아울러 순자는 학습이라는 것은 인간이 사회화의 과정 속에서 형성되어지는 것이라고 했으며, 가정 · 스승 · 벗이 개인의 학습에 대하여 매우 중요한 역할을 한다고 했다.

순자는 인간사회의 분쟁과 충돌을 해결하기 위해서는 사람들 상호간에 조화와 화합을 이룰 수 있는 인문사회의 구축이 필요하다고 주장했으며, 동시에 이러한 사회를 만들기 위해서는 반드시 근본적인 것에서부터 착수해야 한다고 했다. 즉 순자는 인간의 개인적인 이익만을 추구하는 정서와 본성을 계도하여 예의법도의 제어 속으로 진입시켜서 안정되고 조화로운 최선의 사회모식을 이룩해야 한다고 했다. 순자는 한 걸음 더나가 예의법도라고 하는 것은 사회적인 규범이 되는 것이며, 이는 인간의 본성 바깥에 있으면서 인간의 언어와 행위를 제약하는 것으로 일종의 사회적 규범이 되는 것이라고 했다. 그러나 이러한 것들이 비록 효율적으로 사회적 제어를 할 수 있는 시스템을 갖추고는 있지만, 그러한 것들을 과연 어떻게 사람들의 마음속에 내재화시켜서 일반적인 사람들이 마음속으로부터 기뻐하면서 그러한 규범들을 준수하려고 할 수 있게 만들 수 있는 것일까? 라고 하는 문제에 대하여 순자는 바로 교육이 이러한 변화를 책임지는 중요한 역할을 담당하는 것으로 보았다. 교육의 계도를 통하여 모든 사람들이 예의를 숭상할 수 있게 되고 법도를 밝힐 수 있게 되어, 외재적인 규범을 자기내적 도리로 변화시킬 수 있게 된다면 사고와 언행 등이 모두 사리에 합당하게 되어 도道에 가깝게 될 것이라고 했다.

순자는 예의를 악한 본성을 변화시켜 인문적 작위에 부응하게 만들 수 있는 것으로 보았으며, 음악은 악한 본성을 정서적으로 순화시켜주는 것으로 보았다. 아울러 예악의 기능이 정치적인 측면과 교육적인 측면을 하나로 관통시킬 수 있는 것으로 보아서, 성왕의 인도에 의해서 그것의 실천적인 효과를 기대할 수 있다고도 했다. 또한 순자는 예의와 음악의 시행에는 제각기 그 효과가 있다고 했는데, 그것은 바로 인간의 행위를 바르게 인도해줄 수 있는 효능인 것이다. 순자는 이러한 예의가 제도의 외재적 측면이고 음악은 제도의 내재적 측면이기에,

내재적·외재적 측면이 상호작용을 통하여 인간의 마음을 안정시키고 성정과 이성을 균형 잡히게 한다고 했다. 그렇기 때문에 순자는 음악으로써 예의를 보완하고 예의를 좇아서 음악을 완성해야하는 것이며, 이러한 음악과 예의 양자가 상호 보완적인 역할을 함으로써 개인적으로 안정을 얻을 수 있게 되고 천하가 평안해지게 된다고 했다. 이렇게 볼 때, 결국 순자는 예악을 병행하여 시행하는 것을 매우 중시했다고 할 수 있는데, 이는 곧 순자가 이성과 감정을 겸비한 교육을 매우 중요하게 여겼다고 판단할 수 있는 근거가 되는 것이다.

참고문헌

王先謙,『荀子集解』, 北京, 中華書局, 1992년.

王忠林,『荀子讀本』, 臺北, 三民書局, 1996년.

韋政通,『荀子與古代哲學』, 臺北, 臺灣商務印書館, 1985년.

周群振,『荀子思想研究』, 臺北, 文津出版社, 1987년.

魏元珪,『荀子哲學思想』, 新店, 谷風出版社, 1987년.

惠吉星,『荀子與中國文化』, 貴陽, 貴州人民出版社, 1996년.

韓德民,『荀子與儒家的社會理想』, 濟南, 齊魯書社, 2001년.

露絲·本尼迪克, 何錫章 譯,『文化模式』, 北京, 華夏出版社, 1987년.

朱岑樓,『社會學』, 貴陽, 貴州人民出版社, 1997년.

제4장 성인론

1. 시작하는 말

순자에게 있어서의 '성인'은 공자나 맹자의 경우와 마찬가지로 '인성'을 최고의 경지로 끌어올린 사람을 의미한다. 또한 『순자』에서 묘사되어 있는 '성인'의 모습은 재능과 덕성을 겸비한 사람일뿐만 아니라 고대 성왕들의 법도를 닦은 사람이자 시의 적절하게 공적을 이루려고 하는 정치가의 모습이라고도 할 수 있다. 또한 이러한 '성인'은 일을 추진하는 태도에 있어서도 명석한 지혜로 사안을 분석하고 사려 깊고 주도면밀한 판단을 내리기 때문에 쉽게 기만할 수 없는 존재라고 할 수 있다.

이러한 '성인'은 비록 지위가 한 나라의 지존과 같다고 하더라도 깨끗한 마음가짐과 절제된 자세로 항상 경계하고 신중한 태도를 유지하기 때문에 천하를 위해서 많은 일을 하고 자신을 위해서는 즐거움을 적게 한다고 한다. 또한 '성인'은 국가를 통치해야 한다는 중대한 소임을 부담할 수 있기 때문에, 사람들 사이의 시비와 선악을 명확하게 판별 할 수 있으며, 사람들과의 관계 속에서 사적인 이익을 도모하지 않는 존재인 것이다. 그렇기 때문에 대략적으로 말한다면 순자는 '성인'을 사회의 도덕 준수의 모범사례이자 국가통치 시스템에 정통한 사람으로 간주하고 있다고 볼 수 있게 되는 것이다. 이와 같은 사람은 자신의 내적 수양 즉 '내성內聖'을 완성하고 나서 한걸음 더 나가 정치·사회적 구현 즉 '외왕外王'을 완성하는 사람이라고 하는 것이다.

이와 같은 순자의 '성인관'은 유가사상의 수양 공부론의 최종적인 목표이자 이상일 정도로 매우 중요한 비중을 차지하고 있는 반면 국내외를 막론하고 연구가 매우 미미한 상황이라고 할 수 있으며, 특히 국내에서는 그와 관련된 연구가 전혀 이루어져 있지 않은 분야라고 할 수 있기 때문에 이에 대한 연구의 필요성이 요청된다고 생각한다.

본문에서는 이상과 같은 순자의 '성인관'에 대하여 '성인'의 내적 수양과 정치·사회적 성취를 중심으로 조명해 보았다.

2. 내적 수양

순자는 '성인'의 경지에 도달하는 것을 축적하여 이루는 것이라고 하였는데, 이때의 축적은 어떻게 한다는 것을 의미하는 것일까? 그것은 자기 수양과 '외왕'에 의거하여 축적한다는 것을 의미한다. 내적 수양 방법론 측면에서 말하자면, 선비가 자기 수양을 통하여 군자의 단계로 오르고, 군자 역시 자기 수양을 통하여 '성인'의 경지에 도달하게 되는 것이 순자가 주장한 '인성'을 끌어올리는 과정에 대한 단계적 여정인 것이다. 순자는 "요임금이나 우임금은 태어나면서부터 모든 것이 갖추어져 있던 사람은 아니다. 옛 것을 변화시켜 일어서고 수양과 행동을 통해 완성시켜서 완전하게 된 다음에야 모든 것이 갖추어졌던 것이다."[1] 라고 주장했는데, 그렇다면 인간이 어떻게 "선비가 되는 것에서 시작한다."[2]고 하는 기본적인 요구에서 "생각이 민첩하고 총명해 막힘이 없다"[3]고 하는 '성인'이 되는 것일까?

유가에서는 '인仁'을 논하고 '심성心性'의 수양을 말하고 있는데, 순자 역시 예외는 아니다. 순자는 '성인'의 경지에 도달하기 위한 기본적인 바탕은 바로 마음을 수양하는 것에서부터 시작해야 한다고 생각했으며, 그것의 구체적인 실천 방법론으로는 정성誠을 제시했다. 순자는 이러한 정성이 '인仁'을 지키고 '의義'를 실천하는 과정 속에서 본심이 '정성을 다함致誠'의 경지에 도달할 수 있도록 해준다고 생각했다. 그래서 순자는 "군자가 마음을 수양하는 데는 정성보다 더 좋은 것이 없다. 정성을 다하면 다른 사고가 나지 않을 것이다."[4]라고 언급했던 것이다. 그렇다면 정성을 다하는 마음의 경지는 도대체 어떠한 경지인 것일까? 이러한 문제에 관해서 순자는 진일보한 설명을 하지 않고 있다. 다만 『중용』에 다음과 같은 언급이 있을 뿐이다.

---

1) 『荀子』, 「榮辱」, "堯禹者, 非生而具者也, 夫起於變故, 成乎修爲, 待盡而後備者也."
2) 『荀子』, 「勸學」, "始乎爲士"
3) 『荀子』, 「修身」, "齊明而不竭"
4) 『荀子』, 「不苟」, "君子養心莫善於誠, 致誠則無它事矣."

기뻐하고 성내고 슬퍼하고 즐거워하는 감정이 아직 나타나지 않은 상태를 중中이라 하고, 나타나서 모두 절도에 알맞게 된 상태를 화和라 한다. 중이란 천하의 큰 근본이고 화란 천하의 통달한 도리이다. 중과 화를 이루면 하늘과 땅이 제자리로 돌아가고 만물이 제대로 길러진다.5)

이상과 같이 볼 때, 순자가 언급하는 마음을 수양한다는 것은 중화中和의 마음을 수양한다는 것을 의미하며, 정성誠이란 것은 일종의 경지에서 말한 중화인 것이라고 할 수 있다. 그렇기 때문에 "정성을 다하면 다른 사고가 나지 않을 것이다."라고 하는 언급은 바로 이러한 경지의 발로로서, 모든 사항에 대하여 충분하게 정성을 다할 때 천지만물의 생장과 양육에 참여하게 된다고 하는 것이다.

순자가 언급한 마음은 인식할 수 있는 능력을 가리키는데, 그러한 능력의 특성은 '쌓여 있음臧'·'여러 가지를 생각함兩'·'움직임動'을 의미하는 것이라고 할 수 있다.

마음에는 여러 가지가 쌓여 있으나 이른바 텅 빈 상태가 있다. 마음은 여러 가지를 생각하지만 이른바 한결같은 상태가 있다. 마음은 계속해서 움직이지만 이른바 고요한 상태가 있다. 사람은 태어나면서부터 지각이 있고, 지각이 있으면 사물을 기억하게 되며, 기억을 하게 되면 여러 가지가 쌓이게 된다. 그러나 이른바 텅 빈 상태가 있는 것이다. 마음에 이미 쌓여 있는 것들 때문에 새로 받아들이려는 것들이 방해를 받지 않는 것, 그것을 텅 빈 상태라 한다. 마음은 생겨나면서부터 지각이 있고, 지각이 있으면 여러 가지를 분별하게 된다. 분별하는 것은 동시에

---

5) 『中庸』, 「第一章」, "喜怒哀樂之未發, 謂之中; 發而皆中節, 謂之和; 中也者, 天下之大本也; 和也者, 天下之達道也. 致中和, 天地位焉, 萬物育焉."

> 여러 가지를 아울러 알게 하며, 동시에 여러 가지를 아울러 알게 되면 여러 가지를 생각하게 된다. 그러나 이른바 한결같은 상태가 있는 것이다. 저쪽의 하나 때문에 이쪽의 하나가 방해 받지 않는 것, 그것을 한결같은 상태라고 한다. 마음은 누워서 잠잘 때는 꿈을 꾸고, 멍청히 있을 때는 스스로 아무 곳이나 가게 되며, 그것을 부리면 생각을 하게 된다. 그러므로 마음은 움직이지 않을 때란 없는 것이다. 그런데도 이른바 고요한 상태가 있다. 몽상이나 번거로운 생각 때문에 지각이 어지러워지지 않는 것, 그것을 고요한 상태라 한다. 올바른 도를 아직 터득하지 못하고 도를 추구하고 있는 사람에게는, 마음을 텅 비우고 한결같이 고요하게 추구하라고 일러주어야 한다.[6]

마음의 특성으로는 먼저 '움직임動'을 들을 수 있다. 이러한 '움직임'이 있은 뒤에 사물을 인식할 수 있는 것이다. 사물을 인식한다는 것이 비록 시간의 흐름 속에서 진행되는 것이기는 하지만, 인식한다는 것은 마음에서 이루어지기 때문에 '여러 가지를 생각함兩'이라고 하는 것이다. 또한 사물이 마음의 기억 속에 존재하기 때문에 '쌓여 있음臧'이라고 하는 것이다. 마음이 이러한 특성에 편승하여 사물을 인식할 때에 사물은 그 자체의 한계성 때문에 마음이 '천도天道'를 인식하지 못하게 만드는 것이다. 그렇기 때문에 '천도'를 인식하고자 한다면 반드시 사물에 대한 지식과 사물의 유한성을 초월해야만 하는 것이다. 이러한

6) 『荀子』, 「解蔽」, "心未嘗不臧也, 然而有所謂虛; 心未嘗不兩也, 然而有所謂壹; 心未嘗不動也, 然而有所謂靜. 人生而有知, 知而有志; 志也者, 臧也; 然而有所謂虛; 不以所已臧害所將受謂之虛. 心生而有知, 知而有異; 異也者, 同時兼知之; 同時兼知之, 兩也; 然而有所謂一; 不以夫一害此一謂之壹. 心臥則夢, 偷則自行, 使之則謀; 故心未嘗不動也; 然而有所謂靜; 不以夢劇亂知謂之靜. 未得道而求道者, 謂之虛壹而靜."

초월의 방법론으로는 마음을 텅 비게 하고 한결같아지게 하고 고요하게 하는 것이 그것이다.

'허虛'라는 것은 이미 누적된 지식들에 의해서 방해 받지 않는 다는 것을 의미하는 것이다.7) 사람은 마땅히 너그럽고 포용력 있는 마음이 있어야 만이 언제라도 새로운 관념과 지식을 받아들일 수 있는 것이라고 할 수 있다. 만일 과거의 지식과 구습에 집착한다면 이는 새로운 지식을 받아들이는데 장애요인이 될 것이며, 결국은 기존의 지식과 경험에만 매몰되어 진보를 할 수 없게 되는 것이다. 선진시대의 제자백가는 제각기 자신들의 학설이 올바른 것이라는 관념에 매몰되어 타 학파의 학설을 용인하지 못했다. 이러한 상황 속에서 순자는 여러 학파의 주장들이 매우 정교하고 통찰력 있는 것이라고 보았지만, 그들의 이론체계 가운데 적지 않은 맹점들이 존재하고 있음을 파악했다. 그렇기 때문에 순자는 '도道'를 터득했다는 것은 단지 '도'의 한 측면만을 터득했다는 것이지 모든 것을 터득했다는 것을 의미하는 것은 아니라고 했던 것이다. 그렇기 때문에 기존의 선입견을 버림으로써 새로운 지식을 수용하여 축적하게 될 때에 만이 비로소 우리들의 마음이 일체의 지식을 인식할 수 있게 되는 것이다.

'일壹'라는 것은 이미 가지고 있는 지식 때문에 새로운 지식이 방해받지 않으며, 여러 가지를 아울러 아는 것으로 인하여 수반되는 좋아함과 싫어함의 감정을 마음이 평등하게 대할 수 있게 해주는 것을 의미한다. 이와 같이 순자가 언급한 '일壹'이라는 것은 어떤 것에 치우쳐 집착하지 않는다는 것과 한결같음을 모두 포함하는 것이라고 할 수 있

7) 劉文起, 『荀子成聖成治思想硏究』, 臺北, 復文圖書出版社, 1983년, 32쪽 참조.

는 것이다.

'정靜'이라는 것은 마음이 고요한 상태를 유지하는 것을 의미한다. 마음은 움직이지 않을 때란 없는 것인데, 지각할 때 외에는 항상 잡다한 욕구가 생기게 되며 이러한 욕구는 사물에 대한 정확한 인식을 방해하여 결국에는 마음이 올바른 판단을 못하게 만든다. 마음이 명확하게 사물을 고찰 할 수 있어야 만이 '선善'을 선택하여 감각기관의 욕구로 인하여 야기되는 일체의 몽상이나 번거로운 생각을 종식시킬 수 있게 되어 결국은 고요한 상태에 도달할 수 있게 되는 것이다. 고요한 상태에 도달할 수 있어야 만이 사려를 할 수 있게 되고, 사려를 통하여 '도'를 터득할 수 있게 되는 것이다. '정靜'은 우리들의 마음의 지각이 움직이지 못하게 하는 것이 아니고, "몽상이나 번거로운 생각 때문에 지각이 어지러워지지 않게 하는 것"처럼 욕구나 번거로운 상념이 지각을 어지럽히지 않고 우리들 마음의 지각이 가지고 있는 맑고 밝음을 드러내게 하는 것이다.

이상과 같은 '허虛'·'일壹'·'정靜'의 세 공부에 대하여 순자는 매우 중시하는 한편 이를 '성인'의 경지에 도달하기 위한 수양의 요체로 여겼던 것이다. 즉 우리들 마음이 '허虛'로 대표되는 개방성과 '일壹'로 대표되는 평등성 그리고 '정靜'으로 대표되는 투명성의 공부를 통하여 '크게 맑고 밝음大淸明'에 도달할 수 있다고 순자는 생각했던 것이다. '크게 맑고 밝음大淸明'은 지혜의 명철함을 의미하는 것으로 사물에 대한 지식의 한계성을 초월하는 것이다.[8)]

일반적으로 말해서 순자는 '성인'의 경지에 도달하기 위한 가장 기

8) 王金凌, 「論荀子與子思」, 『徐文珊教授百歲冥誕紀念論文集』, 臺北, 文史哲出版社, 1999년, 235쪽 참조.

본적인 요건을 '예의禮義'라고 여겼다. 이러한 '예의'의 효용은 국가통치의 규범이 된다는 것에 있는데, 이를 다른 말로 정치라고도 한다. '예의'의 효용은 개인이 인격적으로 지켜야할 법도를 바로잡아주는 데에 있으며, 또한 개인의 처세에 있어서 모든 일의 처리에 대한 규범으로서의 역할에 있는데, 이를 도덕이라고 한다.[9] 한편으로 순자는 "배운 것을 행하면 선비라 불리고, 그것에 힘쓰면 군자가 되고, 그것에 통달하면 성인이 된다."[10]라고 말하면서 동시에 '성인'은 가지런한 언행이 예의법도에 부합하고 자신을 수양하는 존재라는 것을 강조한다. 그렇기 때문에 '성인'은 선비나 군자보다 더욱 수준이 높은 존재이면서, 도덕규범을 실천할 수 있을 뿐만 아니라 도덕의 소이연所以然을 인식할 수 있어 명철한 지혜와 신중한 행동거지를 갖춘 존재라고 할 수 있는 것이다.

유가는 '예禮'가 표시하는 규범을 제사에서부터 시작하여 그것을 일반 생활의 영역으로까지 확대시키는데, 이러한 일상생활의 규범으로서의 '예'는 법률과 풍속 및 도덕적 행위의 규범을 포괄시킨다고 할 수 있다. '예악禮樂'으로 대표되는 정치·사회적 질서가 붕괴되어가고 있는 당시의 상황 속에서 수많은 유가 사상가들은 어떻게 해야 만이 '예'의 기능을 제대로 발휘시킬 수 있을까? 라고 하는 문제에 대하여 고민을 했었다. 순자가 말하는 '예'는 인간의 욕망을 충족시킨다고 하는 것과 충분한 재화의 제공이라고 하는 것을 이론적 기초로 삼고 있으며, 그러한 것의 이론적 근거는 공자의 학설을 계승한 것이라고 할 수 있다. 공자는 '인仁'을 중심으로 하여 '예'를 '인'에 내재화 시킨 반면 순자

---

9) 陳大齊, 『荀子學說』, 臺北, 中國文化大學出版部, 1988년, 163쪽 참조.
10) 『荀子』, 「儒效」, "彼學者, 行之, 曰士也; 敦慕焉, 君子也; 知之, 聖人也."

는 '예'를 '법'의 표면에 두어 외면화 시킨다. 순자는 왜 이처럼 '예'의 작용을 강조했던 것일까? 그 이유에 대한 설명은 서복관徐復觀의 주장을 참조할 필요가 있다고 판단된다.

> 먼저 순자는 철저한 경험주의적 성격을 가지고 있었기 때문에 추상적인 원칙에 대하여 언급하는 것을 좋아하지 않았으며, 구체적인 제도나 방법에 대한 언급을 좋아했다. 그렇기 때문에 순자는 예의를 존중하고 시경과 서경을 없애야 한다고 했는데, 그 이유는 시경과 서경이 옛 것이어서 현실에는 절실하지 않기 때문이라고 했다. 절실하지 않다는 말은 현실에 맞지 않는다는 것이다. '예'는 구체적인 행위의 규범 및 정치제도가 되는 것이다. 다음으로는 순자가 파악한 마음은 인식능력이 있는 마음이 되기 때문이다. 인식능력이 있는 마음은 외부를 향하여 지식을 구성하고, 그러한 지식을 중시하는 한편 특별히 여러 가지 일의 큰 줄기와 순서를 중시한다. 그래서 순자는 "예기는 법의 근본이며 여러 가지 일에 관한 규정이다."라고 여긴 것이다. 끝으로 순자가 주장한 성악性惡은, 도덕이란 내적으로 발현되는 것이 아니고 외적인 작용에 의해서 좋게 형성되는 것이다. 즉 맹자가 언급한 외부에서 녹아드는 것과 같은 것이다. 그러므로 자연히 외적인 통제의 작용을 중시하는 것이다.[11)]

이와 같은 순자의 경험주의에 근거한 인성론에서는 인간 본성의 자각적 도덕본능을 부정하며, '예'에 새로운 의미와 작용을 부여한다. 순자가 언급한 '예'의 작용은 '양養'과 '절節'이라고 할 수 있다. '양養'이라고 하는 것은 삶을 영위하기 위해서 갖춰진 것으로, 순자는 이목구비와 육체에서 욕구가 나온다고 생각하였으며, 만일 이러한 감각기관들

---

11) 徐復觀, 『中國人性論史』, 臺北, 臺灣商務印書館, 1990년, 253~254쪽 참조.

이 상당정도의 만족을 얻을 수 있게 된다면, 이러한 감각기관에서 파생되어 나오는 물질적 욕망은 어느 정도 감소 될 것이라고 했다. 사람이 비록 여러 종류의 욕구가 있기는 하지만 이러한 욕구를 강제적으로 억누를 수는 없는 것이기 때문에, 마땅히 예의와 교육의 인도아래 적절한 발전을 할 수 있도록 해야만 한다는 것이다. '절節'이라는 것은 '예禮'의 '제한'과 '적합'이라고 하는 두 가지의 의미를 포함하는 것으로, '예'의 제한을 수단으로 삼고 '예'의 적합을 목적으로 삼는다.[12] 그렇기 때문에 순자의 예의사상은 인간의 정서를 절제하여 '악惡'으로 향하는 것을 막아주는 한편 감각기관의 욕구가 충족될 수 있게 여건을 조성하여 결국은 사람들을 '선善'에게로 인도하며 인간사회의 질서가 세워지게 만드는 '성인'의 경지에 도달할 수 있게 하는 것이라고 할 수 있는 것이다.

지식의 축적은 도덕수양을 촉진하는 가운데 있는 것이며, 도덕수양의 정진은 인격의 품위를 한층 더 높여주는 한편 인륜의 지극함에 도달케 하여 '성인'의 경지에 도달할 수 있게 만들어 준다. 순자는 인간의 덕성이란 선천적으로 타고나는 것이 아니고 인간의 후천적인 노력에 의하는 것, 즉 학문의 축적이라고 하는 공부에 의해서 이루어진 것이라고 생각했다. 그래서 그는 "수레와 말을 타면 발이 더 빨라지는 것은 아니지만 천 리 길을 갈 수 있으며, 배와 노를 이용하면 물에 익숙하지 않더라도 강을 건너갈 수 있다. 군자는 나면서부터 남과 달랐던 것이 아니라 사물을 잘 이용할 줄 아는 것이다."[13]라고 언급했는데, 여기에

12) 陳飛龍, 『孔孟荀禮學之硏究』, 臺北, 文史哲出版社, 1982년, 99쪽 참조.

13) 『荀子』, 「勸學」, "假輿馬者, 非利足也, 而致千里; 假舟楫者, 非能水也, 而絶江河. 君子生非異也, 善假於物也."

서의 '사물'이란 것은 학문을 의미한다고 할 수 있다.

학문의 범위는 매우 광범위하다고 할 수 있기 때문에 넓게 배우되 한쪽에 치우치지 말 것이며, 많은 지식을 배우는 것을 좋아해야 하되 한정된 것만을 추구해서는 안 될 것이라고 하는 것이기 때문에 순자는 학문 연마의 방법론을 다음과 같이 제기했다.

먼저 현명한 스승을 가깝게 하라는 것이다. '예악'은 비록 방법은 있지만 학설은 없으며, 『시경詩經』이나 『서경書經』은 고대의 사실을 기록한 것이기 때문에 반드시 현재의 상황에 적용하기에는 합당한 것이 아니며, 『춘추春秋』의 문체 역시 간략하고 고원하여 단시간 내에 이해하기는 어려운 것이라고 할 수 있다. 그렇기 때문에 현명한 스승에게 묻고 배워야 만이 마음이 주체적으로 그러한 문헌 전적들이 전하고자 하는 것을 골고루 터득하여 모든 사안에 두루 적용하게 되는 것이다. 순자에게 있어서의 스승이란 지식과 실천을 겸비한 덕성이 있는 사람으로 '성왕聖王'과 같은 사람이라고 할 수 있다.

> 학문을 하는 사람은 성왕을 스승으로 삼고, 성왕의 제도를 법칙으로 삼아 그 법칙을 법도로 받들면서 그 강령을 추구하고 그 사람을 본받기에 힘쓰는 것이다.[14]

> 가까운 곳의 사람들은 노래하면서 즐기고, 먼 곳의 사람들은 허겁지겁 그에게로 달려와 온 세상 안이 한 집안처럼 되고, 길이 통하는 모든 곳의 사람들은 복종치 않는 자가 없게 될 것입니다. 이런 것을 일러 사람들의 스승이라 하는 것입니다.[15]

---

14) 『荀子』, 「解蔽」, "故學者以聖王爲師, 案以聖王之制爲法, 法其法以求其統類, 以務象效其人."

두 번째로 예법을 존숭하는 것이다. 순자는 '선왕'정신을 거슬러 올라가 '인의仁義'의 근본을 연구하게 되면 '예'가 '도'에 이르는 첩경임을 알 수 있게 될 것이라고 생각했다. 만일 학문을 예법에 의하지 않고 『시경詩經』이나 『서경書經』의 공리공담에 의거할 경우 손으로 강물의 깊이를 측정하는 것과 같은 비현실적인 우를 범하게 되어 학문 연마의 목적을 달성할 수 없는 것으로 보았다.

> 본래 사람에게 스승도 없고 법도도 없는데 지혜가 많다면, 그는 반드시 도둑이 된다. 용기만 있다면 그는 반드시 남을 해치는 자가 된다. 능력만 있다면 반드시 난동을 부리는 자가 된다. 일을 잘 살핀다면 반드시 괴상한 짓을 하는 자가 된다. 말을 잘한다면 반드시 허황된 일을 하는 자가 된다. 사람은 스승이 있고 법도가 있고 지혜가 있다면 사물에 바로 통달하게 된다. 용기가 있다면 바로 남을 위압하게 된다. 능력이 있다면 바로 일을 이룩하게 된다. 일을 잘 살핀다면 바로 사리대로 다하게 된다. 말을 잘한다면 바로 결론을 유도하게 된다.[16]

세 번째로는 좋은 벗을 선택하여 교류하는 것이다. 순자는 현명한 사람이 되기 위한 방편으로 배움의 중요성에 대하여 강조하는데, 그는 교류하는 벗이 현명하면 자신도 반드시 현명해진다고 생각했다. 교류하는 벗의 유형을 통하여 자신의 현명함과 우매함을 판단할 수 있는 것이기 때문에 벗은 덕성을 쌓아가는 출발점이 되는 것이라고

15) 『荀子』, 「儒效」, "故近者歌謳而樂之, 遠者竭蹶而趨之, 四海之內若一家, 通達之屬莫不從服, 夫是之謂人師."

16) 『荀子』, 「儒效」, "故人無師無法而知, 則必爲盜, 勇則必爲賊, 云能則必爲亂, 察則必爲怪, 辯則必爲誕. 人有師有法, 而知則速通, 勇則速畏, 云能則速成, 察則速盡, 辯則速論."

할 수 있다.

> 그러므로 나를 비난하면서도 올바른 사람은 나의 스승이고, 나를 옳게 여기면서도 올바른 사람은 나의 친구이고, 나에게 아첨하는 자는 나를 해치는 자이다. 그러므로 군자는 스승을 높이고 벗과 친하게 지내며, 그를 해치는 자를 매우 미워하고, 선을 좋아함에 싫증내지 않으며, 충고를 받아들여 훈계를 삼을 줄 안다. 비록 발전하지 않으려 한다 해도 안 할 수가 있겠는가![17]

마지막으로는 좋은 환경을 선택하는 것이다. 스승과 벗의 교화 이외에도 순자는 외부환경의 영향을 매우 중시했다. 그렇기 때문에 순자는 초나라에 살면 자연히 초나라 풍습에 젖게 되고 월나라에 살면 역시 월나라의 풍습에 젖게 되는 것은 천성적으로 그렇게 되는 것이 아니라 후천적인 환경에 의해서 그렇게 되는 것이라고 하였다. 그러므로 거처하는 곳을 반드시 신중하게 선택해야하는 이유는 바로 환경이 인간에 대하여 끼치게 되는 영향을 감안하는 것에 있는 것으로 사악하고 편벽됨을 방지하여 올바른 마음가짐과 행동거지를 가지기 위함에 있는 것에 있다고 할 수 있다.

이상과 같은 공부를 통하여 덕성수양은 반드시 마음의 수양에서부터 비롯된다는 것을 알 수 있었다. 우리들의 마음이 '허虛' · '일壹' · '정靜'으로써 좋아하고 싫어하는 것에 대한 욕구를 적절하게 제어할 수 있게 되면, 이미 누적되어 있는 악습에 방해받지 않게 되어 한쪽으로 치

---

17) 『荀子』, 「修身」, "故非我而當者, 吾師也; 是我而當者, 吾友也; 諂諛我者, 吾賊也. 故君子隆師而親友, 以致惡其賊. 好善無厭, 受諫而能誡, 雖欲無進, 得乎哉!"

우치거나 기울어지지 않게 됨과 동시에 일체의 가능성을 아우를 수 있어 결국에는 생명을 더욱 충실하게 만들 수 있게 된다는 것을 알 수 있었다. 또한 사색을 통하여 끊임없이 변화하는 환경 속에서 항상 청명함과 중화의 경지를 유지할 수 있는 사실을 알 수 있었다. 아울러 일상생활 가운데 진실하고 정성스러운 태도를 유지하게 되면 모든 행위가 모두 예의에 부합될 수 있게 되는 사실 역시 알 수 있었다.

3. 정치·사회적 성취

순자는 '성인'의 지혜와 덕행이 모두 일반 사람들의 그것을 초월하는 것이기 때문에 국가를 통치한다고 하는 대업을 담당하기에 충분하다고 생각했다. 그래서 그는 "성인은 도를 두루 갖추고 완전한 아름다움을 지닌 자라서, 천하를 저울질하듯 평화롭게 다스릴 사람이다.……천하는 지극히 큰 것이어서, 성인이 아니면 그것을 차지할 수 없다."[18]라고 말했던 것이다. 그러므로 '성인'과 '왕王'의 구분은 군주의 지위를 가지고 있는지의 여부에 따른 구분일 뿐으로, '성인聖人'·'성聖'·'왕王'은 본래 삼위일체인 것이다.[19]

순자는 '예禮'를 '법'의 표면에 두어 외면화 시키려 했으며, '예'를 숭상하는 것이 자신의 사상의 핵심적 요소라고 생각했다. 또한 순자의 관념 속에서의 이상적인 정치는 바로 '예치禮治'를 통하여 이루어지는

---

18) 『荀子』, 「正論」, "聖人備道全美者也, 是縣天下之權稱也.……天下者, 至大也, 非聖人莫之能有也."

19) "권세를 얻지 못한 성인으로 공자와 자궁이 그런 사람이다.……권세를 얻었던 성인으로 순임금과 우임금이 그런 사람이다." 『荀子』, 「非十二子」.

정치였다. '예'는 국가를 다스리는 근본이 될 뿐만 아니라 정치를 하는 전제가 되는 것이며, 인간의 물질적 욕구를 만족시켜주는 기능을 하면서 재화의 분배에 대한 기준으로서의 역할과 사회구성원들의 일체 생활상의 행위규범이 되고, 교화의 수단이 됨과 동시에 예절과 의식이 되기도 하는 것이다. '예'는 법의 강령이나 지도원칙이 되며, 법도는 예의를 근거로 하여 제정 되어야 하는 것이다.[20] 그렇기 때문에 순자는 군주의 통치원칙에 대하여 언급할 때, 반드시 예의를 근거로 해야 한다는 사실을 강조하는 한편 '분分'·'통統'·'양養'·'절節'을 세부방침으로 제시했던 것이다. 사람들이 '예'에 의거해서 일을 처리한다면, 신하된 사람은 '예'로써 군주를 대할 것이고 군주 역시 '예'로써 구분하여 정사를 베풀게 될 것이며, '예'의 제약 속에서 백성들을 인도하면 이상적인 공동체 사회를 건설할 수 있게 되어 최고의 정치적 도리를 실현할 수 있다고 보았다. 이러한 정치적 이상이 바로 '위대한 정치'라고 하는 것이다.

> 지극한 도는 위대한 형태를 이룬다. 예의를 숭상하고 법도를 이룩하면 나라의 표준이 있게 된다. 현명한 사람을 숭상하고 능력 있는 사람을 부리면 백성들이 나아갈 방향을 알게 된다. 여론을 모으고 공정히 살핀다면 백성들은 의심치 않게 된다. 힘쓰는 사람에겐 상을 주고 구차하게 구는 사람에겐 벌을 주면 백성들은 게으르지 않게 된다. 널리 아울러 일을 처리하되 공평하고 분명하면 온 천하가 그를 따르게 된다.[21]

---

20) 廖名春, 『荀子新探』, 臺北, 文津出版社, 1994년, 149~152쪽 참조.

21) 『荀子』, 「君道」, "至道大形. 隆禮至法則國有常, 尙賢使能則民知方, 纂論公察則民不疑, 賞克罰偸則民不怠, 兼聽齊明則天下歸之."

사회교육 측면에서 있어서 유가는 교화를 주장하는데, 특히 '예악禮樂'에 의한 교화를 주장한다. 유가에서 '예禮'와 '악樂'을 병렬시키는 까닭은 근원이 같은 관계에 있기 때문이다. 즉 제례의 전반적인 절차 가운데 반드시 음악과 춤이 수반되어 있는데, 이러한 이유 때문에 음악은 본래 '예'의 한 부분을 구성하고 있다고 하는 것이다. 다른 한편으로는 '예'와 '악' 모두가 덕성 수양의 방편이자 교육의 법도가 되기 때문이다.[22] 순자는 '예악'의 "음악은 모든 것을 다 같이 화합하게 하지만, 예의는 모든 것을 따로따로 구별한다. 그러나 예의와 음악의 법통은 사람들의 마음을 주관한다."[23]라고 하는 교화의 기능을 긍정한다. 순자는 특히 음악의 잠재적인 효용성과 영향력에 대하여 강조한다.

> 음악은 종묘 가운데에서 군주와 신하 윗사람과 아랫사람들이 함께 들으면 곧 화합하고 공경하지 않는 이가 없게 된다. 집안에서 부자와 형제들이 함께 들으면 곧 화합하고 친하지 않는 이가 없게 된다. 마을의 집안 어른을 모신 가운데에서 어른과 젊은이들이 함께 들으면 화합하고 순종해지지 않는 이가 없게 된다. 그러므로 음악이란 한 가지 표준을 잘 살펴 화합하도록 정한 것이며, 여러 가지 사물을 견주어서 절도를 수식한 것이며, 여러 악기들의 합주로써 아름다운 형식을 이루는 것이다. 그것은 충분히 한 가지 도를 따를 수가 있으며, 충분히 만물의 변화를 다스릴 수가 있다.[24]

---

22) 林安弘, 『儒家禮樂之道德思想』, 臺北, 文津出版社, 1988년, 60쪽 참조.

23) 『荀子』, 「樂論」, "樂合同, 禮別異, 禮樂之統, 管乎人心矣."

24) 『荀子』, 「樂論」, "故樂在宗廟之中, 君臣上下同聽之, 則莫不和敬. 閨門之內, 父子兄弟同聽之, 則莫不和親. 鄕里族長之中, 長少同聽之, 則莫不和順. 故樂者審一以定和者也, 比物以飾節者也, 合奏以成文者也, 足以率一道, 足以治萬變."

그러므로 '예'로써 구분을 명확하게 하여 공동체 사회의 질서를 유지시키고, '악樂'으로써 백성들의 정서를 교화시킨다는 것이다. '예악'에 의한 정치가 실현되게 되면 사람들의 마음과 행동거지가 너그럽고 여유로워져서 사회의 분위기가 화목해지게 되어 결국에는 천하가 안정되어 위대한 정치의 이상을 이룰 수 있게 되는 것이다. 그렇기 때문에 순자는 '위대한 형태'의 함의에 대한 해석을 "천자는 보지 않아도 보는 것 같고, 듣지 않아도 듣는 것 같으며 생각하지 않아도 알게 되고, 움직이지 않아도 공적이 쌓여 우뚝이 홀로 앉아 있어도 온 천하가 그를 따라 한 몸처럼 또는 자신의 사지처럼 자신의 마음을 따르게 될 것이다. 이것을 두고 위대한 형태라 말하는 것이다."25)라고 했던 것이다. 또한 그것의 구체적인 시행방법에 관하여 순자는 세 종류의 실천방향을 통하여 이러한 이상적인 정치의 목적을 달성하고자 했다.

순자는 인재등용에 관해서 현명한 사람을 숭상하고 유능한 사람을 등용시켜야 한다는 것을 강조했다. 인간의 본성은 본래부터 이익을 좋아하기 때문에 쟁탈이 생기고 질투하며 미워하는 것이다. 그래서 정치를 하는 사람은 예의법도를 통하여 사람들의 행위를 제약시켜 함부로 방종하지 못하게 만들어야만 한다는 것이다. 예법에 관한 규정을 제정하고 이를 제대로 실행하기 위해서는 군주 혼자만의 능력으로는 이러한 것을 감당하기에 역부족이기 때문에 반드시 현명하고 유능한 선비들의 보좌를 받아야만 한다는 것이다. 그렇기 때문에 순자는 국가의 통치에 대하여 언급할 때마다, 반드시 현명한 사람을 숭상하고 유능한 사람을 등용시켜야 한다는 사실을 상기시키는 한편 그 둘 사이의 중요

25) 『荀子』, 「君道」, "故天子不視而見, 不聽而聰, 不慮而知, 不動而功, 塊然獨坐而天下從之如一體, 如四胑之從心, 夫是之謂大形."

성에 대하여 역설했던 것이다.

> 그러므로 군주 된 사람이 안정되려 한다면 정치를 공평히 하고 백성들을 사랑하는 것이 가장 좋고, 번영을 바란다면 예를 존중하고 선비들을 공경하는 것이 가장 좋으며, 공명을 세우기 바란다면 현명한 사람을 높이고 능력 있는 사람을 쓰는 것이 가장 좋다.[26)]

> 명철한 군주는 현명한 사람을 숭상하고 능력 있는 사람을 기용하여 그들이 이룩하는 공로를 누리고, 어리석은 군주는 현명한 사람을 질투하고 능력 있는 사람을 두려워하여 그들이 공로를 이룩하지 못하게 한다.[27)]

순자는 이상 같이 현명한 인재의 등용을 대단히 중시했다고 할 수 있다. 그렇다면 순자의 관념 속에서의 현명하고 유능한 인재는 과연 어떠한 조건을 갖춘 인재를 의미하는 것이었을까?

> 어떤 이를 현명하다 하겠소? 군주와 신하의 도리에 밝고, 위로는 군주를 존귀하게 받들며 아래로는 백성들을 사랑하는 사람이지.[28)]

> 이른바 현명한 사람은 행동이 규범에 들어맞아 근본을 손상시키지 않으며, 말은 천하의 법도로 삼을 만해 그 자신을 손상시키지 않습니다. 천하에서 으뜸갈 정도로 부유하다 하더라도 사재를 축적하지 않고, 온

---

26) 『荀子』, 「王制」, "故君人者, 欲安, 則莫若平政愛民矣; 欲榮, 則莫若隆禮敬士矣; 欲立功名, 則莫若尙賢使能矣."

27) 『荀子』, 「臣道」, "明主尙賢使能而饗其盛, 闇主妒賢畏能而滅其功."

28) 『荀子』, 「成相」, "曷謂賢? 明君臣, 上能尊主下愛民."

천하에 널리 베풀면서도 가난해질까 걱정하지 않습니다. 이러하면 현명한 사람이라 할 수 있을 것입니다.[29]

위의 인용문들에 언급된 바와 같은 조건들을 바탕으로 하여 순자는 현명한 인재를 선별하여 등용시키고자 할 때, 마땅히 "기용할 사람을 예의로써 평가하여 그가 공경한 몸가짐으로 편안할 수 있는가를 살펴보며, 그와 더불어 여러 가지 일을 해보고 행동을 해보아 그가 여러 가지 변화에 잘 대응할 수 있는가를 살펴보며, 그와 함께 놀고 잔치를 벌이면서 그가 지나친 즐김에 빠지지 않는가를 살펴보며, 그를 음악과 여자, 권세와 이익, 분한 일과 노여운 일, 환난과 위험 등을 체험하게 하여 그가 지켜야 할 절조를 잃지 않는가를 살펴보는 것이다."[30]와 같은 검증과정을 거쳐야 한다고 생각했다. 순자는 이와 같은 검증과정을 통하여 등용하고자 하는 인재가 바른 마음가짐과 인내심 굳건한 의지와 탁월한 능력 및 절제와 지조를 갖추고 있는 것이 드러나면, 이는 군주가 의지하기에 충분한 사람이라고 생각했다. 또한 현명한 신하의 정무처리 태도 및 업무의 목표에 대해서는 "예의에 맞게 행동하고, 여러 가지 전례에 비춰 소청을 처리하며, 사소한 일이라도 밝게 드러내고, 그때그때 상황에 맞게 적절히 일을 처리하여 막히는 법이 없다."[31]와 같은 요건을 충족시켜야 한다고 했다. 그렇기 때문에 순자의 이상

---

29) 『荀子』, 「哀公」, "所謂賢人者, 行中規繩而不傷於本, 言足法於天下而不傷於身, 富有天下而無怨財, 布施天下而不病貧, 如此則可謂賢人矣."

30) 『荀子』, 「君道」, "故校之以禮, 而觀其能安敬也; 與之舉措遷移, 而觀其能應變也; 與之安燕, 而觀其能無流慆也; 接之以聲色・權利・忿怒・患險, 而觀其能無離守也."

31) 『荀子』, 「王制」, "飾動以禮義, 聽斷以類, 明振毫末, 舉措應變而不窮."

속에서의 '성왕'은 윤리와 제도를 완성한 명철한 군주이기는 하나, 천하가 매우 광대하고 백성들 관련 업무가 대단히 많기 때문에 유능한 인재를 등용시켜 직무를 담당케 하면 천하는 평안하게 다스려 질 것이라고 한 것이다. 공자나 맹자의 정치사상 가운데 역시 현명한 사람과 유능한 인재의 등용을 중시하고 있는데, 이들과 비교했을 때 순자의 인재등용 이론은 결코 뒤처지는 것이 아니라고 할 수 있다.

정치제도에 있어서 통치의 도리는 하夏·상商·주周의 통치도리를 근거로 하여 문왕과 무왕의 예법을 준수했다. 순자는 통치의 도리가 삼대(하·상·주)의 그것을 뛰어 넘는다면 이는 곧 삼대의 통치도리와는 동떨어진 것이며 근거가 없는 것이 되고 마찬가지로 예법 역시 문왕과 무왕의 예법과는 상당한 간극을 갖게 된다고 생각했다. 복장은 일정한 격식이 있는 것이고, 궁궐과 저택에도 일정한 규모가 있는 것이고, 병졸과 관리의 규모도 일정한 수량이 있는 것이며, 상례나 제례에 쓰이는 모든 제기용품 역시 모두가 등급의 표준을 갖추고 있는 것이다. 음악이 아악이 아니면 폐지하고, 복식의 색채가 과거의 것이 아니면 모두 금지시키고, 제기용품 역시 과거에 사용되던 것이 아니면 모두 폐기해야만 한다고 했다. 이와 같이 순자의 정치이상은 삼대의 통치도리를 계승하여 그것을 청사진으로 삼았으며, 아울러 삼대의 도통道統을 정책 시행의 준칙으로 삼았다는 사실을 알 수 있다.

민생경제 분야에 대하여 순자는 백성들을 부유하게 만드는 것을 최종목표로 삼았다고 할 수 있다.

> 왕자의 법도는 세금을 부과하는데 등급을 매기고 일을 올바로 하여 만물을 풍부히 하며 만백성들을 먹여 살리는 근거가 된다. 밭이나 들에

> 서는 수확물의 십 분의 일을 거둬들이고, 관소나 시장에서는 검사는 하지만 세금을 받지는 않는다. 산과 숲, 연못과 어살에는 철에 따라 사냥이나 고기잡이를 금하기도 하고 풀어주기도 하지만 세금을 거두지는 않는다. 땅이 좋고 나쁜 것을 살펴 등급에 따라 세금을 거두며, 길이 멀고 가까운 것을 참작하여 공물을 바치게 한다. 재물과 양곡을 유통케 하여 한 군데 쌓이는 일이 없도록 하며, 서로 가져오고 가져가게 한다면 온 세상이 한 집안처럼 될 것이다. 그렇게 되면 가까운 곳의 사람들은 그의 재능을 숨기지 않고, 먼 곳의 사람들은 그의 수고로움을 꺼리지 않을 것이니, 깊숙이 떨어져 오지에 숨어 있는 나라도 모두가 달려와 일하면서 다스림을 편안히 즐길 것이다.[32]

위대한 정치가 실현되는 사회에서는 국가가 풍부한 물적 자원을 보유하고 있을 뿐만 아니라 그러한 자원을 개발하고 이용할 수 있어서 백성들의 삶을 충분히 윤택하게 만들 수 있게 되는 것이다. 아울러 공동의 시장을 건립하여 물류의 유통을 원활하게 만들어 "하늘 아래 땅 위에 있는 물건들은 모두가 그의 아름다움을 다하고 그 용도를 발휘하고 있는 것이다."[33]라고 하는 상태를 이룩할 수 있게 되는 것이다. 그렇기 때문에 소공권蕭公權같은 경우 "순자가 설계한 경제협력의 이상은 온 천하가 한 집안처럼 되는 것에 있어 백성들 모두가 보살핌과 편안함을 즐길 수 있게 되는 것에 있었다. 인성에 대한 관점은 비교적 비관적이었지만 경제생활에 대한 관점은 낙관적이었으며, 맹자의 '콩

---

32) 『荀子』, 「王制」, "王者之法, 等賦・政事・財萬物, 所以養萬民也. 田野什一, 關市幾而不征, 山林澤梁, 以時禁發而不稅. 相地而衰政, 理道之遠近而致貢. 通流財物粟米, 無有滯留, 使相歸移也, 四海之內若一家. 故近者不隱其能, 遠者不疾其勞, 無幽閒隱僻之國, 莫不趨使而安樂之."

33) 『荀子』, 「王制」, "天之所覆, 地之所載, 莫不盡其美, 致其用."

과 곡식이 물과 불처럼 많음'의 이상과 비교해서도 한걸음 더 진전된 것이라고 할 수 있다."[34]라고 주장했던 것이다.

이상과 같은 순자의 행정에 관한 구상 가운데 선비를 존숭하고 현명한 사람을 드높이는 것과 사회적인 분업시스템의 확립 및 백성들을 부유하게 만든다고 하는 관념 그리고 세금을 가볍게 하고 적게 거둬들인다고 하는 주장 모두는 공자와 맹자의 '외왕外王'이상과 일치하는 것이라고 할 수 있는 것이다.

4. 맺는 말

이상과 같은 순자의 '성인관'에 대하여 '성인'의 내적 수양과 사회적 구현을 중심으로 조명해보았는데, 이를 정리하면 다음과 같다.

순자는 '성인'을 축적하여 이루는 것이라고 하였는데, 이때의 축적은 어떻게 한다는 것을 의미하는 것일까? 그것은 자기 수양과 '외왕'에 의거하여 축적한다는 것을 의미한다. 내적 수양방법론 측면에서 말하자면, 선비가 자기 수양을 통하여 군자의 단계로 오르고, 군자 역시 자기 수양을 통하여 '성인'의 경지에 도달하게 되는 것이 순자가 주장한 '인성'을 끌어올리는 과정에 대한 단계적 여정인 것이다.

순자는 '성인'의 경지에 도달하기 위한 가장 기본적인 요건을 '예의禮義'라고 여겼다. 이러한 '예의'의 효용은 국가통치의 규범이 된다는 것에 있는데, 이를 다른 말로 정치라고도 한다. '예의'의 효용은 개인이 인격적으로 지켜야할 법도를 바로잡아주는 데에 있으며, 또한 개인의

34) 蕭公權, 『中國政治思想史』, 臺北, 華岡出版公司, 1977년, 100쪽 참조.

처세에 있어서 모든 일의 처리에 대한 규범으로서의 역할에 있는데, 이를 도덕이라고 한다. 한편으로 순자는 "배운 것을 행하면 선비라 불리고, 그것에 힘쓰면 군자가 되고, 그것에 통달하면 성인이 된다."라고 말하면서 동시에 '성인'은 가지런한 언행이 예의법도에 부합하고 자신을 수양하는 존재라는 것을 강조한다. 그렇기 때문에 '성인'은 선비나 군자보다 더욱 수준이 높은 존재이면서, 도덕규범을 실천할 수 있을 뿐만 아니라 도덕의 소이연所以然을 인식할 수 있어 명철한 지혜와 신중한 행동거지를 갖춘 존재라고 할 수 있는 것이다.

순자는 우리들의 마음이 '허虛'·'일壹'·'정靜'으로써 좋아하고 싫어하는 것에 대한 욕구를 적절하게 제어할 수 있게 되면, 이미 누적되어 있는 악습에 방해받지 않게 되어 한쪽으로 치우치거나 기울어지지 않게 됨과 동시에 일체의 가능성을 아우를 수 있어 결국에는 생명을 더욱 충실하게 만들 수 있게 된다고 했다. 또한 사색을 통하여 끊임없이 변화하는 환경 속에서 항상 청명함과 중화의 경지를 유지할 수 있다고 했으며, 일상생활 가운데 진실하고 정성스러운 태도를 유지하게 되면 모든 행위가 모두 예의에 부합될 수 있게 된다고 했다.

순자의 관념 속에서의 이상적인 정치는 바로 '예치禮治'를 통하여 이루어지는 정치였다. '예'는 국가를 다스리는 근본이 될 뿐만 아니라 정치를 하는 전제가 되는 것이며, 인간의 물질적 욕구를 만족시켜주는 기능을 하면서 재화의 분배에 대한 기준으로서의 역할과 사회구성원들의 일체 생활상의 행위규범이 되고, 교화의 수단이 됨과 동시에 예절과 의식이 되기도 하는 것이다. '예'는 법의 강령이나 지도원칙이 되며, 법도는 예의를 근거로 하여 제정 되어야 하는 것이다. 그렇기 때문에 순자는 군주의 통치원칙에 대하여 언급할 때, 반드시 예의를 근거로 해야 한다는 사실을 강조했던 것이다. 사람들이 '예'에 의거해서 일을 처리한다면, 신하된 사람은 '예'로써 군주를 대할 것이고 군주역시 '예'로써 구분하여 정사를 베풀게 될 것이며, '예'의 제약 속에서 백성들을 인도하면 이상적인 공동체 사회를 건설할 수 있게 되어 최고의 정치적 도리를 실현할 수 있다고 보았다.

결국은 순자의 위대한 정치 이상 가운데 선비를 존숭하고 현명한 사람을 드높이는 것과 사회적인 분업시스템의 확립 및 백성들을 부유하게 만든다고 하는 관념 그리고 세금을 가볍게 하고 적게 거둬들인다고 하는 관념들은 공자와 맹자의 '외왕'이상과 별개의 것이 아닌 동일한 것이라고 말을 할 수가 있는 것이다.

| 참고문헌 |

朱熹, 『中庸章句』, 『海淵閣』 明刻本.

王先謙, 『荀子集解』, 北京, 中華書局, 1992년.

王忠林, 『荀子讀本』, 臺北, 三民書局, 1996년.

陳飛龍, 『孔孟荀禮學之硏究』, 臺北, 文史哲出版社, 1982년

劉文起, 『荀子成聖成治思想硏究』, 臺北, 復文圖書出版社, 1983년.

陳大齊, 『荀子學說』, 臺北, 中國文化大學出版部, 1988년.

廖名春, 『荀子新探』, 臺北, 文津出版社, 1994년.

蕭公權, 『中國政治思想史』, 臺北, 華岡出版公司, 1977년.

林安弘, 『儒家禮樂之道德思想』, 臺北, 文津出版社, 1988년.

徐復觀, 『中國人性論史』, 臺北, 臺灣商務印書館, 1990년.

王金淩, 「論荀子與子思」, 『徐文珊教授百歲冥誕紀念論文集』, 臺北, 文史哲出版社, 1999년.

제5장
사회론

1. 시작하는 말

순자가 생존했던 전국시대 말기는 진나라에 의한 통일의 분위기가 무르익던 시기로 사회적 시스템 역시 완성된 형태로 변화 되어가던 시기였다고 할 수 있다. 즉 분열의 시기에서 통일의 시기로 향하여 치닫고 있던 시대에 순자는 조나라에서 태어나 제나라에서 수학했는데, 두 지역 모두가 공교롭게도 법가의 학설이 매우 성행했던 지역이라고 할 수 있다. 순자 자신은 유가의 학설에 깊이 심취해 있었으며 주나라 예악문화에 익숙해 있었다고 할 수 있다. 그렇기 때문에 순자의 학설에 있어서의 입론의 초점은 유가에서 중시하는 '예禮'와 법가에서 숭상하는 '법法'으로써 전국시대 말기에 발생한 사회문제의 해결방안 강구였다고 할 수 있다.

순자의 사회사상 속에는 주나라의 '예禮'가 중심이 되었던 서주사회가 모든 정상적인 사회의 모범이라고 하는 관념이 녹아져 있기 때문에 춘추전국시대의 사회는 비정상적인 혼란한 사회라고 하는 생각이 담겨져 있다고 할 수 있다. 그렇기 때문에 순자는 과거와 현재의 사회적 현상을 대비하는 가운데서 사회 현상의 변동에 관한 중요한 단서를 찾으려고 했다. 사회적 환경과 개인 행위의 상호 관계 속에서 순자는 개인의 욕구의 이기적인 경향이 사회적 혼란을 유발 시키며 사람들 사이에 발생하게 되는 충돌의 근본적인 원인되는 것으로 파악했다. 그래서 순자는 공자의 '예禮'를 계승할 것은 계승하고 바꿀 것은 바꿔서 불필요한 것은 제거하고 부족한 것은 보충한다는 가르침의 성찰과, 주공周公이 제정한 예악제도의 이성적인 운영 및 인간의 지혜와 사고를 통한 학문의 누적과 발전이 이룩되면, 사회 전반에 걸쳐서 구체적인 시스템이 정착하게 됨은 물론 이를 통하여 사람들의 행위를 효과적으로 제어할 수 있게 된다고 보았다. 이와 같이 사람들의 행위를 효과적으로 제어 할 수 있다는 것은 곧 인간의 욕망을 조절할 수 있게 되어 결국에는 질서가 잡힌 조화로운 사회가 구현되어 천하는 평안해질 수 있게 되는 것이라고 순자는 보았던 것이다.

순자의 사회사상 관념 가운데는 인간의 사회적 활동으로부터 생존경쟁과 문화적 필요성이 대두되었다는 사회의 기원에 관한 문제가 있으며, 사람들 상호간에 이익의 충돌로 인해서 발생하게 되는 사회적 문제를 해결하기 위한 '예禮'의 제정을 통한 신분상의 차이를 규정한 사회계층의 구분에 관한 문제도 있으며, 혼란한 사회 상황을 정상적인 상태로 회복시키기 위해서는 '예'와 '법'을 통한 사회적 제어장치가 필요하다는 것에 관한 문제 역시 존재하며, 사회와 정치에 관한 문제를 교육과 경제적 측면에서 다룬 부분도 찾아 볼 수 있다. 이러한 순자의 사회사상에 대하여 본문에서는 사회의 기원과 사회계층의 구분 및 사회적 통제 시스템을 중심으로 분석 해보았다.

2. 사회의 기원

순자는 인간의 생활은 사회생활과 관련이 되어 있다고 생각하여, 인간 생활의 안위와 존망은 그가 속한 사회의 환경 즉 질서가 있거나 혼란하거나의 여부에 따라서 결정되는 것이라고 보았다. 그러므로 사회적 문제의 발생 원인을 이해하려면 그 근원으로 거슬러 올라가 인간 사회가 형성된 기원의 문제까지 소급해서 탐구할 때에야 비로소 사회적 문제의 발생에 대한 근본적인 원인을 파악할 수 있을 것이다.

순자는 생존경쟁과 문화적 필요라고 하는 두 가지 측면을 연결하여 인간 사회의 기원에 대한 원인을 분석하였다.

> 물과 불은 기운은 있으나 생명이 없고, 풀과 나무는 생명은 있으나 지각이 없고, 새와 짐승은 지각은 있으나 의로움이 없다. 사람은 기운도 있고 생명도 있고 지각도 있고 의로움도 있다. 그래서 천하에서 가장 존귀한 것이다. 힘은 소만 못하고 달리기는 말만 못한데, 소와 말은 어째서 사람에게 부림을 받는가? 그것은 사람들은 모여서 사회생활을 할 수 있으나, 소나 말은 그러지 못하기 때문이다.[1)]

인간은 자연계의 한 구성원으로서 다른 생물들과 마찬가지로 지속

---

1) 『荀子』, 「王制」, "水火有氣而無生, 草木有生而無知, 禽獸有知而無義, 人有氣・有生・有知, 亦且有義, 故最爲天下貴也. 力不若牛, 走不若馬, 而牛馬爲用, 何也? 曰: 人能群, 彼不能群也."

적으로 생존을 영위해나가기 위해서는 자연환경과 끊임없는 투쟁을 해야만 하는 존재라고 할 수 있다. 그렇다면 인간이 과연 어떻게 이러한 우승열패와 적자생존이라고 하는 냉혹한 투쟁 속에서 신체적인 한계를 극복하고 자연환경의 제약을 뛰어넘어, 자연을 이용하고 만물을 제어함으로써 자신들의 생존을 영위해나가는 것일까? 순자는 인간이 이러한 자연환경을 극복하고 그것을 제어하여 이용할 수 있는 관건적인 요인을 사회생활에서 찾았다.

그러나 순자가 말하는 사회생활이라고 하는 것은 인간이 선천적으로 무리를 이루어 사는 본연의 사회성을 가지고 있다는 것을 의미하는 것은 아니다. 그것은 인간이 생존을 위한 투쟁을 해나가는 과정 가운데 단결하여 모두의 지혜를 모을 때에야 만이 비로소 이러한 자연도태의 생존경쟁 속에서 자신들의 생명을 보존하고 유지시킬 수 있다는 사실을 터득했기 때문에 사회를 이루어 살았던 것이다. 그렇기 때문에 순자가 언급한 인간이란 사회생활을 할 수 있는 존재라고 하는 것은 바로 인간이 이성의 운용을 통하여 사회생활의 실제적 효과를 인식했으며, 사회생활의 효능이 생존유지의 필요를 충족시킬 수 있는 것이기 때문에 모여서 사회를 이루게 되었다는 것이 인간 사회의 기원이라고 할 수 있는 것이다.[2)]

전체적인 자연계 속에서 군집생활 즉 사회생활을 하는 존재는 인간만이 유일한 존재는 아니다. 예를 들자면, 원숭이나 꿀벌 및 개미 등도 역시 제각기 다른 사회생활 형태를 가지고 있다고 볼 수 있다. 그렇지만 그들은 인간처럼 자연환경과 신체적 한계를 극복할 수 있는 존재가

2) 李哲賢, 『荀子之核心思想』, 臺北, 文津出版社, 1994년, 158쪽 참조.

아닐 뿐만 아니라, 자연을 이용하고 만물을 제어할 수 없기 때문에 자신들의 생존환경을 개선시킬 수도 없는데도 불구하고 오히려 개체수가 증가하는 원인은 어디에 있는 것인가? 순자는 인간과 이러한 존재들과의 차이는 바로 인간에게는 이성이 있으며 또한 이러한 이성의 발휘를 통하여 자연환경을 극복할 수 있는 능력으로 승화시켜서, 그것으로 생존경쟁 가운데 직면하게 되는 어려움을 해소 시키는 것에 있다고 보았다. 그렇기 때문에 순자는 인간과 짐승의 차이를 인간의 생리적 본성에 있는 것이 아니라 인간의 이성 운용능력에 있는 것에 있는 것으로 보았던 것이다.

> 사람은 어떻게 사회생활을 할 수 있는가? 그것은 분별이 있기 때문이다. 그 분별은 어떻게 존재할 수 있는가? 그것은 의로움이 있기 때문이다. 그러므로 의로움으로써 사람들을 분별 지으면 화합하고, 화합하면 하나로 뭉치고, 하나로 뭉치면 힘이 많아지고, 힘이 많으면 강해지고, 강하면 만물을 이겨낼 수가 있다. 그러므로 사람들은 집을 짓고 살 수가 있다. 그렇기 때문에 사계절의 질서를 따라 만물을 성장케 하여 온 천하를 함께 이롭게 하는 것은, 다름 아니라 바로 분별과 의로움을 지니고 있기 때문이다.[3)]

인간만이 이러한 이성 운용능력을 가지고 있으며, 이러한 이성의 운용능력을 발전시킬 수 있게 된다면 도구적 이성을 가치적 이성으로 변화시킬 수 있게 되는 것이다. 그리고 이러한 가치적 이성으로 인간 사

---

3) 『荀子』, 「王制」, "人何以能群? 曰: 分. 分何以能行? 曰: 義. 故義以分則和, 和則一, 一則多力, 多力則彊, 彊則勝物; 故宮室可得而居也. 故序四時, 裁萬物, 兼利天下, 無它故焉, 得之分義也."

회의 도덕규범을 만들어 하늘과 인간 및 인간과 인간 사이의 상호관계를 효과적으로 조절하여 모두가 자신의 본분에 부합 할 수 있도록 만드는 것이다. 그렇기 때문에 인간은 이성의 운용을 통해서 자연환경을 이용하여 생존을 유지보전 할 수 있을 뿐만 아니라 인간들 사이의 상호관계를 안정적으로 조절하여 조화로운 사회를 만들 수 있게 되는 것이다.

> 여러 장인들이 만든 물건은 본래 한 사람을 부양하기 위한 것이다. 그런데 기능이란 한 사람이 지닐 수가 없는 것이고, 한 사람이 모든 관직을 겸할 수도 없는 것이다. 사람들은 서로 떨어져 살지만 서로 돕지 않으면 곤궁해지고, 여러 사람이 무리지어 살지만 분별이 없다면 서로 다툴 것이다. 곤궁해지는 것은 환난이 되며, 다투는 것은 화근이 된다. 환난을 면하고 화근을 없애려면 분계를 분명히 하고서 모여서 사회생활을 하도록 해야 한다.[4)]

위의 인용문에서 언급되어진 순자의 주장은 두 가지 측면으로 이해할 수 있는데, 하나는 사회의 기원에 관한 것이고, 다른 하나는 사회생활의 필요성에 관한 것이라고 할 수 있다. 인간은 자연환경의 제약을 극복하고 모여서 사회생활을 함으로써 자신들의 생존을 지속적으로 유지하고 보전할 수 있는 존재이지만, 다른 한편으로는 인간은 생리적 욕망의 만족을 추구하는 존재임과 동시에 심리적 욕망의 만족을 추구하는 존재라고 할 수 있다.

---

4) 『荀子』, 「富國」, "故百技所成, 所以養一人也. 而能不能兼技, 人不能兼官. 離居不相待則窮, 群居而無分則爭; 窮者患也, 爭者禍也, 救患除禍, 則莫若明分使群矣."

> 인간들의 정서는 음식은 쇠고기나 돼지고기를 먹으려 하고, 옷은 무늬를 수놓은 비단옷을 입으려 하고, 길을 가는 데는 수레와 말을 타고자 하고, 또 모아 놓은 재산과 저축이 풍부하기를 바란다. 그러나 오랜 세월을 보내면서 만족할 줄 모르는 것도 바로 인간들의 정서다.[5]

순자는 인간과 사물의 관계에 대하여, 인간은 사물을 이용하여 생리적 욕구를 만족시킬 뿐만 아니라 또한 사물을 활용하여 생활의 품질을 제고시킴으로써 심리적 욕구를 충족시키는 것으로 보았다. 인간의 능력에는 한계가 있기 때문에 홀로 생존하는 것은 실질적으로 불가능하다고 할 수 있다. 그렇기 때문에 반드시 다른 사람과의 협력이 필요한 것이며 상호간에 분업이 유기적으로 이루어질 때에 비로소 생존을 지속적으로 유지 발전시킬 수 있는 것이다. 이러한 것이 바로 사회의 기원이 되는 것이며, 사회는 그 구성원들의 상호 협력체계를 통하여 인간들이 추구하는 욕구를 충족시킬 수 있는 기능이 있다고 할 수 있는 것이다.

사회가 형성된 후에 사회적 역할을 부담할 수 있는 능력이 각 개인별로 다르기 때문에 각각의 개인은 자신의 역할에 맞는 사회적 직업을 갖게 되고, 자신에게 주어진 직무에 충실하게 임하여 결국에는 사회 전체의 이익에 일조할 수 있게 되는 것이다. 이러한 과정을 통하여 사회구성원들은 각자가 필요한 것들을 구할 수 있게 되는 것이다. 그러나 만일 인간이 사회를 떠나서 혼자 살게 된다면 이러한 사회적 혜택을 누릴 수 없을 뿐만 아니라 생활의 영위 자체가 힘들어져 결국에는

5) 『荀子』, 「榮辱」, “人之情, 食欲有芻豢, 衣欲有文繡, 行欲有輿馬, 又欲夫餘財蓄積之富也; 然而窮年累世不知不足, 是人之情也.”

생존의 유지 자체가 불투명해지는 결과를 초래하게 될 것이다. 그렇기 때문에 순자는 인간은 태어나면서부터 사회를 벗어날 수 없다고 하여, 인간은 반드시 사회생활을 해야 만이 생존을 유지해갈 수 있는 존재로 생각한 것이다.

순자는 인간의 생존경쟁과 문화적 필요라고 하는 두 측면에서 인간 사회의 기원을 조명했다고 할 수 있다. 즉 인간들이 생존을 위한 투쟁을 해나가는 과정 가운데 단결하여 모두의 지혜를 모을 때에야 만이 비로소 자연계의 다른 생물들과의 생존경쟁에서 자신들의 생명을 보존하고 유지시킬 수 있다는 사실을 터득했다는 것과, 인간이 이성의 운용을 통하여 사회생활의 실제적 효과를 인식했으며, 사회생활의 효능이 생존유지의 필요를 충족시킬 수 있다는 사실을 터득했기 때문에 사회를 이루게 되었다는 것이 인간 사회의 기원이라고 할 수 있는 것이다.

3. 사회계층의 구분

순자는 사회 문제가 발생하게 되는 이유를 인간들 사이에 이익의 상호충돌 때문이라고 보았다.

> 사람은 태어나면서부터 욕망이 있는데, 바라면서 얻지 못하면 곧 추구하지 않을 수 없고, 추구함이 일정한 기준과 한계가 없다면 곧 다투지 않을 수 없게 된다. 다투면 혼란해지고, 혼란해지면 빈궁해진다.[6]

---

6) 『荀子』, 「禮論」, "人生而有欲, 欲而不得, 則不能無求. 求而無度量分界, 則不能不爭; 爭則亂, 亂則窮."

순자는 사회 문제를 해결하기 위해서는 합리적인 규범과 전반적인 기획을 통하여 사람들 모두가 제각기 자신의 본분에 맞게 최선을 노력을 기울여 각자가 필요한 것을 갖게 될 때에 비로소 사회의 질서가 유지되고 사회가 통합 조정되는 것으로 복귀하게 되는 것이라고 보았다. 그래서 순자는 "곤궁해지는 것은 환란이 되며, 다투는 것은 화근이 된다. 환란을 면하고 화근을 없애려면 분계를 분명히 하고서 무리 지어 살도록 해야 한다."[7]라고 언급했던 것이다. 순자는 이성의 운용을 인간만이 가지고 있는 독특한 특성으로 보았으며, 이러한 이성 운용의 구체적인 기능이 바로 인간의 변별력에 있는 것으로 보았으며, 그러한 변별력의 구체적인 효능을 분업체계를 명확하게 하는 것에 있는 것으로 보았던 것이다. "그러므로 사람으로서의 도에는 어디에나 분별이 있다는 것이다. 분별에는 분수보다 더 큰 것이 없다."[8]

순자는 인간의 이성 운용능력이 자연을 이용하여 생존에 필요한 것들만을 제공 받게 하는데 그치지 않고, 인간이 사회를 통치하는 데에 있어서도 매우 유용한 것이라고 보았다.

> 온 천하가 풍족해지는 도리는 사람들 사이의 분계를 명확히 하는 데 있다.[9]

> 농민들은 밭을 나누어 농사를 짓고, 상인들은 재물을 나누어 장사를 하고, 여러 장인들은 할 일을 나누어 힘써 일하며, 사대부들은 직무를 나누어 정령을 따라 일하고, 나라에 봉해진 제후들은 땅을 나누어 지키

7) 『荀子』, 「富國」, "窮者患也, 爭者禍也, 救患除禍, 則莫若明分使群矣."

8) 『荀子』, 「非相」, "故人道莫不有辨. 辨莫大於分."

9) 『荀子』, 「富國」, "兼足天下之道在明分."

며, 천자의 삼공은 정책을 총괄하여 논의를 하면, 천자는 팔짱을 끼고 있기만 하면 되는 것이다. 밖으로도 이와 같이 하고 안으로도 이와 같이 하면 천하는 고르게 되지 않거나 잘 다스려지지 않는 일이 없을 것이다. 이것이 여러 왕자王者들이 다 같이 행한 것이며, 예의와 법도의 강령이다.[10)]

순자는 사회적 시스템의 분화는 그것에 상응하는 직종들의 분업시스템으로부터 시작되는 것이라고 보았으며, 또한 각 부문 모두가 최대한의 기능을 발휘하여 사회적・정치적으로 최대의 복지를 도모할 수 있게 하는 효과가 있는 것이라고 보았다. 또한 순자는 경험적 관찰과 스스로의 사고를 통하여 사회를 조화롭게 만드는 방법이 계층 구분을 정하여 각자가 자신의 계층에 맞는 생활을 할 때 조화로운 사회가 이루어지는 것이라고 보았다.

그러므로 선왕은 생각 끝에 이를 위해 예의를 재정하고 분별을 마련해, 귀하고 천한 등급이 있게 하고, 어른과 아이의 차별을 두게 하고, 지혜 있는 이와 어리석은 자와 능력 있고 능력 없는 사람의 분별을 마련했다. 언제나 사람들로 하여금 그들의 일을 맡아 하게 함으로써 각기 그에게 합당한 일을 갖게 하셨다. 그런 뒤에야 녹봉으로 받는 곡식이 많고 적고 두텁고 엷은 균형이 있게 되었다. 이것이 곧 여러 사람이 모여 살면서 하나로 조화되는 도이다.[11)]

---

10) 『荀子』, 「王霸」, "農分田而耕, 賈分貨而販, 百工分事而勸, 士大夫分職而聽, 建國諸侯之君分土而守, 三公總方而議, 則天子共己而止矣. 出若入若, 天下莫不均平, 莫不治辨. 是百王之所同, 而禮法之大分也."

11) 『荀子』, 「榮辱」, "故先王案爲之制禮義以分之, 使有貴賤之等, 長幼之差, 知愚能不能之分, 皆使人載其事, 而各得其宜. 然後使穀祿多少厚薄之稱, 是夫群居和一之道也."

순자는 모든 인간이 본능적으로 개인적인 이익을 추구하려는 경향이 있다고 보았으며, 그러한 이익의 추구가 타인의 이익 추구와 상충될 때에 분쟁이 발생하여 사회는 혼란한 상황에 빠지게 된다고 보았다. 그래서 순자는 사회적 이익을 합리적으로 분배하기 위해서는 사회적 시스템이 정착되어야 하며 그런 뒤에야 사회적 재화의 분배와 운용이 합리적으로 이루어진다고 보았다. 또한 그는 이러한 조처는 군주의 덕성과 지혜 및 지위와 권력에 의해서만이 시행될 수 있는 것이라고 보았다. 그래서 그는 "군주는 이러한 구분을 관할하는 중추가 되는 사람이다."[12]라고 언급했던 것이다. 즉 군주가 직무를 분명하게 정해주고 국가 사회의 업무를 보편타당하게 처리하며 유능한 인재를 관료로 등용하게 되면 백성들은 반드시 군주를 공경하고 자신들의 직분을 만족하게 되어 결국에는 예의와 법도라고 하는 제도적 시스템 속에 안착하게 되는 것이다.

> 그러므로 직분이 정해져 백성들은 태만하지 않게 되고, 서열이 정해져 질서가 어지러워지지 않게 되는 것이다. 널리 아울러 일을 처리하고 공평하고 분명하면 여러 가지 일들이 남아 있지 않고 처리될 것이다. 그렇게 되면 신하와 여러 관리들로부터 서민들에 이르기까지 모두가 자기를 잘 닦은 뒤에 정치가 안정될 것이며, 성실함과 능력을 갖춘 뒤에 직분을 받게 되어 백성들의 풍속이 바뀌고 소인들은 마음을 바꾸고, 간사하고 괴상한 자들도 모두가 성실한 마음으로 되돌아갈 것이다. 이러한 것을 두고 정치와 교화의 극치라고 한다.[13]

12) 『荀子』, 「富國」, "人君者, 所以管分之樞要也."

13) 『荀子』, 「君道」, "故職分而民不探, 次定而序不亂, 兼聽齊明而百姓不留. 如是, 則臣下百吏至於庶人, 莫不修己而後敢安止, 誠能而後敢受職, 百姓易

순자는 정치와 교화의 이상을 달성하기 위해서는 반드시 천하의 안정이 확보되어야 한다고 생각했다. 천하의 안정 여부는 군주가 반드시 백성들의 직분의 구분을 명확하게 해주고 모여서 사회를 이루어 살게 해야 한다는 종지를 신중하게 체현해 내야하는 것으로, 곧 사회적 시스템을 정착시키는 것에 달려 있는 것이다.

> 사회적 신분이 균등하면 세상이 다스려지지 않을 것이고, 세력이 고르면 세상이 통일되지 않을 것이며, 대중이 고르면 부릴 수가 없을 것이다. 하늘이 있고 땅이 있어 위아래의 차별이 있듯이, 현명한 군주가 서야만 비로소 나라를 다스리는데 제도가 있게 되는 것이다. 대체로 양편이 모두 귀한 사람이면 서로 섬길 수가 없고, 양편이 모두 천하면 서로 부릴 수가 없는데, 이것은 하늘의 섭리이다. 세력과 지위가 같으면서 바라는 것과 싫어하는 것도 같으면, 물건이 충분할 수가 없을 것이므로 반드시 분쟁이 있게 된다. 분쟁이 있으면 반드시 혼란이 발생하고 혼란해지면 반드시 빈궁해 질 것이다. 과거의 군주들은 그러한 혼란을 싫어했기 때문에 예의 제도로써 이들을 구별해 주어 가난하고 부유하고 귀하고 천한 등급이 있게 하여 서로 아울러 다스리기 편하게 하였는데, 이것은 천하의 백성들을 기르는 근본이 되는 것이다. 『상서』에 "고르지 않은 것을 고르게 다스린다."고 한 것은, 이러한 것을 뜻하는 말이다.[14]

순자는 사회적 신분 구성이 자유롭고 평등한 사회에 대하여 반대의

俗, 小人變心, 姦怪之屬莫不反慤, 夫是之謂政敎之極."

14) 『荀子』, 「王制」, "分均則不偏, 埶齊則不壹, 衆齊則不使. 有天有地, 而上下有差. 明王始立, 而處國有制. 夫兩貴之不能相事, 兩賤之不能相使, 是天數也. 埶位齊, 而欲惡同, 物不能澹則必爭, 爭則必亂, 亂則窮矣. 先王惡其亂也, 故制禮義以分之, 使有貧富貴賤之等, 足以相兼臨者, 是養天下之本也. 書曰 : 維齊非齊. 此之謂也."

입장을 표명하는 한편 사회적 계층이 구분되어 있는 사회상을 강조했다. 즉 순자는 사회적 신분이 평등한 사회에서는 백성들이 자유의 권리를 이용하여 자신의 사적인 이익만을 챙기고 사욕을 채우기에만 급급하기 때문에 오히려 무도한 방법으로 타인의 권리와 이익을 침해하는 불평등한 사회적 상태가 초래될 것이라고 보았다. 그렇기 때문에 순자는 사회적 신분계층의 구분이 필요하다는 사실을 강조하는 한편 사람들 사이에 존재하는 현실적인 신분계층의 차이에 부합할 수 있도록 사회 문화적 시스템 정착의 필요성을 역설했던 것이다. 또한 이러한 사회적 시스템을 통하여 사회 질서의 유지와 안정적인 사회적 관계를 구축함으로써 조화로운 인간 사회를 만들고자 했던 것이다.

주나라의 신분제도 속에는 이미 귀족과 서민의 두 계급이 구분되어져 있었는데, 또한 이러한 계급은 통치자 계층과 피통치자 계층으로 구분되어져 있었다. 모든 사람들의 계급은 그가 출생할 때부터 이미 확정되어져 있는 것으로 한번 정해진 계급은 고정불변으로 세습되어지는 것이 원칙이었다. 그렇기 때문에 서주의 봉건사회 형태는 계급간의 상호소통이 막혀버린 성격을 띤 폐쇄적 계층사회였다고 할 수 있다. 그러나 주나라의 사회적 시스템이 통제력을 상실해감에 따라 사회적 계층의 구분은 더 이상 구속력을 유지하지는 못하게 되고 사람들의 계급상의 지위 역시 개인의 능력에 따라 결정되는 시대가 도래 하게 된다.

순자는 비록 주나라의 사회적 계층 구분에 공감을 하기는 했으나, 사회변화의 현실적 추세에 호응하여 사람들이 학문을 쌓고 행실이 예의에 부합하는 것을 사회적 계급 변화의 표준으로 삼았다. 이러한 사례는 순자의 "비록 왕 · 공이나 사대부의 자손이라 하더라도 예의에 합당하지 못하면 곧 서민으로 돌리고, 비록 서민의 자손이라 하더라도 학문을 쌓고 행실을 바르게 하여 예의에 합치된다면 곧 그들을 경상이나 사대부로 삼는다."[15]와 같은 언급 속에 잘 나타나 있다. 순자는 사회적 신분제도가 유동적인 것이 그 사회의 발전에 도움이 되는 것으로 보았으며, 이러한 사회적 현상에 존재하는 직접적인 효과와 필요성을 긍정했다.

> 대유는 천자의 삼공(태사, 태부, 태보)이 되고, 소유는 제후와 대부와 사(士)가 되며, 중인은 장인이나 농부나 상인이 된다. 예라는 것은 군주가 여러 신하들을 헤아리고 검색하는 기준이다. 사람들의 종류는 모두 이 안에 들어 있다.[16]

주나라 문물제도의 통제 시스템 안에서의 서주사회는 장기간의 안정 속에서 점진적으로 사회 시스템이 정체되기 시작한다. 춘추전국시대가 비록 동란의 시기였으나, 사회적으로 대량의 지식인 계층이 출현하여 서주시기 이래로 지속되어 온 폐쇄적인 사회적 계층 구조를 타파하고 개인의 능력에 따라 사회적 신분이 정해지는, 즉 모든 개인이 계급적 제약에서 벗어나 자신의 능력에 의해서 꿈을 펼칠 수 있는 생동감 있는 사회를 연출하는 시기이기도 했다. 이와 같은 사회적 변화의 동태적 과정의 소극적인 효과는, 그 사회의 조직을 해체함으로써 내재되어 있는 잠재적인 위험을 수면위로 드러내게 하여 사회 자체적으로

---

15) 『荀子』, 「王制」, "雖王公士大夫之子孫也, 不能屬於禮義, 則歸之庶人. 雖庶人之子孫也, 積文學, 正身行, 能屬於禮義, 則歸之卿相士大夫."

16) 『荀子』, 「儒效」, "大儒者, 天子三公也. 小儒者, 諸侯大夫士也. 衆人者, 工農商賈也. 禮者, 人主之所以爲群臣寸尺尋丈檢式也. 人倫盡矣."

그러한 위험 요인을 제거 할 수 있는 계기를 마련해주는 것이라고 할 수 있다. 반면 적극적인 효과는, 그러한 사회적 변화의 동태적 과정은 그 사회를 다시 생동감 있게 만들어 정체시키지 않는 시스템을 운영시켜주는 것이라고 할 수 있다. 그렇지만 사회적 변화는 반드시 전통적인 규범의 통제력을 상실하게 만들며, 규범의 권위 상실은 개인의 행위가 준수해야할 방향성을 제시하지 못하게 되어 결국에는 인간관계의 긴장 국면과 충돌을 초래하게 되어 각종의 사회적 문제를 발생시키게 되는 요인으로 작용하게 되는 것이다.

그렇기 때문에 순자는 사회적 분위기를 바르게 만들고 사회질서를 안정시키고자 한다면 사회적 규범의 권위를 다시 수립하고 사회 계층 사이의 지위를 명확하게 구분함으로써 사회적 행위의 가치판단 기준을 확정해야 만이 비로소 효과적으로 사회적 통제를 할 수 있다고 보았다.[17] 또한 그럴 때에 만이 사회가 조화롭고 질서 있는 국면을 회복할 수 있게 되어 지속적인 발전을 유지할 수 있다고 보았다. 그래서 순자는 "분수에는 예의보다 더 큰 것이 없다."[18]라고 언급했던 것이다. 이처럼 순자는 '예禮'를 사회적 시스템을 새롭게 만들고 조화로운 사회를 중건할 수 있는 실질적인 이론 근거로 보았던 것이다. "그러므로 사람으로서 예가 없다면 제대로 살아가지 못하고, 일을 하는 데 예가 없다면 성취시킬 수 없으며, 나라에 예가 없다면 평안이 없게 된다."[19]라고 언급했던 것이다. 이러한 순자의 언급에 비춰 볼 때, '예禮'는 이성적이고 실효성이 있는 규범으로서 크게는 국가의 정치시스템을 건립하

---

17) 魏元珪, 『荀子哲學思想』, 新店, 谷風出版社, 1987년, 211쪽 참조.
18) 『荀子』, 「非相」, "分莫大於禮."
19) 『荀子』, 「修身」, "故人無禮則不生, 事無禮則不成, 國家無禮則不寧."

는 것으로부터 작게는 개인의 말과 행동 사유에 이르기까지 모두가 '예禮'의 제약과 효력이 미치는 범위 속에 포함되는 것이라고 할 수 있다. 그렇기 때문에 만일 '예禮'를 확실하게 실천하고 진정으로 지킨다면 그 효과가 드러나게 됨은 물론이거니와 천하를 태평하게 만들 수 있게 되는 것이다.

4. 사회적 통제 시스템

서주사회는 주로 '덕德'과 '예禮'를 중심으로 하고, 형벌을 보조적인 수단으로 사용하여 운용되는 한편 이 둘을 주요한 사회적 통제 시스템으로 삼았다.[20] 그러나 춘추전국시대에 이르러서는 시대적 상황의 변화로 인하여 유가와 법가의 이론으로 극명하게 분리가 된다. 즉 유가는 '예禮'를 숭상하여 도덕규범으로 사회적 통제 시스템을 수립하여 백성을 교화하는 통치에 치중한 반면, 법가는 법률을 숭상하여 법률제도로 사회적 통제 시스템을 구축하여 백성을 형벌로 통치하는 것에 치중했다. 이러한 것으로부터 중국의 전통적인 사회적 통제 시스템 이론의 두 갈래가 형성되었던 것이다.[21]

순자는 '예禮'와 '법法'을 숭상하였기 때문에 제도를 어지럽히는 행위에 대하여 극력 반대의 입장을 표명했다. 순자가 언급한 '예禮'라고 하는 것은 표면적으로는 의식절차의 표현이라고 할 수 있으며, 내면적으로는 도덕이상의 근거가 되는 것이라고 할 수 있다. 반면 법률이라고

---

20) 尹乃鉉, 『商周史』, 서울, 民音社, 1984년, 116~118쪽 참조.

21) 曾金聲, 『中國先秦政治制度史』, 臺北, 啓業書局, 1970년, 12쪽 참조.

하는 것은 제도적으로는 사람들이 해서는 안 되는 것을 명시한 것이고, 제약적인 측면으로는 사람들이 해도 되는 것을 인식하게 하는 것이라고 할 수 있다. 그러므로 인간은 법률을 준수하고 '예禮'를 따라야 하는데, 이러한 '예禮'를 인식하고 법률을 명확히 알게 된다면 결코 혼란을 일으키거나 혼란을 야기하려는 마음 자체가 없어질 것이다. 이처럼 '예禮'와 법률에는 사회를 질서 있고 조화롭게 만들어주는 효능이 있어서 순자는 유가와 법가의 장점들을 취사선택하여 사회적 통제 시스템의 이론을 만들었던 것이다.[22] 그래서 그는 "예의를 숭상하고 법도를 이룩하면 나라에 표준이 있게 된다."[23]라고 언급했던 것이다.

이처럼 순자에게 있어서의 '예'와 법률은 사회를 통합 조정시켜서 그 사회의 안전을 유지시키는 한편 사회의 질서가 자리 잡히도록 만들어주는 기능을 하는 것이라고 할 수 있다. 아울러 '예'와 법률은 그 사회의 구성원들이 귀속해야 할 곳을 제대로 인식하게 만들어주는 가장 유효한 도구라고도 할 수가 있다. 또한 순자는 '예禮'로써 사회적 제도를 제정하고 사회적 지위를 구분하는 한편 사회적 규범을 수립하고, 사회적 질서를 유지하여 사회적 관계를 안정시켜서 사회적 통합을 이룩하려고 했다.

> 그러므로 상례와 제례, 조례와 빙례, 군대의 의식은 근본이 하나이다. 귀하고 천하게 하는 것, 죽이고 살리는 것, 주기도 하고 빼앗기도 하는 것도 한 가지 원리이다. 군주는 군주 노릇을 하고, 신하는 신하 노릇을 하고, 아버지는 아버지 노릇을 하고, 자식은 자식 노릇을 하고, 형은 형

---

22) 韓德民, 『荀子與儒家的社會理想』, 濟南, 齊魯書社, 2001년, 230쪽 참조.
23) 『荀子』, 「君道」, "隆禮至法則國有常."

노릇을 하고, 아우는 아우 노릇을 하는 것도 한 가지 원리이다. 농부는 농사를 짓고, 선비는 벼슬살이를 하고, 장인은 물건을 만들고, 상인은 장사를 하는 것도 한 가지 원리에 의한 것이다.[24)]

법률을 보조적인 수단으로 사용하여 예의제도를 보좌하게 하면 실질적인 효과를 거둘 수 있는데, 순자는 법률의 근원이 예의에 있다고 보았으며 법률시행의 조처는 상벌에 있다고 보았다. 또한 예의와 법률제도의 기본 정신은 그것이 서로 적합하게 구현되는 것에 있다고 할 수 있다. 그래서 순자는 "모든 벼슬자리와 관직과 시상과 형벌은 어떤 일에 대한 응보로서, 같은 종류의 일을 한 사람들에게 똑같이 주어졌다."[25)]라고 한 것이다. 여기에서의 "응보"는 상응을 의미한다. 관직이나 시상 및 형벌과 인간의 행위의 효과는 상응관계에 있는데, 이러한 것을 적합함이라고 하며, 적합함이라는 것은 사회적 정의의 표상이 되는 것이라고 할 수 있다. 군주가 시상을 하고 형벌을 내리는 것이 적합할 경우에야 비로소 사회적 정의의 기준이 유지될 수 있는 것이며, 수립된 법률제도의 효력에 권위를 더할 수 있어서 모든 백성들이 순종하게 되어 결국에는 천하를 안정시킬 수 있게 되는 것이다. 그래서 순자는 "형벌이 죄에 적합하면 잘 다스려지고, 죄에 적합하지 않으면 혼란해진다."[26)]라고 했던 것이다.

그렇기 때문에 질서가 잡힌 시기는 법률이 엄정하고 명확하게 확립되어 그것의 기준이 일정하여 형벌이 보편적이고 타당하게 적용되는

---

24) 『荀子』, 「王制」, "故喪祭, 朝聘, 師旅, 一也. 貴賤, 殺生, 與奪, 一也. 君君, 臣臣, 父父, 子子, 兄兄, 弟弟, 一也. 農農, 士士, 工工, 商商, 一也."

25) 『荀子』, 「正論」, "凡爵列官職賞慶刑罰, 皆報也, 以類相從者也."

26) 『荀子』, 「正論」, "刑稱罪則治, 不稱罪則亂."

반면, 혼란한 시기는 법률이 제대로 확립되지 못하고 그 기준이 모호하여 형벌의 적용이 보편성과 타당성을 상실하게 된다. 순자는 법률제도의 시행을 통하여 정의의 기준을 확립하고 그러한 사회정의가 합당하게 시행될 때에 비로소 백성들의 행동과 생각을 올바르게 이끌 수 있게 되어 예의에 부합하는 삶으로 돌아갈 수 있다고 보았다. 그러므로 사회정의 기준의 확립은 순자의 사회 통제 시스템 이론의 기본 요건이 된다고 할 수 있는 것이다. 그래서 순자는 "한 가지 일이라도 잘못 헤아린다면 그것은 어지러움의 발단이 된다."[27]라고 했던 것이다.

순자는 '예禮'를 사회적 제어 시스템의 기본강령이자 온건한 수단임과 동시에 의식형태를 인도하는데 효과적인 것으로 보았다. 반면 법률은 사회적 제어 시스템의 구체적인 조율이자 강력한 수단으로 보아서 실질적인 행위를 통제하는데 효과적인 것으로 취급했다. 그렇기 때문에 순자는 법률이 사회적 제어 시스템에 있어서 실천적인 효과가 있음을 강조면서 완비된 법률의 확립과 그것의 원활한 적용을 중시하여 법률제도의 효용을 구체화 시켰던 것이다.

> 법을 알면서도 논의를 하지 않으면 법이 미치지 못하는 일은 반드시 실패할 것이며, 직책을 맡고 있으면서도 그의 일에 통달해 있지 않으면 직책이 미치지 못하는 일은 반드시 잘못될 것이다. 그러므로 법을 알면서도 논의해야 하고, 직책을 맡고 있으면 그 일에 통달해야 하며, 계획이 숨겨지지 않고 선한 일이 버려지지 않는다면 모든 일에 잘못이 없게 될 것인데, 이것은 군자가 아니면 할 수 없는 일이다. 그러므로 공평하다는 것은 일을 하는 기준이 되고 알맞게 조화된다는 것은 일을 하는

27) 『荀子』, 「正論」, "一物失稱, 亂之端也."

> 법칙이 된다. 법에 있는 일들은 법에 따라 처리하고 법에 없는 일들은 전의 일들에 비추어 결정하면 소청은 바르게 처리 될 것이다.[28)]

법을 집행하는 사람이 영민하게 법률지식을 운용하게 함으로써 법률조문의 미진한 부분을 처리할 수 있게 해야 하는 것이며, 아울러 법을 집행할 때에 직면하게 되는 처리 곤란한 상황에서는 옛 법률의 적합성과 새로운 법률의 실행 가능성을 충분히 고려하여, 법률조문을 주도면밀하게 검토해서 법률 시스템의 효력이 발생할 수 있도록 운용해야 한다는 것이다. 더 나가 인간의 마음속에 깊숙이 자리 잡아서 인간 스스로가 자신의 욕구를 조절하고 자신의 행동을 절제하여 스스로가 옳지 않은 것을 하지 않게 하는 것이다.

그렇기 때문에 순자는 형법과 상벌을 하나로 취급했으며 이것을 부득이하며 불가피한 사회적 통제 시스템으로 보았던 것이다.[29)] 그러므로 순자는 이러한 형벌이 존재하지만 그것을 적용할 대상이 존재하지 않는 이상적인 사회를 갈구했던 것이다.

> 형벌이 그의 죄보다 넘치지 않고, 벼슬과 상여가 그의 덕을 초과하지 않고, 변함없이 언제나 그의 성실함만이 통용되었다. 그래서 착한 일을 한 사람은 격려하고 착한 일을 하지 않은 사람은 저지하였다. 형벌이 거의 쓰여 지지 않아도, 다스리는 이의 위세는 물이 흐르듯 어디에나 영향

---

28) 『荀子』, 「王制」, "法而不議, 則法之所不至者必廢. 職而不通, 則職之所不及者必隊. 故法而議職而通, 無隱謀, 無遺善, 而百事無過, 非君子莫能. 故公平者, 職之衡也, 中和者, 聽之繩也. 其有法者以法行, 無法者以類擧, 聽之盡也."

29) 張承漢, 『中國社會思想史』, 臺北, 三民書局, 1986년, 80쪽 참조.

> 을 주어서, 정령은 밝게 시행되고 교화는 신의 조화처럼 행해졌다.[30]

그러므로 '예禮'가 시행되고 법률이 제정되면 사회는 통합 조정될 수가 있게 되는 것이다.

> 예의를 닦음으로써 조정을 바로잡고, 법을 바로잡음으로써 관직을 바로 잡으며, 정치를 공평히 함으로써 백성들을 바로잡는다. 그리고 나면 예절이 조정에 바르게 되고, 모든 일들이 관직을 통하여 바르게 되며, 여러 백성들이 아래에서 바르게 되는 것이다.[31]

이와 같이 사회를 질서가 바로잡히고 조화롭게 만드는 효과는 정치적으로 안정 될 때에 비로소 극명하게 드러나는 것이다. 순자는 한편으로는 사회의 여론을 맹목적으로 추종하는 것에 대하여 분명하게 반대의 입장을 표명하는데, 만일 사회적 여론을 정확하게 인도하지 않을 경우, 사회의 통합 조정에 위해를 끼칠 수 있으며 더 나가 사회의 질서와 조화를 파괴할 가능성이 있기 때문에 그는 여론의 맹종을 경계했던 것이다.

> 모든 이론은 반드시 표준이 되는 원칙을 세운 다음에야 이루어질 수가 있는 것이다. 표준이 되는 원칙이 없다면 곧 옳고 그름을 분별할 수 없고 소송의 판결도 할 수 없게 될 것이다. 그러므로 들은 바에 의하면 "천하의 위대한 표준은 옳고 그름이 나누어지는 경계이며, 분수와 직책

30) 『荀子』, 「君子」, "刑罰不怒罪, 爵賞不踰德, 分然各以其誠通. 是以爲善者勸, 爲不善者沮, 刑罰綦省, 而威行如流, 政令致明, 而化易如神."

31) 『荀子』, 「富國」, "修禮以齊朝, 正法以齊官, 平政以齊民, 然後節奏齊於朝, 百事齊於官, 衆庶齊於下."

과 명분과 법칙이 생겨나는 근본이이어서, 왕자王者의 제도가 바로 그것이다."라고 한다. 그러므로 모든 이론과 명물은 성왕을 스승으로 삼지 않는 것이 없다.[32)]

정치와 교육의 유기적인 상호 협력시스템을 통하여 백성들의 여론이 성왕의 도에 부합할 수 있도록 올바르게 인도하여서, 그들의 사고에 혼란이 없게 할 뿐만 아니라 거짓된 논의를 하지 않게 만들어 사회를 질서 있고 평안하게 만들 수 있게 되는 것이다.

그러므로 말을 분석해 멋대로 명칭을 만들어 올바른 명칭을 어지럽혀 백성들에게 의혹을 품게 하면 사람들은 말다툼과 소송이 많아질 것이니, 곧 이런 것을 두고 크게 간사함이라 하는 것이다. 그 죄는 사신의 신표나 도량형기를 멋대로 만드는 것과 같다. 그렇기 때문에 그의 백성들이 감히 기이한 말에 기탁해 올바른 명칭을 혼란시키지 않는다면, 그로 인해 그 백성들은 성실해지고 성실하면 곧 부리기가 쉽고 부리기 쉬우면 공적을 올리게 된다. 그의 백성들이 감히 기이한 말에 기탁해 올바른 명칭을 혼란시키지 않는다면 그로 인해 한결같이 법을 따르고 명령을 지키는데 삼갈 것이다. 이렇게 된다면 그의 다스리는 실적은 오래 갈 것이다. 실적이 오래 가고 공적이 이룩되는 것은 다스림의 극치이며, 그것은 명칭의 약속을 삼가 지킨 공인 것이다.[33)]

---

32) 『荀子』, 「正論」, "凡議必先立隆正, 然後可也. 無隆正則是非不分, 而辨訟不決, 故所聞曰: 天下之大隆, 是非之封界, 分職名象之所起, 王制是也. 故凡言議期命是非, 以聖王爲師."

33) 『荀子』, 「正名」, "故析辭擅作名, 以亂正名, 使民疑惑, 人多辨訟, 則謂之大姦. 其罪猶爲符節度量之罪也. 故其民莫敢託爲奇辭以亂正名. 故其民愨, 愨則易使, 易使則公. 其民莫敢託爲奇辭以亂正名, 故壹於道法, 而謹於循令矣. 如是則其跡長矣. 跡長功成, 治之極也, 是謹於守名約之功也."

순자의 정명正名이론은 옳고 그름 및 선악의 표준을 확립하기 위해서 만든 것으로 말과 행동 및 사유의 근거가 되는 것으로 효과적으로 사회적 통제 시스템을 갖추게 하면서 실질적으로는 사회를 통합 조정시켜주는 기능이 있어서 질서 있고 조화로운 사회의 형성의 기본 토대가 되는 것이라고 할 수가 있는 것이다.

이와 같이 순자는 예의의 교화를 사회적 통제 시스템의 핵심으로 삼았고, 형법의 시행을 사회적 통제 시스템의 보조적인 부분으로 삼아서 자신의 사회적 통제 시스템 이론을 구성했던 것이다. 그렇기 때문에 순자는 "다스림의 중심은 예의와 형벌일세. 군자는 이로써 자신을 수양하고 백성들을 평안케 한다네. 덕을 밝히고 형벌을 신중히 하면 국가도 다스려지려니와 세상도 평화로워진다네."[34]라고 했던 것이다. 그러므로 사회를 통합 조정시켜서 천하를 평안하게 만들기 위해서는 사회적 통제 시스템의 확립이야말로 필수 불가결한 조처라고 할 수 있는 것이다.

5. 맺는 말

이상과 같이 순자의 사회사상에 대하여 사회의 기원과 사회계층의 구분 및 사회적 통제 시스템을 중심으로 논의를 진행해보았는데, 이를 정리하면 다음과 같다.

순자는 인간의 생존경쟁과 문화적 필요라고 하는 두 측면에서 인간

34) 『荀子』, 「成相」, "治之經, 禮與刑, 君子以修百姓寧. 明德愼罰, 國家旣治四海平."

사회의 기원을 조명했다. 즉 인간들이 생존을 위한 투쟁을 해나가는 과정 가운데 단결하여 모두의 지혜를 모을 때에야 만이 비로소 자연계의 다른 생물들과의 생존경쟁에서 자신들의 생명을 보존하고 유지시킬 수 있다는 사실을 터득했다는 것과, 인간이 이성의 운용을 통하여 사회생활의 실제적 효과를 인식했으며, 사회생활의 효능이 생존유지의 필요를 충족시킬 수 있다는 사실을 터득했기 때문에 사회를 이루게 되었다는 것이 인간 사회의 기원이라고 할 수 있다.

순자는 사회적 신분 구성이 자유롭고 평등한 사회에 대하여 반대의 입장을 표명하는 한편 사회적 계층이 구분되어 있는 사회상을 강조했다. 즉 순자는 사회적 신분이 평등한 사회에서는 백성들이 자유의 권리를 이용하여 자신의 사적인 이익만을 챙기고 사욕을 채우기에만 급급하기 때문에 오히려 무도한 방법으로 타인의 권리와 이익을 침해하는 불평등한 사회적 상태가 초래될 것이라고 보았다. 그렇기 때문에 순자는 사회적 신분계층의 구분이 필요하다는 사실을 강조하는 한편 사람들 사이에 존재하는 현실적인 신분계층의 차이에 부합할 수 있도록 사회 문화적 시스템의 정착의 필요성을 역설했던 것이다.

또한 순자는 사회적 분위기를 바르게 만들고 사회질서를 안정시키고자 한다면 사회적 규범의 권위를 다시 수립하고 사회 계층 사이의 지위를 명확하게 구분함으로써 사회적 행위의 가치판단 기준을 확정해야 만이 비로소 효과적으로 사회적 통제를 할 수 있다고 보았다. 또한 그럴 때에 만이 사회가 조화롭고 질서 있는 국면을 회복할 수 있게 되어 지속적인 발전을 유지할 수 있다고 보았다. 순자는 '예禮'를 사회적 시스템을 새롭게 만들고 조화로운 사회를 중건할 수 있는 실질적인 이론 근거로 보았던 것이다.

순자에게 있어서의 '예'와 법률은 사회를 통합 조정시켜서 그 사회의 안전을 유지시키는 한편 사회의 질서가 자리 잡히도록 만들어 주는 기능을 하는 것이라고 할 수 있다. 아울러 '예'와 법률은 그 사회의 구성원들이 귀속해야 할 곳을 제대로 인식하게 만들어주는 가장 유효한 도구라고도 할 수가 있다. 또한 순자는 '예禮'로써 사회적 제도를 제정하고 사회적 지위를 구분하는 한편 사회적 규범을 수립하고, 사회적 질서를 유지하여 사회적 관계를 안정시켜서 사회적 통합을 이룩하려고 했다. 또한 순자는 '예禮'를 사회적 제어 시스템의 기본강령이자 온건한 수단임과 동시에 의식형태를 인도하는데 효과적인 것으로 보았다. 반면 법률은 사회적 제어 시스템의 구체적인 조율이자 강력한 수단으로 보아서 실질적인 행위를 통제하는데 효과적인 것으로 취급했다. 그렇기 때문에 순자는 법률이 사회적 제어 시스템에 있어서 실천적인 효과가 있음을 강조면서 완비된 법률의 확립과 그것의 원활한 적용을 중시하여 법률제도의 효용을 구체화 시켰던 것이다. 이처럼 순자는 예의의 교화를 사회적 통제 시스템의 핵심으로 삼았고, 형법의 시행을 사회적 통제 시스템의 보조적인 부분으로 삼아서 자신의 사회적 통제 시스템 이론을 구성했던 것이다.

| 참고문헌 |

王先謙,『荀子集解』, 北京, 中華書局, 1992년.

王忠林,『荀子讀本』, 臺北, 三民書局, 1996년.

魏元珪,『荀子哲學思想』, 新店, 谷風出版社, 1987년.

李哲賢,『荀子之核心思想』, 臺北, 文津出版社, 1994년.

韓德民,『荀子與儒家的社會理想』, 濟南, 齊魯書社, 2001년.

曾金聲,『中國先秦政治制度史』, 臺北, 啓業書局, 1970년.

張承漢,『中國社會思想史』, 臺北, 三民書局, 1986년.

尹乃鉉,『商周史』, 서울, 民音社, 1984년.

제6장
경제론

1. 시작하는 말

한 국가의 경제발전은 그 나라 정부의 정책시행에서 국민들의 삶을 풍요롭게 하고 사회의 체제 및 각종 자원의 이용에 대한 효율적인 관리와 분배에 달려있다고 할 수 있다. 또한 정부의 경제관련 인재를 적재적소에 배치해야만 정책시행에 있어서 국민들과의 불협화음을 막을 수 있으며, 정부 관리가 되기에 부적합한 사람에 의해서 자행되는 혈세의 낭비를 막을 수 있는 것이다. 고대 중국에서는 이러한 요건들에 부합되었던 경제사상이 있었는데, 그것은 바로 순자의 경제사상 이라고 말할 수 있다.

선진유가의 경제사상은 공자와 맹자를 거쳐 순자에 이르러 더욱 정밀해지는 한편 현실주의적 경향을 띠게 된다고 할 수 있다. 순자에게 있어서 고대 성왕聖王들의 경제정책은 이상적인 목표가 있는 것으로 이해되는데, 그것은 바로 경제정책의 목표가 실질적인 시행과 이론적인 보충이 조화롭게 발현되는 것이었으며, 또한 그러할 때 비로소 진정한 가치가 드러나는 것이라고 순자는 생각했다. 그렇기 때문에 순자는 이상적인 정치를 실현할 수 있는 실질적인 경제정책으로 형평성 있는 조세정책과 유능한 인재의 등용 및 합리적인 직업시스템의 확립 등을 제시하고 있으며, 이것들이 조화롭게 실현되는 것이 순자의 경제정책 청사진이라고 할 수 있다.

유가의 현실주의자라고 불리는 순자의 경제사상에 대한 연구는 그동안 많은 학자들로부터 주목을 받지 못해왔다. 이러한 순자의 경제사상에 대하여 본문에서는 경제정책의 핵심적인 요소들, 즉 형평성 있는 조세정책과 유능한 인재의 등용 및 합리적인 직업시스템의 확립을 중심으로 분석 해보았다.

2. 합리적인 조세정책

고대 중국사회에서 자원의 운용은 인간과 자연 사이의 균형과 협력의 관계 형태를 띠고 있었다고 할 수 있다. 또한 고대 중국사회에서 대부분의 국가의 정부는 정부명령을 통하여 세금을 부과하며 거두어들인 세금을 사회기반구축사업과 국가정책을 시행하는 데에 사용했다고 볼 수 있다. 고대 사회에서의 조세는 천연자원을 제외한 국가의 두 번째로 중요한 수입원이었다고 할 수 있는데, 조세를 거둬들인 후에는 반드시 규모에 맞는 각종 토목건설 사업의 시행을 통하여 백성들의 생활안정을 도모했다. 다른 각도에서 조세정책을 본다면 이는 정부가 백성에게서 세금을 거둬들여 백성을 위해 그것을 사용하는 과정이라는 것을 알 수 있을 것이다.

> 지금 세상은 그렇지 못하다. 오늘날의 임금은 세금을 많이 매겨 백성들의 재산을 무리하게 빼앗아가고, 경작지의 세금을 과도하게 높여 백성들의 양식을 강제로 빼앗으며, 관문의 통관세, 시장세 등을 과중하게 매겨 화폐의 유통을 어렵게 만든다. 뿐만 아니라 민중을 우롱하고 기회를 엿보기만 하고 권모술수로 백성을 피폐하게 한다. 백성들도 그가 난폭하고 추잡하여 장차 위험할 것을 훤하게 알고 있다. 그러므로 혹은 신하가 임금을 시해하기도 하고, 혹은 아랫사람이 윗사람을 죽이기도 하고, 이익을 위하여 국토를 적국에 팔고, 충절을 저버리고 군주를 위하여 생명을 바치지 않는 것은 다름이 아니라 바로 그 군주 자신이 스스로 그러한 재앙을 받게 된 것이다.[1]

위의 인용문을 통해서 알 수 있듯이 순자는 당시 즉 전국戰國시대 중후기의 위정자들이 그들 자신이 자행한 백성들의 고통을 외면한 과도한 세금의 징수는 백성들의 고통과 부담을 더욱 가중시킨다고 하는 사실을 몰랐다고 생각했다. 국가의 세금징수가 과도할 경우 백성들의 삶은 곤궁해질 수밖에 없게 된다. 실례로 "세금을 많이 매겨 백성들의 재산을 무리하게 빼앗아가고, 경작지의 세금을 과도하게 높여 백성들의 양식을 강제로 빼앗는다."라고 하는 언급은 백성들이 축적해놓은 재화를 조세로 거둬들인 후에 모두 국고에 쌓아놓아서 백성들의 재산은 적어지게 되는 상황 즉 국가가 백성들의 재산을 탈취하는 강도와

---

1) 『荀子』, 「富國」, "今之世而不然, 厚刀布之斂以奪之財, 重田野之稅以奪之食, 苛關市之征以難其事. 不然而已矣, 有掎契伺詐, 權謀傾覆, 以相顚倒, 以靡敝之, 百姓曉然, 皆知其汙漫暴亂而將大危亡也. 是以臣或弑其君, 下或殺其上, 粥其城, 倍其節, 而不死其事者, 無它故焉, 人主自取之也."

같은 행태가 벌어지고 있는 상황에 대하여 설명한 것이다. 이러한 것 이외에도 경작지에 대한 과도한 세금징수로 인해서 백성들이 생산한 곡식의 대부분이 국고로 수납되어 일반 백성들은 삶을 영위하기가 매우 어려운 지경에 처하게 되는 등의 심각한 상황이 발생하게 된다. 백성들의 삶의 기본적인 욕구마저 국가권력에 의해서 찬탈되는 상황은 사회적 불안을 조성하는 사태를 초래하게 된다.

"세금을 많이 매겨 백성들의 재산을 무리하게 빼앗아가고, 경작지의 세금을 과도하게 높여 백성들의 양식을 강제로 빼앗으며, 관문의 통관세, 시장세 등을 과중하게 매겨 화폐의 유통을 어렵게 만든다."라고 하는 세 가지 행태는 정도의 차이는 있는데, 그 가운데 재산과 식량을 찬탈하는 것이 가장 심각하다고 할 수 있다. 이는 모든 백성들의 삶에 영향을 끼칠 수 있는 것이며, 관문의 통관세나 시장세 등을 과중하게 징수한다는 것은 상인들로부터 이익을 빼앗는 것이다. 이와 같이 상인들의 이익을 찬탈한다고 하는 행태의 결과로 파급되는 영향은 두 가지 측면에서 논의될 수 있는데, 하나는 관문의 통관세를 과중하게 징수하면 그것의 직접적인 영향은 상인들의 이익감소로 이어지게 된다는 것이고, 다른 하나는 물류의 유통에 악영향을 끼쳐 결국에는 경제발전에 장애요인으로 작용을 하게 된다는 것이다.

상인들의 이익에 악영향을 준다고 하는 측면에서 본다면, 당시의 중농주의 중심의 국가체제 속에서 상인계층은 소수였으며 그들의 특징은 물류를 유통시키는데 있다고 할 수 있다. 순자는 수공업자들과 상인들이 많으면 국가는 빈궁해진다고 주장했는데, 이는 순자가 상공업의 발전을 과도하게 지지하지 않았음을 표시하는 것이며, 상공업에 종사하는 인구를 일정 정도로 제한시켜야 한다는 것을 포함하고 있는 것이다. 즉 순자의 입장은 전통의 생산방식인 농업을 매우 중시했다는데 있는 것인데, 이는 당시의 사회적 상황에서 볼 때 국가의 안정에 대하여 실질적인 의의가 있는 것이라고 할 수 있다. 그러므로 순자가 상인들에게 대한 과도한 세금징수를 반대했다고 해서 이러한 사실이 상공업에 대한 제한과 모순된다고 하는 것을 대표하지는 않는다고 할 수 있는 것이다.

물류의 유통에 해악을 끼친다고 하는 측면에서 본다면, 상인들은 비록 물류의 유통과정 속에서 이익을 취하기는 하지만 물류의 유통과정은 백성들의 생활을 더욱 편리하게 만들고, 농업생산품은 물류유통을 통하여 더욱 편리하게 교역될 수 있는 장점이 있다고 할 수 있다. 그렇기 때문에 만일 통관세와 시장세를 과중하게 부과할 경우 비록 상인계층들은 이익이 감소하여 어렵게 될지라도 가장 고통을 받는 계층은 1차 생산자인 농민계층이 된다. 그러므로 여기에서 언급한 세 가지의 조세징수 방식 가운데 무거운 세금과 경작지에 대한 과도한 세금은 농민 모두에게 직접적으로 영향을 미치는 것이며, 통관세와 시장세를 과중하게 매기는 것은 상인들을 통하여 또다시 농민들을 착취하는 것이 된다. 이와 같은 백성들의 고혈을 쥐어짜는 행태에 대하여 순자는 "백성들도 그가 난폭하고 추잡하여 장차 위험할 것을 훤하게 알고 있다"는 말로 경고하고 있다.

이러한 정치를 자행하는 군주들의 행태를 시정하기 위하여 순자는 다음과 같은 대안을 「부국富國」에서 제시한다.

> 군자는 덕으로써 백성을 대하고, 소인은 힘으로써 대한다는 말과 같이, 힘은 덕을 위해 사용되어야 한다. 백성들의 노력은 위정자의 덕에

의하여 비로소 공적을 거두고, 백성들의 집단도 여기에 의하여 비로소 융화되고, 백성들의 재산도 여기에 의해서 축적되고, 백성들의 생활도 여기에 의하여 비로소 평안하고, 백성들의 수명도 여기에 의하여 비로소 길어지는 것이다. 부자가 군주가 아니면 친할 수 없고, 형제가 군주가 아니면 우애할 수 없고, 남녀가 군주가 아니면 즐거울 수 없고, 젊은 이가 성장하고 노인이 봉양 받는 것도 그것이다.[2)]

정책시행의 방침을 장악하고 정치의 도리를 실천하는 군자는 반드시 백성들의 안락한 삶과 질서 있는 사회를 만들어 운영하기 위하여 조세를 거둬들여야만 하는 것이지, 자기 자신의 향락을 위해 조세를 걷는 것이 아니다. 정치를 잘하는 군자는 인간사회의 집단 사이의 관계를 조화롭게 유지시키며, 또한 예의禮義의 교화를 통해서 백성들이 서로를 사랑하게 만든다. 게다가 형평성 있는 세금부과는 백성들 개인이 자신의 재화를 축적할 수 있게 만든다. 이와 같은 기초 위에서 인간사회는 비로소 조화롭게 되고 백성들의 삶은 안정될 수 있게 되는 것이다. 아울러 편안하고 여유 있는 환경 속에서 백성들은 너그러운 마음으로 천수를 누리며 살 수 있게 되는 것이다. 이러한 과정이야말로 인간사회가 조화와 균형이 잡힌 질서 있는 세상으로 가는 첩경이 되는 셈인데, 그 첫 걸음은 바로 사회 구성원 사이의 조화에 있으며, 그 다음은 개인의 소득을 증대시키는 것에 있다. 이럴 때 비로소 사회 안정이라고 하는 이상이 실현되는 것이라고 할 수 있다.

---

2) 『荀子』, 「富國」, "君子以德, 小人以力, 力者德之役也. 百姓之力, 待之而後功; 百姓之群, 待之而後和; 百姓之財, 待之而後聚; 百姓之勢, 待之而後安; 百姓之壽, 待之而後長. 父子不得不親, 兄弟不得不順, 男女不得不歡, 少者以長, 老者以養."

순자는 재위에 있는 군자만이 현명하며 능력이 있고 어진 마음과 덕행을 구비하여 백성들의 행복을 도모할 수 있다는 점을 부단히 강조한다. 이와는 반대로 순자는 군주가 덕행을 구비하지 않고 과도하게 세금을 부과하여 부국강병만을 추구한다면 백성들의 부담을 가중시키게 된다고 하였다. 순자가 가장 중시 한 것은 바로 예의禮義의 교화인데, 그는 이러한 교화를 통하여 백성들이 서로가 화합하며 조화를 이루며 살아갈 수 있다고 하였으며, 정치를 실행하는 군자 자신은 예의禮義를 통하여 덕행을 쌓을 때 교화는 비로소 그 효력을 얻을 수 있는 것이라고 했다. 그러므로 정치를 시행하는 방침과 영향은 바로 위정자 자신과 매우 밀접하게 관련이 있다는 것이다.

조세정책의 근본은 백성들에 대한 관용과 사랑을 기초로 하여 수립해야 하는 것이며, 그 목적은 백성들의 삶을 부유하게 만들어 사회를 안정시키는데 있는 것이다. 그러므로 만일 세금납부가 부담이 되지 않는 상황이 발생한다면 백성들의 삶은 비교적 안정적이게 되고, 백성들 또한 재화에 여유가 생겨 그러한 잉여재화를 경제활동에 사용하게 된다면, 결국에는 그것이 국가 경제발전을 촉진시키게 되는 작용을 하게 되는 것이다. 그렇기 때문에 순자에게 있어서의 합리적인 조세정책은 가장 먼저 백성들의 재화를 수탈하지 말고 세금을 가볍게 부과하여 재화의 근원을 보장할 수 있게 하는 것을 고려해만 한다는 것이었다.[3] 그 다음에는 정부에서 확보된 세수를 낭비하지 않는 운용의 묘가 고려되어야 한다는 것이다.

---

3) 胡寄窗, 『中國經濟思想史』, 上海, 上海人民出版社, 1978년, 445~446쪽 참조.

3. 유능한 인재의 등용

한 국가의 재정상태가 양호하고 구성원들이 고르게 부유하게 된다면 자연히 각종의 정책들이 활발하게 시행될 수 있지만, 만일 정부에서 유능한 인재를 적재적소에 배치하지 못할 경우 막대한 조세수입이 탐관오리의 개인 호주머니 속으로 들어가거나 쓸데없이 많은 무능력한 관리들의 유지 경비로 낭비될 개연성이 크다고 할 수 있다. 이러한 상황은 정책시행의 효과를 낼 수 없을 뿐만 아니라 정부가 백성들로부터 신뢰를 받을 수 없게 만드는 요인으로 작용한다. 경제적인 관점에서 볼 때 인재를 적소에 배치하지 않거나 쓸데없는 인력의 낭비는 거둬들인 세금으로 국가의 정책을 수립 운용하는 데에 있어서 치명적인 결함요소로 작용한다고 말할 수 있다.

정부에서 인재를 채용하는 기준은 정치철학에서 줄곧 논의되어져온 중요한 사안으로 위정자는 반드시 유능한 인재를 판별하는 것이 매우 중요한 사항이라는 것 외에, 반드시 인재 선별의 기준과 임용의 기준을 갖춰야만 비로소 유능한 인재와 그렇지 못한 무능한 인재를 판별할 수 있게 된다. 비록 정치사상 가운데 각종의 유능한 인재에 대한 판별의 기준이 있다고 할지라도, 많은 기준들이 시대적 상황에 따라서 달라질 수 있거나 다른 조정을 거치게 되는 경우가 발생할지라도 유능한 인재의 운용은 반드시 적재적소에 배치하는 것을 원칙으로 해야만 한다는 것은 변할 수 없는 사실이다. 예를 들자면 천리마와 백락의 관계처럼 무능한 사람은 천리마를 일반적인 말처럼 취급하고 이용하며 천리마의 가치를 매몰시켜버린다.[4] 그렇기 때문에 유능한 인재를 선택하는 입장에서는 유능한 사람과 무능한 사람을 판별하는 작업도 중요하지만 그것 이외에도 개인의 재능에 맞춰 적합한 자리에 배치하여 선택된 인재가 진정한 능력을 발휘할 수 있게 만드는 것 역시 매우 중요하다고 할 수 있다.

순자는 인간의 욕망은 끝이 없기 때문에 반드시 제어와 교화가 필요하다고 생각했으며, 또 한편으로 순자는 인간의 탐욕에는 만족함이 없다는 것을 인정했다. 군자는 캄캄한 방에서도 스스로 속임이 없으나, 일반적인 관리들이나 백성들과 같은 경우 모두가 이러한 경지에 도달하기는 어렵다. 일반적인 사람들은 일단 돈과 권력에 대한 유혹을 쉽게 뿌리치지 못하며 설사 그러한 유혹을 뿌리치는 사람이 있다고 하더라도 극소수에 불과한 것이 일반적인 상황이다. 고대 중국사회의 정부에서 관료를 채용하는 목적은 백성들에 대한 관리와 조세의 징수 및 국가사업을 제대로 시행하기 위해서였다. 그러나 관료 역시 인간인지라 순자가 주장한 악한 본성을 가진 인간의 굴레에서 벗어나기는 어려웠기 때문에 공금을 낭비하거나 무위도식하는 쓸데없는 관리들을 제외한 관리들은 개인의 덕성을 지키는 것에 대하여 반드시 주의를 기울였다. 개인의 덕성을 제대로 지키지 못하는 관리들은 마치 구멍이 뚫린 수도관처럼 조세수입을 낭비하여 국가를 위해 사용되어져야할 재화를 고갈시켜 국가적 사업을 하지 못하게 만들었다. 바로 이러한 점들이 반드시 유능한 인재를 등용하여 적소에 배치해야만 한다는 이유가 되는 것이다. 유능한 인재의 등용에 대하여 순자는 「군도君道」 속에서 다양한 방식으로 그 원칙을 언급했는데 다음과 같다.

먼저 군주는 반드시 유능한 인재의 보좌를 받아야하며 그들을 적재

4) 千里馬와 伯樂에 관한 이야기는 韓愈의 『雜說』, 「馬說」에서 인용했다.

적소에 배치해야만 한다는 것이다.

군주가 혼자서는 나라를 다스릴 수 없다고 하는 것이다. 재상과 보좌하는 사람들은 군주에게는 기대는 안석이나 지팡이 같은 것이다. 그것은 서둘러 갖추지 않으면 안 되는 것이다. 그러므로 군주란 반드시 일을 맡길 만한 재상이나 보좌하는 사람들이 있어야만 한다. 그가 덕이 있다는 명성은 백성들을 쓰다듬어 안정시킬만하고, 그의 지혜와 생각은 온갖 변화에 대처할 만한 것이어야 한다. 이러한 것을 나라가 갖추어야 할 요건이라고 한다. 사방 이웃의 제후들과의 관계에서는 서로 교섭 하지 않으면 안 된다. 그렇지만 반드시 모두와 친하게 지낼 수는 없다. 그러므로 군주는 멀리 있는 나라에 가서 자신의 뜻을 설명해 주고 상대방의 의심을 풀어줄 만한 사람이 반드시 있어야만 한다. 그의 옳고 그름의 설명은 번잡한 일을 해결할 수 있고, 그의 지혜와 생각은 의심을 풀어 줄 수 있고, 그의 결단은 어려운 제의를 막아낼 수 있으며, 사사로운 일을 하지 않고, 군주를 배반하지 않아야 한다. 또한 다급한 일에 대응을 잘 하여, 환난을 막아 주어 나라를 잘 지탱할 수 있어야만 한다. 이러한 것을 나라가 갖추어야 할 요건이라고 하는 것이다. 그러므로 군주로서 자기가 좋아하고 사랑하는 믿을 만한 측근이 없다면, 그를 고독한 군주라고 한다. 사방 이웃 제후들에게 사신으로 보내는 사람이 잘못된 사람이라면, 그를 고독한 군주라고 한다. 고독한데다가 어리석다면 그런 군주의 나라를 위태로운 나라라고 한다. 비록 나라가 아직 그대로 있는 것처럼 보여도 옛날 사람들은 그런 나라는 망하였다고 했다.[5)]

---

5) 『荀子』, 「君道」, “人主不可以獨也. 卿相輔佐, 人主之基杖也, 不可不早具也. 故人主必將有卿相輔佐足任者, 然後可. 其德音足以塡撫百姓, 其知慮足以應待萬變, 然後可, 夫是之謂國具. 四鄰諸侯之相與, 不可以不相接也, 然而不必相親也, 故人主必將有足使喻志, 決疑於遠方者, 然後可. 其辯說足以解煩, 其知慮足以決疑, 其齊斷足以距難, 不還秩不反君, 然而應薄扞患足

순자는 유능한 인재의 등용은 국가를 통치하는 군주에게 있어서 매우 중대한 사안이라고 생각했다.[6] 군주가 절대로 혼자서 국가를 통치할 수 없듯이 정부 역시 한 사람에 의해서 운영되질 수 없는 것이다. 이러한 입장에서 출발한다면 군주가 어떠한 정책을 시행하건 간에 반드시 유능한 인재 혹은 신하들의 보좌를 통할 때에만 비로소 제대로 시행될 수 있다는 것이다. 순자가 제시하는 유능한 인재의 조건은 다음과 같은 것들이 있다. 즉 내정측면에서는 국정을 잘 보좌할 수 있는 재상과 관료며, 대외적인 측면에서는 제후국들에 사신으로 파견되어 외교적 소임에 전력할 수 있는 관료라고 할 수 있다.

다시 말하면 유능한 재상과 관료의 조건은 "그가 덕이 있다는 명성은 백성들을 쓰다듬어 안정시킬만하고, 그의 지혜와 생각은 온갖 변화에 대처할 만한 것이어야 한다."와 같이 임기응변에 잘 대처할 수 있는 지략을 가지고 있으며, 충분한 덕성을 갖추고 있어서 군주의 또 다른 화신이라고 말할 만한 인재이다. 유능한 외교관은 "그의 옳고 그름의 설명은 번잡한 일을 해결할 수 있고, 그의 지혜와 생각은 의심을 풀어줄 수 있고, 그의 결단은 어려운 제의를 막아낼 수 있으며, 사사로운 일을 하지 않고, 군주를 배반하지 않아야 한다."와 같은 능력을 가진 자로 외국에 사신으로 파견되었을 때, 독자적인 판단과 충심이 없다면 쉽게 유혹에 넘어가 변절할 수 있으며, 뛰어난 상황판단과 대처 능력이 없다면 다른 나라가 자국에 대하여 품고 있는 의심과 적의를 용해

以持社稷, 然後可, 夫是之謂國具. 故人主無便嬖左右足信者謂之闇, 無卿相輔佐足任者謂之獨, 所使於四鄰諸侯者非其人謂之孤, 孤獨而晻謂之危. 國雖若存, 古之人曰亡矣."

6) 韋政通, 『荀子與古代哲學』, 臺北, 臺灣商務印書館, 1992년, 102쪽 참조.

시킬 수 없게 된다. 또한 모든 일을 국가를 위해서 해야만 하고 결코 사적인 일을 하지 않는 것이야말로 대외 교섭업무를 담당하는 인재의 조건이라는 것이다.

다음으로 군주는 유능한 인재를 적재적소에 배치하여 그들이 자신의 능력을 충분히 발휘할 수 있도록 하기 위해서 인재들의 특성을 파악해야만 한다는 것이다.

> 사람들의 재능을 헤아리되, 신중하고 성실하며 부지런히 일하고, 계산이 세밀하여 전혀 빠뜨리는 일이 없다면, 이는 관청의 일반 관리로 쓸 재목이다. 스스로 잘 수양해서 단정하며, 법을 존중하고 직분을 공경히 지켜 비뚤어진 마음이 없고, 직책을 잘 지키고 할 일에 전념하여, 전혀 더하거나 덜하지 않고 대대로 자손들에게 물려줄 수 있으며, 남이 그가 하는 일을 간섭하거나 빼앗을 수가 없다면, 이는 사대부로서 관청의 우두머리로 쓸 재목이다. 예의를 숭상하는 것은 군주를 존중하기 위한 일임을 알고, 훌륭한 선비를 좋아하는 것은 명성을 아름답게 하기 위한 일임을 알며, 백성을 사랑하는 것은 나라를 안락하게 하기 위한 일임을 알고, 일정한 법도가 있는 것은 풍속을 통일하기 위한 일임을 알며, 현명한 이를 숭상하고 능력 있는 이를 등용하는 것은 공적을 증대하기 위한 일임을 알고, 근본적인 농업에 힘쓰게 하고 말단적인 상업을 억제하는 것은 풍부하게 하기 위한 일임을 알며, 아랫사람들과 작은 이익을 다투지 않아야 하는 것은 일을 하는 데 편리하도록 하기 위한 일임을 알고, 제도를 분명히 하고 사물을 잘 헤아려서 쓰는 데 알맞도록 하는 것은 모든 일이 정체되지 않도록 하기 위한 일임을 안다면, 이는 재상이나 곁에서 보좌하는 신하가 될 재목이다. 그러나 이것은 군주의 도에는 미치지 못하는 것이다. 이러한 세 가지 재목의 사람들을 잘 따지고 골라 벼슬자리에 앉혀 그들의 서열이 잘못되는 일이 없도록 하는 것이 바로 군

주의 도이다. 그와 같이 한다면 군주 자신은 안락하고 나라는 잘 다스려지며, 공적은 위대해지고 명성은 아름다워져 위로는 왕자가 될 수가 있고 아래로는 패자가 될 수 있는 것이니, 이러한 것이 군주가 지켜야할 요건이다.[7]

만일 이상과 같은 세 종류의 인재를 군주가 기용할 수만 있다면 국가를 통치하는 일은 기대 이상으로 용이할 것이다. 또한 군주는 스스로가 국가의 모든 정무를 관장할 필요가 없이 유능한 인재들을 적절하게 운용하여 정무를 관장하게 한다면 효과적으로 국가를 통치할 수 있을 것이다. 이러한 세 종류의 인재는 상급 중급 하급으로 구분할 수 있는데, 하급은 일반 관리로서 기층 백성들과 가장 밀접하게 연결되어 있기 때문에 비록 직위는 낮을 지라도 가장 커다란 영향력을 행사할 수 있다. 예를 들면 일선 현장에서 직접적으로 세금을 거둬들이는 관리들이 이러한 인재에 해당 된다. 그러므로 이러한 관리들은 재무관련 업무를 충분하게 숙지하고 있어야 하고 장부기록에도 한 점 오차가 있어서는 안 된다. 중급은 사대부로서 관청의 수장이 된다. 이들은 법을 존중하고 직분을 공경히 지켜서 법률이나 제도의 제정 목적을 명확하게 숙지하고 있으며, 하급관리들에 대한 관리감독 뿐만 아니라 하급관

7) 『荀子』, 「君道」, "材人, 愿慤拘錄, 計數纖嗇而無敢遺喪, 是官人使吏之材也. 修飾端正, 尊法敬分而無傾側之心, 守職循業, 不敢損益, 可傳世也, 而不可使侵奪, 是士大夫官師之材也. 知隆禮義之爲尊君也, 知好士之爲美名也, 知愛民之爲安國也, 知有常法之爲一俗也, 知尙賢使能之爲長功也. 知務本禁末之爲多材也, 知無與下爭小利之爲便於事也, 知明制度權物稱用之爲不泥也, 是卿相輔佐之材也. 未及君道也. 能論官此三材者而無失其次, 是謂人主之道也. 若是, 則身佚而國治, 功大而名美, 上可以王, 下可以霸, 是人主之要守也."

리들이 경솔한 행동을 하지 못하도록 단속하기도 하며 그들을 교화시키는 역할도 담당 한다. 상급은 재상이나 군주를 보좌하는 인재들로서, 이들은 비록 군주의 도를 행할 수는 없으나 통치 능력은 가볍게 볼 수 없을 정도이다. 이러한 세 가지 원칙에서 가장 중요한 것은 인재들의 덕성이 주가 되어야 한다는 것이며, 가장 근본적인 원칙은 군주가 유능한 인재를 선임할 수 있는 능력을 가졌는지의 여부인데 만일 그러한 능력이 없다면 모든 것은 공염불이 되어버리게 된다.

유능한 인재를 등용하는 것은 백성들을 사랑하고 국가의 안정을 도모한다고 하는 통치이상에 부합하는 것이지만, 그렇지 않을 경우 순자가 말한 것처럼 국가는 반드시 존망의 위험에 처하게 된다. 이러한 사태가 발생하게 되는 가장 근본적인 원인은 국가 관리들의 행태에 있는 것으로 그들의 행위가 민심에 직접적으로 영향을 끼치고 있기 때문이다. 만일 관리가 청렴해서 백성들의 재화를 수탈하지 않는다면 국가재정에는 어떠한 해악도 없을 것이며 백성들 역시 국가권력에 대하여 원한을 품지 않게 되어 국가의 안정에 커다란 효과를 낼 수 있을 것이다. 그러나 만일 통치자가 "세금을 많이 매겨 백성들의 재산을 무리하게 빼앗는다."와 같이 백성들의 재화를 수탈하게 되면 유능하고 현명한 인재는 결코 그러한 통치자의 앞잡이가 되기를 거부한다. 그렇기 때문에 유능한 인재의 등용은 또 다른 측면에서 의미가 있다고 할 수 있는데, 그것은 바로 군주 자신의 덕성수양을 반영한다는 것이다.

> 군주가 탐욕스럽고 이익을 좋아하면 곧 신하와 여러 관리들은 그러한 것들을 이용하여 자신은 많은 양을 받고 남에게는 조금 주어 백성들을 한도 없이 착취할 것이다.[8)]

위의 인용문이 표시하는 것은 신하와 관료들의 현명함과 청렴함의 여부는 군주의 태도와 매우 밀접한 관련이 있다는 사실이다. 순자는 군주가 민심을 안정시키기 위해서는 유능하고 현명한 인재 등용이 중요함을 강조했는데, 경제적 측면에서 본다면 민심의 안정은 정부가 가혹한 형벌과 무거운 세금을 매기지 않는 것과 과도하게 일반 백성들의 경제생활을 간섭하지 않는 가운데 있는 것이다. 백성들이 만족하며 여유 있는 삶을 영위해나갈 수 있게 만들어 주기 위해서 군주는 반드시 유능하고 현명한 인재의 보좌가 필요한 것이다. 그렇기 때문에 관리의 등용에 있어서 군주는 방임의 방식을 취해서는 안 된다고 주장하는 것이다.

동서고금을 막론하고 모든 백성들은 자신들이 힘들게 벌어서 국가에 납부한 세금을 쓸데없는 사업에 함부로 낭비하지 않을 것을 염원한다. 동시에 정부가 거둬들인 조세수입을 토대로 국가경제를 발전시키고 사회를 향상시킬 수 있는 용도로 쓰이기를 원하지 정부 관리들의 사사로운 호주머니에 들어가는 것을 원치 않는다.

> 천하의 모든 사람들을 보육하고, 모든 사람들을 애호하며, 모든 사람들을 통제하여, 비록 흉작이나 장마 또는 가뭄이 든 해라 하더라도, 백성들이 헐벗고 굶주리는 걱정이 없도록 하는 것은 바로 성인다운 군주와 현명한 재상들이 할 일이다.[9]

백성들이 정부에 대하여 원하는 것은 홍수로 인해 수재가 발생하거

8) 『荀子』, 「君道」, "上好貪利, 則臣下百吏, 乘是而後豊取刻與, 以無度取於民."

9) 『荀子』, 「富國」, "若夫兼而覆之, 兼而愛之, 兼而制之, 歲雖凶敗水旱, 使百姓無凍餒之患, 則是聖君賢相之事也."

나 가뭄이 들어 기근이 발생했을 때 자신들이 충분히 구제 받을 수 있을까하는 것에 있지 않고, 유능하고 현명한 군주와 관료들이 국가의 운영을 계획적이고 준비성 있게 하여 백성들의 생명과 재산이 천재지변에 의해서 훼손되지 않게 하는 것에 있다.

4. 합리적인 직업시스템

직접 농업생산에 종사하는 사람과 그렇지 않는 사람들 사이의 직업분배는 합리적으로 분배가 되어야만 많은 수의 인구를 먹이고 입힐 수 있으며 또한 대다수의 사람들 모두가 농업 생산현장에 투입되어 발생할 수 있는 인적자원의 낭비를 방지할 수 있다. 다시 말하자면 농업생산이 일정한 수준에 도달하게 되었을 때는 반드시 상업과 수공업에 종사하는 계층이 존재하게 되어 백성들이 더 많은 물질적 혜택을 누리게 됨과 동시에 물류유통의 효과를 달성할 수 있게 되는 것이다. 상인과 수공업자 계층은 전국戰國시대 중기의 사회에서 이미 없어서는 안 될 존재로 대두하게 되지만 농업생산 중심의 당시 사회체제 속에서는 역시 농업이 가장 중요한 산업이었다.[10)]

> 온 천하가 모두 풍족해지는 도리는 사람들 사이의 분계를 분명히 하는 데 있다. 땅을 잘 다스려 땅의 경계를 분명히 하고, 풀을 뽑아 곡식을 잘 자라게 하며, 비료를 많이 주어 밭을 비옥하게 하는 것은 바로 농민 대중들이 할 일이다. 계절에 맞춰 백성들이 일에 힘쓰게 하여 하는 일이 잘 되고 일의 성과가 커지도록 하며, 백성들 모두가 화합케 하여

---

10) 趙靖, 『中國經濟思想通史』, 北京, 北京大學出版社, 1996년, 342쪽 참조.

> 사람들을 구차하게 지내지 않도록 하는 것은 바로 지방관들이 할 일이다. 높은 곳이라 하더라도 가뭄이 들지 않고, 낮은 곳이라 하더라도 홍수가 나지 않으며, 추위와 더위가 계절 따라 잘 조화되어, 오곡이 때에 알맞게 잘 여물게 하는 것은 바로 하늘이 할 일이다. 천하의 모든 사람들을 보육하고, 모든 사람들을 애호하며, 모든 사람들을 통제하여, 비록 흉작이나 장마 또는 가뭄이 든 해라 하더라도, 백성들이 헐벗고 굶주리는 걱정이 없도록 하는 것은 바로 성인다운 군주와 현명한 재상들이 할 일이다.[11)]

위의 인용문에서 언급된 사회체제는 매우 간단하다고 할 수 있는데, 사회의 기본적인 체제조직 방식은 위로는 군주와 재상이 있고 아래로는 농민백성들이 있으며 이들 사이의 매개자로서 지방관들이 있다. 이들 지방관들은 통치계층과 서민계층의 중간자로서 백성들 사이의 분쟁과 상호침탈을 방지하는 등의 사회치안을 담당한다. "온 천하가 모두 풍족해지는 도리는 사람들 사이의 분계를 분명히 하는 데 있다."에서 "분계를 분명히 한다."는 언급은 사람들이 자신의 위치에서 맡은 바의 직무를 이행하며 서로가 월권을 하지 않는다고 하는 의미로서 이는 예의禮義의 함의를 담고 있는 것이라고 할 수 있다.[12)] 그렇기 때문에 이러한 사회는 효율적인 사회 시스템이 존재하게 되어 통치자와 생산에 종사하는 계층의 구분이 명확하게 되어져 있는 것이다.

---

11) 『荀子』, 「富國」, "兼足天下之道在明分. 掩地表畝, 刺屮殖穀, 多糞肥田, 是農夫衆庶之事也. 守時力民, 進事長功, 和齊百姓, 使人不偸, 是將率之事也. 高者不旱, 下者不水, 寒暑和節而五穀以時孰, 是天下之事也. 若夫兼而覆之, 兼而愛之, 兼而制之, 歲雖凶敗水旱, 使百姓無凍餒之患, 則是聖君賢相之事也."

12) 魏元珪, 『荀子哲學思想』, 臺北, 谷風出版社, 1987년, 212쪽 참조.

전국시대에는 상인 계층과 수공업자 계층이 이미 흥기해 있는 상태였는데, 만일 이러한 사회 구조상의 변동을 소홀히 한 채 경제 관련 이론체계를 수립했다면 그것은 당시의 시대적 상황에 부합하지 않는 것이었다고 할 수 있는 것이다.

> 나라의 강하고 약한 것과 가난하고 부유한 것을 알아보는 데에는 그 징표가 있다. 군주가 예의를 존중하지 않는다면 군대는 약하다. 군주가 백성을 사랑하지 않는다면 군대는 약하다. 이미 응낙한 일도 믿을 수 없는 처지라면 군대는 약하다. 포상이 제대로 되지 않고 있다면 군대는 약하다. 장수들이 무능력하다면 군대는 약하다. 군주가 공적을 올리기를 좋아한다면 나라는 가난하다. 군주가 이익을 좋아한다면 나라는 가난하다. 사대부의 수가 많으면 나라는 가난하다. 공인과 상인이 많으면 나라는 가난하다. 도량형 제도가 없다면 나라는 가난하다. 백성이 가난하면 곧 군주도 가난해진다. 백성이 부유하면 곧 군주도 부유해진다. 그러므로 밭과 들판과 시골 마을들은 재물의 근본이다. 나라의 쌀 창고나 곳간 같은 것은 재물의 말단적인 것이다. 백성들이 잘 화합하여 하는 일에 질서가 있는 것이 재화의 근원이다. 차등에 따라서 세금을 거둬들이고 창고에 물건이 쌓여 있는 것은 재화의 말류이다.[13)]

순자는 상공업의 발전에 대하여 일정부분 제한을 가해야 한다고 주장함과 동시에 '도량형 제도'에 통일적인 규격을 사용할 것을 주장한

---

13) 『荀子』, 「富國」, "觀國之强弱貧富有徵. 上不隆禮則兵弱, 上不愛民則兵弱, 已諾不信則兵弱, 慶賞不漸則兵弱, 將率不能則兵弱. 上好功則國貧, 上好利則國貧, 士大夫衆則國貧, 工商衆則國貧, 無制數度量則國貧. 下貧則上貧, 下富則上富. 故田野縣鄙者財之本也, 垣窌倉廩者財之末也. 百姓時和, 事業得敍者, 貨之源也, 等賦府庫者, 貨之流也."

다. 또한 그는 군주가 침략전쟁을 좋아하면 국가는 곤궁해지고, 군주가 자신의 사리사욕 채우기를 좋아한다면 국가는 빈궁해진다고 했는데, 이는 늘 전쟁을 일으키는 국가의 군주가 백성들을 혹독하게 착취한다면 그 국가는 부강해질 수 없다는 것을 말하는 것이다. 전쟁이 경제에 대하여 미치는 부정적인 영향은 농토를 황폐하게 만들 뿐만 아니라 농토를 경작해야 하는 노동인구의 수를 급격하게 감소시킨다는데 있다. 이러한 것 외에도 정부의 치안시스템을 파괴하여 사회 안정에 많은 영향을 미친다는 것이다. 전쟁은 사회적 생산력을 저하시켜 결국에는 사회의 분란을 야기 시키게 된다. 마찬가지로 군주가 일신의 향락을 위해서 가혹하게 세금을 징수한다면 유능하고 현명한 인재들이 정부를 등지고 떠나가게 되며 민심의 이반이 발생하게 된다. 군주가 자행하는 일순간의 향락은 권력의 단축을 촉진시키는 한편 국가멸망의 첩경이라고 할 수 있는 것이다.

조세제도의 측면이나 사회생산 시스템의 측면을 막론하고 농민은 당시 사회의 근간을 이루고 있는 계층으로서, 평상시의 사회생산력을 대표하는 존재였을 뿐만 아니라 전쟁시기에는 활용 가능한 전투력을 대표하는 존재였다. 상인 계층은 각종 재화를 천하의 모든 곳에 유통시키기 때문에 자연히 여러 나라 사이를 왕래하게 된다. 그래서 일단 유사시 즉 전쟁이 발생하면 항상 전쟁을 피해서 다른 나라로 도피한다. 이러한 상인 계층은 국가의 입장에서 볼 때, 농민 계층의 생산이익을 착취할 뿐만 아니라 국가에도 실질적으로는 도움을 주지 않는 존재로 취급되어졌다. 당시의 상인들은 각국의 물류 유통을 통하여 이익을 취하는 존재들로서, 그들은 실질적인 생산 활동에 종사하지 않고 현란한 언변과 두뇌회전을 통하여 저렴한 가격에 물건을 구입하여 고가에 되파는 방식으로 이윤을 취하는 집단일 뿐이었다. 그렇기 때문에 순자는 당시 사회의 시스템 속에서 상공업에 종사하는 계층은 과도하게 많을 필요가 없다는 주장을 하는 것이다.

순자는 "수공업에 종사하는 사람과 상인은 줄이고 농부들을 늘리며, 도둑을 없애고 간사한 자들을 물리치는 것, 이것이 사람들을 잘 살도록 해주는 방법이다."[14]라고 언급했는데, 이는 그가 상공업에 종사하는 계층의 존재를 부정하거나 그러한 행위를 금지시켜야 한다는 조치를 취해야 한다고 하는 것이 아니라, 당시 사회의 시스템 속에서 좀 더 많은 사람들이 농업생산에 종사해야만 현실 생활의 기본적인 수요를 충족시킬 수 있다는 것을 강조하기 위한 주장이라고 할 수 있다. 그렇기 때문에 순자는 정치적인 측면이나 경제적인 측면 모두에서 볼 때, 상공업에 종사하는 계층이 줄어야만 농업생산력이 증가하여 국가의 경쟁력이 생긴다고 생각한 것이다.[15]

농업과 상공업 시스템 가운데 중요하거나 중요성이 떨어지는 것에 대한 구분 이외에도 순자는 사회 각 계층의 분배와 책임에 대해서도 구분을 한다.

> 천자처럼 귀해지고 온 세상을 차지할 만큼 부유해지는 것은 사람들의 성정으로서는 다 같이 바라는 바이다. 그러니 사람들의 욕심을 따른다면 곧 형세는 그 욕심을 다 받아들일 수가 없고 물건은 충분할 수가 없을 것이다. 그러므로 선왕은 생각 끝에 이를 위해 예의를 재정하고 분별

14) 『荀子』, 「君道」, "省工賈衆農夫, 禁盜賊, 除姦邪, 是所以生養之也."

15) 趙靖, 『中國經濟管理思想史教程』, 北京, 北京大學出版社, 1993년, 95쪽 참조.

> 을 마련해, 귀하고 천한 등급이 있게 하고, 어른과 아이의 차별을 두게 하고, 지혜 있는 이와 어리석은 자와 능력 있고 능력 없는 사람의 분별을 마련했다. 언제나 사람들로 하여금 그들의 일을 맡아 하게 함으로써 각기 그에게 합당한 일을 갖게 하셨다. 그런 뒤에야 녹봉으로 받는 곡식이 많고 적고 두텁고 엷은 균형이 있게 되었다. 이것이 곧 여러 사람이 모여 살면서 하나로 조화되는 도리이다. 그러므로 어진 사람이 윗자리에 있으면 곧 농부는 힘써 경작하고, 상인은 잘 살펴 재화를 늘리고, 여러 수공업자들은 기술과 기계를 써서 물건을 만든다. 사대부 이상부터 제후들에 이르기까지는 모두가 인후함과 지혜와 능력으로써 그들의 관직을 다한다. 이러한 것을 지극한 공평함이라고 한다. 그러므로 어떤 사람은 온 세상을 녹봉으로 받아도 스스로 많다고 여기지 않고, 어떤 사람은 문지기나 객사지기 관문지기 야경꾼이 되어도 스스로 녹봉이 적다고 여기지 않는다. 그래서 "잘라서 가지런히 하고 굽혀 따르게 해, 같지 않으면서도 하나가 된다."고 하였는데, 이러한 것을 인륜이라 일컫는다.[16)]

사회 시스템의 구분과 인륜의 구분은 그 의미상에 있어서는 같은 것이라고 할 수 있는데, 이는 모두가 예의禮義 관념에 기원을 두고 있기 때문이다. 그렇기 때문에 예禮의 입장에서서 사람과 사람 사이에서 신중하게 지켜야할 본분은 직업과 직업 사이에서도 마찬가지로 신중하게 직분을 지켜야한다. 물론 농부나 상인 수공업 종사자 및 사대부 심

---

16) 『荀子』, 「榮辱」, "夫貴爲天子, 富有天下, 是人情之所同欲也. 然則從人之欲, 則埶不能容, 物不能贍也. 故先王案爲之制禮義以分之, 使有貴賤之等, 長幼之差, 知愚能不能之分, 皆使人載其事, 而各得其宜. 然後使穀祿多少厚薄之稱, 是夫群居和一之道也. 故仁人在上, 則農以力盡田, 賈以察盡財, 百工以巧盡械器. 士大夫以上至於公侯, 莫不以仁厚知能盡官職, 夫是之謂至平. 故或祿天下而不自以爲多, 或監門御旅, 抱關擊柝, 而不自以爲寡. 故曰: '斬而齊, 枉而順, 不同而一.' 夫是之謂人倫."

지어는 제후까지도 모두가 그 직분에 맞게 해야 될 업무가 있으며 제각기 그 특징이 있다. 농부가 체력을 바탕으로 농업생산에 종사하고, 상인이 민첩하고 날카로운 관찰력으로 장사를 하고, 수공업자가 손재주로 수공업 생산품을 제조하거나, 사대부나 제후 등이 어진 마음과 지혜로운 능력으로 정치를 담당하는 것처럼 각기 제 본분과 마땅히 책임져야할 영역이 있는 것이다.

순자의 관념은 예의禮義의 의의가 "귀하고 천한 등급이 있게 하고, 어른과 아이의 차별을 두게 하고, 지혜 있는 이와 어리석은 자와 능력 있고 능력 없는 사람의 분별을 마련했다. 언제나 사람들로 하여금 그들의 일을 맡아 하게 함으로써 각기 그에게 합당한 일을 갖게 하셨다. 그런 뒤에야 녹봉으로 받는 곡식이 많고 적고 두텁고 엷은 균형이 있게 되었다."에 있다고 설명하는데 있다. 즉 모든 개인은 인간관계나 직무관계를 불문하고 모두 일정한 직위를 가지게 되는데, 이러한 일정한 직위는 반드시 그에 상응하는 보수가 주어져야만 한다는 것이다.[17] 구체적인 사례를 들자면 관문지기를 하거나 야경꾼에 종사하거나를 불문하고 모두 그 직위에 상응하는 보수를 받는데 있어서 직위보다 더 많이 받거나 적게 받아서도 안 된다는 것이다. 이러한 것이 바로 예치禮治 사회 안에서의 진정한 평등이며 모든 개인은 자신의 영역 안에서 자신의 능력과 소질에 따라 직업을 가질 수 있다는 것이다.

---

17) 周群振, 『荀子思想研究』, 臺北, 文津出版社, 1987년, 177쪽 참조.

5. 맺는 말

이상과 같이 순자의 경제사상에 대하여 형평성 있는 조세정책과 유능한 인재의 등용 및 합리적인 직업시스템의 확립을 중심으로 다음과 같이 살펴보았다.

순자는 조세정책이란 백성들에 대한 관용과 사랑을 기초로 수립해야 하는 것이며, 그 목적은 백성들의 삶을 부유하게 만들어 사회를 안정시키는데 있는 것이라고 주장했다. 그렇기 때문에 만일 백성들의 국가에 대한 세금납부가 부담이 되지 않게 된다면 백성들의 삶은 안정적이게 될 뿐만 아니라, 그들이 재화에 여유가 생겨 그러한 잉여재화를 경제활동에 사용하게 된다면, 결국에는 그것이 국가 경제발전을 촉진시키게 되는 작용을 하게 된다고 주장했다. 그러므로 순자에게 있어서의 합리적인 조세정책은 백성들의 재화를 수탈하지 말고 세금을 가볍게 부과하여 재화의 근원을 보장할 수 있게 하는 것을 고려해만 하는 것이었으며, 또한 정부는 확보된 세수를 국가운영의 적시적소에 사용하여 낭비하지 않는 것이었다.

순자는 군주 자신이 국가의 모든 정무를 관장할 필요가 없이 유능한 인재들을 적절하게 운용하여 정부의 업무를 관장하게 한다면 효과적으로 국가를 통치할 수 있을 것이라고 했다. 순자가 생각한 유능한 인재에는 상급 중급 하급의 세 종류가 있었는데, 하급은 일선 현장에서 직접적으로 세금을 거둬들이는 관리들이 이러한 인재에 해당 되며, 이러한 관리들은 재무관련 업무를 충분하게 숙지하고 있어야 한다고 했다. 중급은 사대부로서 이들은 법을 존중하고 직분을 공경히 지켜서 법률이나 제도의 제정 목적을 명확하게 숙지하고 있으며, 하급관리들에 대한 관리감독 뿐만 아니라 하급관리들이 경솔한 행동을 하지 못하도록 단속하기도 하며 그들을 교화시키는 역할도 담당 한다고 했다. 상급은 재상이나 군주를 보좌하는 인재들로서, 이들은 비록 군주의 도를 행할 수는 없으나 통치 능력은 가볍게 볼 수 없을 정도라고 하였다. 순자는 이러한 세 종류의 인재를 선별하는 원칙에서 가장 중요한 것은 인재들의 덕성이 주가 되어야 한다는 것이며, 가장 근본적인 원칙은 군주가 유능한 인재를 선임할 수 있는 능력을 가졌는지의 여부였다고 했다.

순자가 생각한 사회의 기본적인 체제조직 방식은 위로는 군주와 재상이 있고 아래로는 농민백성들이 있으며 이들 사이의 매개자로서 지방관들이 있는 것이었다. 순자는 "온 천하가 모두 풍족해지는 도리는 사람들 사이의 분계를 분명히 하는 데 있다."라고 하는 언급을 통하여 사람들이 자신의 위치에서 맡은 바의 직무를 이행하며 서로가 월권을 하지 않아야 한다고 주장하는데, 이는 예의禮義의 함의를 담고 있는 것이었다. 또한 순자는 예禮의 입장에서서 사람들 사이에서 신중하게 지켜야할 본분은 마찬가지로 직업들 사이에서도 신중하게 직분을 지켜야한다고 했다. 이는 물론 농부나 상인 수공업 종사자 및 사대부 심지어는 제후까지도 모두가 그 직분에 맞게 해야 될 업무가 있으며 제 각기 그 특징이 있다는 의미이다. 즉 농부가 체력을 바탕으로 농업생산에 종사하고, 상인이 기민한 관찰력으로 물류의 흐름을 파악하여 장사를 하고, 수공업자가 손재주로 수공업 생산품을 제조하거나, 사대부나 제후 등이 어진 마음과 지혜로운 능력으로 정치를 담당하는 것처럼 각기 제 본분과 마땅히 책임져야할 영역이 있는 것이다.

참고문헌

王先謙, 『荀子集解』, 北京, 中華書局, 1992년.

王忠林, 『荀子讀本』, 臺北, 三民書局, 1996년.

韓愈, 『韓昌黎全集』, 北京, 中國書店, 1991년.

韋政通, 『荀子與古代哲學』, 臺北, 臺灣商務印書館, 1992년.

周群振, 『荀子思想研究』, 臺北, 文津出版社, 1987년.

魏元珪, 『荀子哲學思想』, 臺北, 谷風出版社, 1987년.

胡寄窗, 『中國經濟思想史』, 上海, 上海人民出版社, 1978년.

趙靖, 『中國經濟管理思想史教程』, 北京, 北京大學出版社, 1993년.

趙靖, 『中國經濟思想通史』, 北京, 北京大學出版社, 1996년.

제7장
정치론

1. 시작하는 말

순자는 전국시대 말기의 사회문제 해결과 사회적 환경의 개선 및 사회의 발전을 견인할 수 있는 유일한 방법으로 정치적 조치를 들었다. 순자는 사회와 정치가 서로 영향을 주는 관계에 있는 것으로 보았기 때문에, 순자의 정치사상은 고대 중국의 정치사회학[1] 이론의 한 실마리라고 볼 수 있다.

순자가 세운 이론체계는 이성적 사유와 경험적 검증을 동시에 중시하는 것으로 목적과 수단이 하나로 녹아져 있기 때문에 그가 논의한 정치는 이론과 실천이 서로 대칭되어 있으며 이상과 실용이 함께 병행되어 있는 것이라고 할 수 있다. 그렇기 때문에 순자의 정치사상 속

1) 沙亦群, 『意識形態與社會變遷』, 臺北, 巨流圖書公司, 1983년, 120~121쪽 참조.

에는 유가와 법가의 사상이 하나로 관통되어져 있다고 할 수 있는 것이다.

순자는 먼저 국가의 기원을 현실적인 필요에 의해서 발생한 것으로 보는 한편 국가를 인간 사회가 발전함에 따라 나타나는 고도의 정치적 조직이라고 강조했다. 또한 이러한 정치조직의 실제적인 조처는 인력자원을 효율적으로 이용하여 경제적 이익을 합리적으로 분배하며 사회질서를 확실하게 제어하여 정치와 사회의 상호작용의 효과를 극대화시킴으로써 천하를 안정화 시킨다고 하는 이상을 완수하는 것에 있다고 할 수 있다.

그렇기 때문에 순자는 이러한 정치조직을 이끄는 군주가 올바른 도리에 의거해서 정치를 펼쳐나갈 것을 요구한다. 즉 군주가 수신을 바탕으로 국가를 통치하고, 국가의 이익을 증대하는 한편 손해를 최대한으로 줄여서 백성들 개개인이 충분하게 삶을 영위할 수 있도록 만들어 천하를 안정시켜야 한다는 것이다. 만약 그렇지 않다면 백성들은 '도'가 있는 군주를 선택하여 그에게 귀의할 권리가 있으며, 올바른 도리의 지극한 이치를 분명하게 드러냄으로써 군주를 제어해야 한다고 했다. 그러므로 순자의 사상체계 속에는 비록 혁명의 의미가 담겨져 있기는 하지만, 그 요지는 올바른 도리의 이치를 명확하게 드러내는 것에 있는 것으로 이를 통하여 군주와 백성들 상호작용 관계를 조화롭게 하는 것이 주된 목적이라고 할 수 있다. 즉 군주는 백성을 아끼고 사랑하며 백성들은 군주를 공경하여, 이를 서로가 위배하지 않을 때 '인도人道'의 지극함을 이룩하게 되는 것이다.

순자는 군주가 독재정치를 해서는 안 되고 반드시 신하와 관리들의 보좌를 받아야 만이 통치과업을 완성할 수 있다고 보았기 때문에 관료정치 시스템을 명확하게 계획했다.[2] 즉 순자는 정치조직의 구조적 분화와 업무분화를 기획함으로써 정치운용의 행정적 효율을 제고시키는 것을 통하여 정치이상의 실천적 조치를 실현하고자 했던 것이다.

순자는 만일 성왕에 의한 통치가 분명하게 실천된다면 군주의 자리가 세습되지 않을 것이라고 하는 한편 선양을 기대할 필요도 없다고 했다. 그는 다만 백성들의 마음이 귀의하게 되는 현명한 군주가 천자의 지위를 계승하여 그 통치의 대업을 이어갈 때 혼란은 종식된다고 보았다. 또한 순자는 만일 군대를 일으켜 서로가 분쟁을 일삼는 자들이 발생할 경우, 현명한 군주는 반드시 '인의仁義'의 덕을 근본으로 하여 백성들을 아끼고 사랑하는 마음으로 폭력과 온갖 해악을 금지시켜 성왕의 도를 유지발전 시킴으로써 백성들의 평안을 도모한다고 했다.

이러한 성왕의 도는 예의와 법도의 제정에 있는 것이라고 할 수 있는데, 예의와 법도라는 것은 성인의 사고가 누적되어 형성되고 그 시스템이 완성되어진 세상을 통치하는 이치이자 백성들을 평안하게 만드는 제도라고 할 수 있다. 이 가운데 예의라는 것은 통치의 시작이며, 법도라는 것은 통치의 과정이라고 할 수 있으며 군자는 그러한 통치의 중심이라고 할 수 있는 것이다. 법도는 예의에서 기원하는 것이고, 예의는 군자에게서 기원하는 것이라고 할 수 있다. 이와 같은 세 가지가 상호 영향을 주고받는 보완 관계에 있는 것으로, 그러한 관계가 안정적일 때는 타당성을 얻게 되고 실천에 있어서도 실효를 거둘 수 있게 되어 결국은 순자가 언급한 '천생인성天生人成'의 요지에도 부합하는 것이라고 할 수 있다.

---

2) 陳鴻瑜, 『政治發展理論』, 西寧, 青海教育出版社, 1995년, 201쪽 참조.

이상과 같은 순자의 정치사상에 대하여 본문에서는 국가의 기원과 관료정치체제와 성왕의 통치 및 예의법도의 제정을 중심으로 살펴보았다.

2. 국가의 기원

국가의 형성은 사회발전의 필연적인 결과물이라고 할 수 있다.[3] 사회의 형성은 사람들이 삶의 만족을 얻기 위한 방편을 기반으로 하는 것이기 때문에, 사람과 사람 사이의 상호이익의 충돌을 조정하며 또한 사람들을 통솔하여 그들의 능력을 효율적으로 운영하는 것은 국가조직의 정치체제만이 그렇게 할 수 있는 것이다.

> 만물이 같은 우주 안에 있으면서도 형체가 서로 다르고, 사람들에게 특별한 뜻은 없으면서도 사람을 위해 쓰일 곳이 있는 것은 법도이다. 인류가 모두 함께 생활하면서 욕구는 같은데도 그것을 추구하는 방법이 다르고, 욕망이 같은데도 그것에 대한 지혜는 서로 다른 것은 본성이다. 모두가 괜찮다고 인정하는 점에서는 지혜 있는 사람과 어리석은 자가 같지만, 괜찮다고 인정하는 대상이 달라 지혜 있는 사람과 어리석은 자가 갈라진다. 사회적인 지위는 서로 같은데도 지혜는 서로 차이가 나며, 사사로운 이익을 추구하는데도 재난을 당하지 않고, 욕심껏 멋대로 행동하는데도 궁지에 몰리지 않는다면, 곧 민심은 분격하여 서로 다투게 되어 그들을 열복시킬 수가 없다.……신하들을 통제할 군주가 없다면, 아랫사람들을 통제할 윗사람도 없다. 천하의 폐해는 욕심을 마음대로 부리는 데서 생겨난다. 사람들이 바라는 것과 싫어하는 대상은 같은데,

3) 朱岑樓, 『社會學』, 貴陽, 貴州人民出版社, 1997년, 91쪽 참조.

> 바라는 것은 많고 그 대상은 적은 것이 실정이다. 그 대상이 적으면 반드시 서로 다투게 된다.[4)]

인성의 욕구를 절제하기 위해서는 충분하게 재화를 공급해줘야 하며, 백성들이 삶을 영위하는데 필요한 것들을 적절하게 분할하기 위해서 국가조직의 정치체제가 성립된 것이다.[5)]

> 천하의 땅을 헤아려 제후들의 나라를 세워 주고, 나라의 이익을 헤아려 백성들을 양육하며, 사람들의 능력을 헤아려 할 일을 맡기는 것이다. 사람들이 틀림없이 맡은 일을 잘해 내게 되면, 그들이 하는 일은 반드시 이익을 가져오고, 그 이익이 백성들이 살아가는 데 충분하면 모든 사람들이 입고 먹고 여러 가지 일에 쓰는 데에 지출과 수입의 균형이 잡혀, 반드시 남는 것이 있으면 그때마다 저장하게 될 것이다. 이것을 잘 어울리게 하는 술수라 일컫는다.[6)]

위의 인용문에서와 같이 볼 수 있듯이, 순자의 관점 속에서는 국가란 필요한 정치체제로서 백성들의 삶을 영위시켜주고 평안함을 유지시켜주는 것이 그 주된 임무라는 사실을 알 수 있다. 이러한 국가의 성립에는 반드시 그것에 필요한 기본 요건이 충족되어야 한다.

---

4) 『荀子』, 「富國」, "萬物同宇而異體, 無宜而有用爲人, 數也. 人倫並處, 同求而異道, 同欲而異知, 生也. 皆有可也, 知愚同; 所可異也, 知愚分. 埶同而知異, 行私而無禍, 縱欲而不窮, 則民心奮而不可說也.……無君以制臣, 無上以制下, 天下害生縱欲. 欲惡同物, 欲多而物寡, 寡則必爭矣."

5) 朱岑樓, 『社會學』, 貴陽, 貴州人民出版社, 1997년, 97쪽 참조.

6) 『荀子』, 「富國」, "量地而立國, 計利而畜民, 度人力而授事, 使民必勝事, 事必出利, 利足以生民, 皆使衣食百用出入相揜, 必時臧餘, 謂之稱數."

> 토지가 없다면 사람들이 편안히 살지 못한다. 사람들이 없다면 땅을 지키지 못한다. 도와 법이 없다면 사람들이 모여들지 않고, 군자가 없다면 도가 행해지지 않는다. 그러므로 토지와 사람과 도와 법이라는 것은 나라가 이루어지는 근본이다.[7)]

순자는 토지와 백성 및 도와 법 등의 네 가지를 국가 성립의 기본 요건으로 보았다. 국가는 사회발전의 고차원적인 문화현상이라고 할 수 있는데, 이는 반드시 백성들이 그것의 건립을 요구하는 주체가 되어야만 하는 것이다. 또한 백성들의 생활은 반드시 토지의 이용에 의해서만이 유지되는 것이며, 백성들의 평안한 삶은 도와 법률의 시행에 의해서만이 그 효과를 볼 수 있는 것이다. 그렇기 때문에 토지와 백성이 있으면 곧 국가가 성립되고, 도와 법률이 있으면 국가는 다스려지게 되는 것이다. 토지라는 것은 백성들의 삶의 근본이 되고, 도라는 것은 법률의 근원이 되는 것이다. 그러므로 국가가 힘써야 할 것은 바로 토지를 이용하여 백성들의 삶을 영위시켜 주고 도를 세워서 법률을 제정해야 하는 것에 있는 것이다. 그렇기 때문에 국가를 안정적으로 다스리기 위해서는 군주의 통치력 및 도와 법률의 시행이 그것의 성패여부를 결정짓는 관건의 소재가 되는 것이다.

> 국가란 천하의 제도로서 이로운 공구이고, 군주란 천하의 이로운 권세이다. 올바른 도를 따라 이것을 유지해 나가면 크게 안락할 것이고, 크게 영화로울 것이며, 아름다운 명성이 쌓이는 근원이 된다. 올바른 도를 따르지 않고 이것을 유지하면 크게 위태로워지고 큰 위해가 가해지

---

7) 『荀子』, 「致士」, "無土則人不安居, 無人則土不守, 無道法則人不至, 無君子則道不擧. 故土之與人也, 道之與法也者, 國家之本作也."

며, 그것이 있음은 없는 것만도 못하게 되어, 궁극에 가서는 평범한 남자가 되려고 하더라도 때가 늦을 것이다. 제나라 민왕과 송나라 헌왕이 그러한 군주다. 그러므로 군주란 천하의 이로운 권세이지만 스스로 안락하게 지내지 못하기도 하는 것이다. 군주자리에서 안락하게 지내는 사람은 반드시 올바른 도를 지킨 사람이다.[8)]

그렇기 때문에 군주의 도가 되는 것은, 바로 "도를 닦고 의로움을 행하며, 온 천하 사람들에게 다 같이 해로운 일은 없애 준다."[9)]에 있는 것이다. 이러한 도를 바탕으로 국가를 통치하고 백성들을 평안하게 한다는 실질적인 목적을 달성할 수 있는 것이며 더나가 천하를 평안하게 만들 수 있는 대업을 완수할 수 있게 되는 것이다.

순자는 군주를 국가의 주인으로 보고 백성들을 국가의 근본으로 보았다. 그래서 그는 "하늘이 백성들을 낳은 것은 군주를 위한 것이 아니며, 하늘이 군주를 옹립한 것은 백성들을 위한 것이다."[10)]라고 언급했던 것이다. 그렇기 때문에 군주의 통치행위는 반드시 백성들이 필요로 하는 것에 도움이 될 수 있는 것이어야 하며, 백성들의 안정적인 삶은 국가통치의 가장 중요한 책무가 되는 것이다.

그렇기 때문에 옛날에 땅을 나누어 여러 나라를 세운 것은 그것으로 제후들을 존귀하게 하려던 것은 아니며, 여러 관직을 두고 작위와 녹봉

---

8) 『荀子』, 「王霸」, "國者, 天下之制利用也; 人主者, 天下之利勢也. 得道以持之, 則大安也, 大榮也, 積美之源也. 不得道以持之, 則大危也, 大累也, 有之不如無之; 及其綦也, 索爲匹夫不可得也, 齊湣宋獻是也. 故人主天下之利埶也, 然而不能自安也, 安之者必將道也."

9) 『荀子』, 「正論」, "修其道, 行其義, 興天下之同利, 除天下之同害."

10) 『荀子』, 「大略」, "天之生民, 非爲君也; 天之立君, 以爲民也."

의 차별을 둔 것은 그것으로 대부들을 높여 주려한 것만은 아니다.[11)]

국가의 건국과 정치체제의 형성의 근본적인 의미는 모두가 백성을 위해서인 것이다. 그러므로 순자에게 있어서의 국가 성립의 필요성은 백성들 공동의 복지를 위해서 요청된 것이며, 국가의 정치시스템의 효과적인 운용은 경제적 이익과 합리적인 분배를 수반하게 된다. 또한 이러한 정치체제의 지도자인 군주는 앞서 언급한 조건들을 바탕으로 백성들을 교화하고 삶을 보장한다고 하는 국가통치의 소임을 다함으로써 국가사회의 장기적인 안정을 확보해야만 하는 것이다.

이상과 같이 볼 때 순자의 시야에 있어서의 국가는 인류사회의 발전과정 가운데 필요한 존재로 고차원적인 문화현상으로서, 인적자원을 효율적으로 이용하여 그에 수반되는 경제적 이익의 합리적인 분배를 통하여 사회질서를 확실하게 제어하여 결국에는 천하를 안정되게 만들어주는 역할을 하는 것이라고 할 수 있는 것이다.

3. 관료정치체제

춘추전국시대는 봉건제도가 이미 와해되어가고 있는 시기임과 동시에 관료정치체제가 점진적으로 형성되어 가고 있는 시기였다.[12)] 순자는 이러한 관료정치체제의 발전을 심도 있게 인지하고 있었다. 그는

---

11) 『荀子』, 「大略」, "故古者, 列地建國, 非以貴諸侯而已; 列官職, 差爵祿, 非以尊大夫而已."

12) 黃俊傑, 『春秋戰國時代尙賢政治的理論與實際』, 臺北, 問學出版社, 1977년, 29쪽 참조.

당시 사회에 형성되어 유행하기 시작한 정치적 분업시스템은 필연적 추세라고 생각하는 한편 그러한 시스템이 행정적 효율을 제고시키는 데에 있어서 꼭 필요한 조치임을 깊이 인식하고 있었다.

순자는 관료정치체제가 가장 커다란 효과를 발휘할 수 있는 방법으로는 현명하고 유능한 사람이 그에 걸 맞는 지위에 있어야 하는 것으로 생각했다. 그러므로 순자의 현명한 사람을 숭상하고 능력 있는 사람을 등용한다는 언급의 의미는 관료정치체제의 필요성에 대한 입론의 근거와 상응하는 것이라고 할 수 있다. 또한 순자는 사람들이 각자가 지니고 있는 재질이 차이가 있다고 보아서 인재를 적재적소에 배치하여 운용한다고 하는 관념을 관직임명의 참고 기준으로 삼았다. 또한 순자는 비록 주나라의 제도를 정치체제의 근간으로 삼기는 했지만, 서주에서 시행되었던 관직세습제도에 대해서는 분명하게 반대 했다. 그리고 그는 모든 관직은 정확한 검증을 거쳐서 승진시키거나 강등을 시키거나 혹은 해임시킬 것을 정해야함을 강조함으로써 정치체제에 새로운 활력과 실제적인 효과를 발휘시킬 수 있도록 해야 한다고 했다.

> 그들은 사람을 고르는 데 도가 있었고, 사람을 등용하는 데 법이 있었다. 사람을 고르는 도란 예의로써 그를 따져 보는 것이고, 사람을 등용하는 법이란 사회 계급으로써 그의 직위를 한정하는 것이다. 그들이 의로움을 행하는 거동을 예의를 바탕으로 헤아리고, 그들의 지혜와 생각으로 일을 처리하는 능력을 이루어 놓은 성과를 참조하여 평가하고, 그들이 오랜 세월 쌓아 놓은 성과를 참조하여 평가하고, 그들이 오랜 세월 쌓아 놓은 업적은 공적을 근거로 하여 평가한다. 그러므로 신분이 낮은 자가 신분이 높은 사람 위에 군림할 수가 없고, 직분이 가벼운 사람이 직분이 무거운 사람을 비판할 수가 없으며, 어리석은 자가 지혜 있는 사

람의 생각을 아는 체할 수가 없었다. 그렇기 때문에 만 가지 일을 해도 한 번의 잘못도 없었다. 그러므로 기용할 사람을 예의로써 평가하여 그가 공경한 몸가짐으로 편안할 수 있는가를 살펴보며, 그와 더불어 여러 가지 일을 해보고 행동을 해보아 그가 여러 가지 변화에 잘 대응할 수 있는가를 살펴보며, 그와 함께 놀고 잔치를 벌이면서 그가 지나친 즐김에 빠지지 않는가를 살펴보며, 그를 음악과 여자, 권세와 이익, 분한 일과 노여운 일, 환난과 위험 등을 체험하게 하여 그가 지켜야 할 절조를 잃지 않는가를 살펴보는 것이다. 그들이 진실로 그러한 것들을 몸에 지니고 있는가와 그들이 진실로 그러한 것들을 지니고 있지 않은가를 흰 것과 검은 것을 구별하듯 알 수 있는 것이니, 잘못 판단할 수가 있겠는가? 그러므로 백락은 말에 관한 일로 속일 수가 없고, 군자는 사람을 판단하는 일로 속일 수가 없는 것이다. 이것이 명철한 군주의 도이다.[13)]

그렇기 때문에 현명한 군주는 덕을 인재등용의 기준으로 삼고 예의 법도를 사람들을 제어하는 근거로 삼아서, 덕이 있는 사람에게 직위를 주고 능력이 있는 사람을 관리로 등용하여 정치적 분업시스템을 효율적으로 운용했던 것이다.

그러므로 명철한 군주는 사람들의 덕을 판단해 벼슬자리에 차례대로 앉힌다. 이것이 어지러워지지 않는 이유이다. 충성된 신하는 진실로 능

13) 『荀子』, 「君道」, “其取人有道, 其用人有法. 取人之道, 參之以禮; 用人之法, 禁之以等. 行義動靜, 度之以禮; 知慮取舍, 稽之以成; 日月積久, 校之以功, 故卑不得以臨尊, 輕不得以縣重, 愚不得以謀知, 是以萬舉而不過也. 故校之以禮, 而觀其能安敬也; 與之舉措遷移, 而觀其能應變也; 與之安燕, 而觀其能無流慆也; 接之以聲色, 權利忿怒患險, 而觀其能無離守也. 彼誠有之者, 與誠無之者, 若白黑然, 可詘邪哉! 故伯樂不可欺以馬, 而君子不可欺以人, 此明王之道也.”

력이 있어야만 감히 내리는 직위를 받는다. 이것이 직무를 수행할 때 궁지로 몰리는 일이 없는 이유이다. 위로는 신분의 서열이 어지럽지 않고, 아래로는 직무 수행 능력이 궁지에 몰리는 일이 없게 되니, 이것이 정치의 극치이다.14)

이처럼 순자는 관리의 도에 대하여 언급할 때, 현명한 이를 숭상하고 능력이 있는 사람을 우선적으로 등용할 것을 주장했으며, 아울러 그에 수반 되는 효과는 뒤로 미룰 것을 강조했다. 또한 그는 덕이 있는 사람에게 직위를 주고 능력이 있는 사람을 등용함으로써 관료정치체제의 가장 큰 효과를 기대할 수 있다고도 했다. 또한 순자는 관료정치체제의 행정시스템을 효율적으로 운용하기 위해서는 행정업무에 밝은 지식인을 기용해야 만이 그 효과를 볼 수 있다고 했다. 그렇기 때문에 순자는 선비의 공적을 숭상했던 것이다.

선비란 옛 군주들을 본받고 예의를 존중하며, 신하나 자식들에 대해서는 삼가게 하고 그의 윗사람에 대해서는 매우 존경하도록 하는 사람들입니다. 군주가 그를 등용하면 곧 조정의 직위를 따라 모든 일을 합당하게 할 것이며, 등용치 않으면 물러나 백성들 틈에 끼어 성실히 지내 반드시 순종할 것입니다. 비록 곤궁해 헐벗고 굶주린다 하더라도 절대로 사악한 길에 들어서서 탐욕해지지 않을 것이며, 송곳을 꽂을 만큼의 땅도 가지고 있지 않다 하더라도 국가를 지탱하는 대의에는 밝습니다. 소리쳐 불러도 아무도 응해 주지 않는 위치에 있다 하더라도 만물을 풍부하게 하고 백성들을 기르는 법에는 통달해 있습니다. 권세를 잡아 남의 위에 서면 군주가 될 재목이고, 남의 아래에 있으면 국가의 신하이며

14) 『荀子』, 「儒效」, "故明主譎德而序位, 所以爲不亂也; 忠臣誠能然後敢受職, 所以爲不窮也. 分不亂於上, 能不窮於下, 治辯之極也."

군주의 보배가 될 인재들입니다.[15]

그러나 순자가 비록 선비를 국가통치와 민생안정에 효율적인 존재로 매우 중시했지만, 선비들 개개인의 유능함과 무능함 및 이상적임과 세속적임의 현실적인 차이에 대해서는 간과했다. 그러므로 현명한 군주는 인재를 구별할 수 있는 명철함으로 능력 있는 선비를 선택하여 등용해야 만이 비로소 자신의 정치이상을 실현할 수 있게 되어 천하를 안정시킬 수 있게 되는 것이다.

순자의 관료정치체제를 세밀하게 관찰하면 관료들 가운데 재상의 지위가 가장 높았으며 직책 역시 가장 막중했다고 하는 점을 발견할 수 있다. 군주는 관료정치체제를 통하여 자신의 국가통치 이념을 관철시키고자 했기 때문에 매우 신중하게 재상을 선택하여 자신을 보좌토록 했던 것이다.

> 군주는 홀로 나라를 다스릴 수 없다고 하는 것이다. 재상과 보좌하는 사람들은 군주에게는 들메끈이나 지팡이 같은 것이다. 그것은 서둘러 갖추지 않으면 안 되는 것이다. 본래 군주란 반드시 일을 맡길 만한 재상이나 보좌하는 사람들이 있어야만 한다.[16]

---

15) 『荀子』, 「儒效」, "儒者法先王, 隆禮義, 謹乎臣子而致貴其上者也. 人主用之, 則埶在本朝而宜; 不用, 則退編百姓而愨; 必爲順下矣. 雖窮困凍餧, 必不以邪道爲貪. 無置錐之地, 而明於持社稷之大義. 嗚呼而莫之能應, 然而通乎財萬物, 養百姓之經紀. 埶在人上, 則王公之材也; 在人下, 則社稷之臣, 國君之寶也."

16) 『荀子』, 「君道」, "人主不可以獨也. 卿相輔佐, 人主之基杖也, 不可不早具也. 故人主必將有卿相輔佐足任者, 然後可."

순자가 언급한 관료정치체제는 현대사회의 내각책임제와 매우 유사한 경향을 보이고 있다. 그러므로 군주는 재상에게 명령을 내리고 그것이 시행되는지를 살펴보아서 정책을 결정하는 것이다. 이처럼 국가통치가 원활하게 이루어지면 군주는 안정적이고 순조롭게 권세를 누릴 수가 있게 되는 것이다. 또한 순자는 군주가 재상을 등용할 때는 반드시 명분과 실리에 부합하게 해야 만이 자신이 편안하고 국가를 제대로 통치할 수 있게 되어 공적과 명성을 누릴 수 있다고 했다.

> 한 사람의 재상을 검토하고 골라서 모든 일들을 아울러 통솔케 하고, 신하들과 여러 관리들이 모두가 도에 뜻을 두어 올바른 방향으로 힘써 일하도록 하는 일이 바로 군주의 직무인 것이다. 그렇게만 되면 천하를 통일하여 요임금이나 우임금과 같은 명성을 얻게 될 것이다. 이런 군주는 스스로 지키는 것이 간략하면서도 자세한 일까지 영향을 미치고, 하는 일은 지극히 편안하면서도 큰 공적을 올리게 될 것이다. 옷자락을 늘어뜨린 채 편한 자세로 앉아 있는 자리에서 내려오지 않고 편히 있어도 온 세상 사람들 모두가 그를 자기네 제왕으로 모시고 싶어 할 것이다. 이러한 것을 두고 지극히 간략하면서도 즐거움은 이보다 더 클 수가 없다고 하는 것이다.[17]

그렇기 때문에 군주는 공적인 일을 처리할 때나 사적인 일을 처리할 때를 막론하고 신중하게 재상을 등용시켜서 모든 관료들을 통솔하게 하고 도를 준수하여 제도를 정비하게 하면, 이로 인하여 신하를 비롯

---

17) 『荀子』, 「王霸」, "若夫論一相以兼率之, 使臣下百吏莫不宿道鄉方而務, 是夫人主之職也. 若是則一天下, 名配堯禹. 之主者, 守至約而詳, 事至佚而功, 垂衣裳, 不下簟席之上, 而海內之人莫不願得以爲帝王. 夫是之謂至約, 樂莫大焉."

한 모든 백성들이 안정된 삶을 누리게 되어 천하는 제대로 통치될 수 있게 되는 것이다.

순자가 주장한 현명한 사람을 숭상하고 유능한 인재를 등용시킨다고 하는 것은 관료정치체제의 필요에 적극 부응하는 것으로, 군주의 "구분을 분명하게 하고 무리지어 살게 한다."고 하는 지혜를 드러내게 함으로써 그가 국가통치의 도를 이룰 수 있게 하는 첩경이 된다고 할 수 있는 것이다. 그렇기 때문에 성왕의 도는 관료정치체제를 기반으로 하여 정치를 펼쳐나가는 것으로 "구분을 분명하게 하고 무리지어 살게 한다."와 "현명한 사람을 숭상하고 유능한 인재를 등용시킨다."고 하는 시책에 잘 나타나 있으며, 이를 통하여 천하를 안정시킬 수 있는 효과를 낼 수 있게 되는 것이다.

4. 성왕의 통치

순자의 전체적인 정치체제의 청사진 가운데 관료조직은 행정을 집행 운용하는 행정력 분야에 속하는 것이라고 할 수 있고, 정치권력 분야에 대해서는 천자와 제후를 구분하는데 이는 서주의 정치조직시스템을 그대로 계승한 것으로서 제후를 한 국가의 군주로 보고 천자를 천하의 군주로 보았다. 제후 가운데 만일 예의를 숭상하고 현명한 사람을 존중할 수 있는 자가 있다면 이는 왕자王者가 될 것이고, 법률을 중시하고 백성을 아낄 수 있는 자는 패자霸者가 될 것이다. 패자는 신뢰를 바탕으로 세력을 얻는 반면 왕자는 의로움을 바탕으로 백성을 얻게 된다. 그러므로 왕자의 통치는 패자의 통치보다 훨씬 우월한 것이 되는 것으로, 백성들의 마음을 얻게 되는 것이기 때문에 천하의 왕 즉 천자가 되는 것이다.[18] 이처럼 순자의 정치론은 백성들에 대한 사랑을 기반으로 하여 제후들에게 백성의 마음을 얻는 자가 천하의 왕이 될 수 있다고 하는 관념을 일깨워줌으로써 자신의 정치이상의 실현을 기대하는 것에 그 주된 목적이 있었다고 할 수 있다.

순자가 군주의 도로부터 착수해서 정치이상을 실현하려고 했던 것은, 그 자신이 전국시대 말기라고 하는 혼란한 시기에 생존하면서 사회적 규범이 무너진 상황 속에 노출된 백성들이 자신의 본능적인 욕구에 이끌려 서로가 쟁탈과 분쟁을 통하여 자신의 이익만을 추구하는 현상을 직접적으로 목격했기 때문이다. 이러한 현상을 직접 목격한 순자는 군주의 존엄이 없고 정치적 제어장치가 없게 되면 백성들은 반드시 제멋대로 행동하게 되어 결국에는 천하에 질서가 사라지게 된다고 보았던 것이다.

> 그러므로 옛날에 성왕께서는 사람들의 본성이 악해 음험하고 편벽되어 바르지 못하며, 어지러이 사리를 어겨 다스리지 않는다고 생각했기 때문에 그들을 위해 군주의 권세를 세워서 이들 위에 군림하고, 예의를 밝혀 이들을 교화하고, 올바른 법도를 만들어 이들을 다스렸으며, 형벌을 무겁게 해 이들의 악한 행동을 금하였다. 그렇게 함으로써 온 세상이 모두 잘 다스려지도록 하고 선함으로 모이도록 한 것이다. 이것이 성왕의 다스림이며 예의의 교화이다.[19]

---

18) 韋政通, 『荀子與古代哲學』, 臺北, 臺灣商務印書館, 1985년, 113~115쪽 참조.

19) 『荀子』, 「性惡」, "故古者聖人以人之性惡, 以爲偏險而不正, 悖亂而不治, 故爲之立君上之埶以臨之, 明禮義以化之, 起法正以治之, 重刑罰以禁之, 使天

이와 같이 볼 때 순자 정치론의 기본구조는 바로 성왕의 통치를 숭상하는 것에 있는 것으로서, 예의의 교화를 핵심으로 삼고 법률과 형벌로 금지시키는 것을 보완점으로 삼아서 올바른 도리에 의해서 통치되는 사회를 만드는 것이 그의 정치이상이라고 할 수 있는 것이다. 그래서 순자는 "군주란 백성들의 근원이다. 근원이 맑으면 흐름도 맑고, 근원이 흐리면 흐름도 흐리다."[20]라고 하여, 군주가 된 자는 백성들이 삶을 영위하는데 필요한 것들을 관제하고 백성들의 행색을 잘 만들어야할 책임이 있는 사람이기 때문에 그가 백성들에게 끼치는 영향은 실로 지대하다고 할 수 있는 것이다. 그렇기 때문에 순자는 현명한 군주가 당연하게 해야 하는 것과 군주가 마땅히 해야 할 것을 강하게 천명했던 것이다.

> 군주란 무엇인가? 많은 사람들을 잘 돌보는 것을 말한다. 많은 사람들을 잘 돌본다는 것은 무엇을 말하는가? 사람들이 잘 살도록 양육하는 것이며, 사람들을 잘 다스리는 것이며, 사람들을 잘 등용하는 것이며, 사람들에게 제대로 신분에 맞는 옷을 입게 해주는 것이다.……수공업에 종사하는 사람과 상인은 줄이고 농부들을 늘리며, 도둑을 없애고 간사한 자들을 물리치는 것, 이것이 사람들을 잘 살도록 해주는 방법이다. 천자는 삼공을 두고 제후는 한 사람의 제후를 두며, 대부들은 관직을 차지하고 사士는 그 직무를 지키는데, 법도에 맞지 않고 공정하지 않은 것이 없도록 하는 것, 이것이 사람들을 잘 다스리는 방법이다. 덕이 있고 없음을 검토하여 서열을 결정하고, 능력을 헤아려 관직을 주어 모든 사람들로 하여금 그의 할 일을 수행하며 각각 모두가 그의 합당한 자리를 차지하게 하며, 가장 현명한 사람은 삼공의 자리를 맡게 하고, 그 다음

下皆出於治, 合於善也. 是聖王之治而禮義之化也."

20) 『荀子』, 「君道」, "君者, 民之原也. 原淸則流淸, 原濁則流濁."

> 으로 현명한 사람은 제후가 되게 하며, 하급의 현명한 사람들은 사대부가 되게 하는 것, 이것이 사람들을 잘 등용하는 것이다. 관과 옷은 여러 가지 무늬와 여러 가지 조각을 잘 정리하여 모두 차등이 있도록 하는 것, 이것이 사람들에게 제대로 신분에 맞는 옷을 입도록 해주는 것이다.[21]

순자는 이러한 네 가지의 정책을 현명한 군주가 당연히 펼쳐야할 시책 속에 이미 포함된 것으로 보아서, 만일 군주가 이러한 정책을 확실하게 실행할 수 있게 된다면 백성들의 마음은 그에게로 귀의하게 되어 천하의 왕이라고 불릴 수 있게 되는 것이라고 했다. 그러나 순자는 만일 군주가 현명한 지혜가 없어서 구분을 명확하게 하고 무리지어 살게 하지 못하고, 인덕仁德이 없어서 도를 수양하지 않고 의를 행하지 않는다면 천하를 지킬 수 없다고 하였다. 즉 천하를 안정되게 통치할 수 있는 기반을 갖춘 뒤에야 이를 오래토록 보전할 수 있게 된다는 것이다.

> 천하란 지극히 중대한 것이어서 지극히 강력한 사람이 아니면 그것을 책임질 수가 없다. 지극히 큰 것이어서 지극히 분별력 있는 사람이 아니면 그 분수를 따라 질서를 유지할 수가 없다. 지극히 많은 사람들이 있어 지극히 명철한 사람이 아니라면 그들을 화합시킬 수가 없다. 이 세

---

21) 『荀子』, 「君道」, "君者, 何也? 曰: 能群也. 能群也者, 何也? 曰: 善生養人者也, 善班治人者也, 善顯設人者也, 善藩飾人者也.……省工賈, 衆農夫, 禁盜賊, 除姦邪, 是所以生養之也. 天子三公, 諸侯一相, 大夫擅官, 士保職, 莫不法度而公, 是所以班治之也. 論德而定次, 量能而授官, 皆使人載其事, 而各得其所宜. 上賢使之爲三公, 次賢使之爲諸侯, 下賢使之爲士大夫, 是所以顯設之也. 修冠弁衣裳, 黼黻文章, 琱琢刻鏤, 皆有等差, 是所以藩飾之也."

> 가지 지극한 능력은 성인이 아니라면 다 갖출 수가 없다. 그러므로 성인이 아니라면 왕자王者가 될 수 없는 것이다.[22]

성인이라는 것은 인륜의 도리를 다 궁구할 수 있는 사람이며, 현명한 군주란 예의와 법도를 모두 제어할 수 있는 사람이다. 예의법도의 제정은 인륜의 도리에 근본을 두고 군주의 도는 인도人道의 지극함이 되는 것이다. 그리고 성인은 도를 두루 갖추고 완전한 아름다움을 지닌 사람이어서 천하를 저울질하듯 평화롭게 다스릴 사람인 것이다.[23] 그렇기 때문에 성인이 아닌 사람은 왕자王者가 될 수 없는 것이며, 천하 역시 성인의 도래를 통하여 완벽하게 다스려질 수 있게 되는 것이다. 그러나 과거에는 많은 성왕이 있었는데 현재의 군주는 마땅히 어떤 성인을 본받아야 하는 것인가? 라고 하는 의문이 제기 될 수 있다.

> 성왕이란 백 명도 넘는데, 우리는 누구를 법도로 삼아야 할 것인가? 문물은 오래 되면 없어지고, 음악의 절주(리듬)는 오래 가면 소멸되며, 법도를 지키는 관리들도 오래 예법을 추구하다 보면 지쳐서 해이해진다. 그러므로 성왕의 발자취를 보려 한다면 그 분명한 것을 보아야 할 것인데, 후세 임금이 바로 그분이다.[24]

순자에게 있어서 과거의 성왕들 가운데 가장 본받을 만한 인물은 바

---

22) 『荀子』, 「正論」, "天下者, 至重也, 非至彊莫之能任; 至大也, 非至辨莫之能分; 至衆也, 非至明莫之能和. 此三至者, 非聖人莫之能盡. 故非聖人莫之能王."

23) 『荀子』, 「正論」, "聖人備道全美者也, 是縣天下之權稱也."

24) 『荀子』, 「非相」, "聖王有百, 吾孰法焉? 曰: 文久而滅, 節族久而絶, 守法數之有司, 極禮而褫. 故曰: 欲觀聖王之跡, 則於其粲然者矣, 後王是也."

로 순임금과 우임금이었다.[25] 그러나 이들은 매우 오래전의 사람들이었기 때문에 그들이 만든 제도는 이미 다시는 볼 수 없어서 직접적으로 그들을 본받을 수는 없는 것이다. 그렇지만 순임금과 우임금의 후세 임금인 주나라의 문왕과 무왕은 주공의 보좌를 받아서 선왕이 수립한 제도의 요체인 예의법도를 새롭게 계승 발전시켜서 주나라 시기의 찬란한 태평성대를 열었던 것이다. 그러므로 당시의 군주는 주나라 시기의 성왕을 본받아 과거 성왕의 치세의 도리에 정통하게 됨으로써 그 역시 후세의 군주들이 배우고 본받아야 할 전범이 되는 것이다.

성왕의 통치는 예의법도로서 구분을 명확하게 규정짓고 현명한 사람을 숭상하고 능력 있는 인재를 등용하는 것에 있다. 그러므로 성왕이 재위에 있을 때는 국가는 제대로 통치되고 백성들은 안정적인 삶을 누리게 되고, 성왕이 돌아가시면 그 재위를 이어서 통치하는 사람은 반드시 성왕과 같은 사람이어야만 하는 것이다. 순자는 정권의 이양에 대하여 친족이나 혈연관계에 있는 사람에게 전해지는 것에 반대의 입장을 표명하였으며, 또한 선양과 같은 방식으로 정권이 이양되는 것에 대해서도 분명하게 반대했다.[26] 순자가 이러한 정권의 친족 이양과 선양에 대하여 반대한 까닭은 정치체제가 명확하게 구분되지 않고 정치교화 시행의 효과가 제대로 나타나지 않기 때문에 있다. 만일 정치체제의 구조가 명확하게 구분되고 그것의 운용이 합당하게 되면 정치교화의 시행이 실천적인 측면에 있어서 효과를 충분하게 나타낼 수 있게 된다. 이와 같은 정치와 교육이 상호 보완해가는 과정 속에서 성왕의 통치를 계승할 수 있는 현명한 군주가 양성되는 것이며, 백성들의 마

25) 『荀子』, 「非十二子」, "上則法舜禹之制."

26) 党晴梵, 『荀子研究』, 西安, 陝西人民出版社, 1953년, 139쪽 참조.

음을 얻어서 천자의 지위를 계승할 수 있게 되는 것이다.

순자는 정권의 이양에 대하여 언급할 경우에는 반드시 객관적인 판단을 근거로 해야 한다고 주장했다. 객관적인 판단은 정치적인 측면에 있어서는 예의법도에 의한 판단이 되는 것이다. 성왕이 예의법도를 제정하여 백성들을 통치한 것은 바로 예의법도를 지킴으로써 그 통치대업을 완성할 수 있기 때문이었다. 그렇기 때문에 성왕 역시 마땅히 예의법도의 공적인 의의에 편승하여 그 정권을 예의법도에 의해서 위대한 통치를 이룩할 수 있는 현명한 군주에게 이양함으로써 그가 천자의 직무를 계승하게 해야 한다는 것이다. 바꿔 말하자면, 천자와 제후로 구성된 권력 분산형 정치시스템 속에서 제후들 가운데 인의仁義를 실천할 수 있으며, 예의법도를 제정하여 그것을 준수해서 올바른 도리로 천하를 안정되게 통치할 수 있는 사람은, 자연히 백성들의 신뢰를 얻게 되어 천자로 받들어지게 될 수 있는 것이다. 그렇기 때문에 성왕은 스스로가 구하지 않아도 백성들이 자발적으로 현명한 군주를 받들어 옹립시킴으로써 그러한 성왕의 적통을 계승하게 해주는 것이다. 그러므로 순자는 비록 군주를 존중해야 한다고 하는 언급을 했지만, 그것에 담겨져 있는 실질적인 의미를 살펴보면 바로 민심의 향배로써 군주의 권위를 단정하고 있음을 알 수 있게 된다.

> 성왕께서 돌아가시고 권세와 지위를 가지고 있는 자손은 무능해 천하를 평화롭게 할 수 없어 천하에 군주가 없는 상태 일 때, 제후 중에 덕을 밝히고 위엄을 쌓아가는 이가 있게 된다면 세상의 백성들은 모두 그를 모셔다가 군주나 우두머리로 삼기를 원할 것이다.……천하가 그에게로 귀복하면 그를 왕자라 하고, 천하가 그에게서 떠나가면 그는 망할 자라고 한다.[27)]

성왕의 권위에 불복하여 군대를 일으켜 혼란을 야기 시키고자 하는 사람도 있지만, 왕자王者는 반드시 인의仁義덕을 근본으로 하여 백성을 아끼고 사랑하기 때문에 포악함을 막아 폐해를 없애 그들을 평정하는 것이다. 그렇기 때문에 왕자王者가 군대를 동원하는 것은 싸워서 빼앗으려는 것이 아니고, 모든 백성들의 안정된 삶을 유지시키기 위한 안보의 차원에서 동원하는 것으로 그의 정치이상을 전면적으로 실현하는 실천 방법론인 것이다.

5. 예의법도의 제정

순자는 후세의 왕을 본받는다고 하는 의미로부터 선왕이 예의법도를 제정하여 치세의 도리로 삼았다는 사실을 연역해 내고 있다. 이러한 치세의 도리는 성인의 사유가 쌓여서 만들어진 것이며, 예의법도가 귀결되는 곳이며 근본원리의 도를 터득한 것이 되는 것이다.

> 성인은 자기의 기준으로 일을 헤아린다. 본래 사람을 기준으로 사람을 헤아리고, 실정을 기준으로 실정을 헤아리며, 같은 종류를 기준으로 그 종류를 헤아리고, 논리를 기준으로 일들을 헤아리며, 도를 기준으로 모든 이치를 살피기 때문에, 옛날이나 지금이나 헤아리는 기준이 한결 같은 것이다. 사물의 종류가 어긋나지 않는 이상 비록 오랜 세월이 지나도 이치가 같은 것이다.[28]

---

27) 『荀子』, 「正論」, "聖王沒, 有埶籍者罷不足以縣天下, 天下無君; 諸侯有能德明威積, 海內之民莫不願得以爲君師.……天下歸之之謂王, 天下去之之謂亡."

28) 『荀子』, 「非相」, "聖人者, 以己度者也. 故以人度人, 以情度情, 以類度類, 以說度功, 以道觀盡, 古今一也. 類不悖, 雖久同理."

성인은 자신의 기준으로 헤아려 파악한 것으로써 근본원리의 도를 터득하는데, 그러한 근본원리의 도는 바로 예禮이다. 그래서 순자는 "예는 법도의 근본이며 여러 가지 일에 관한 규정이다."[29]라고 말한 것이다. 순자는 역대의 전장제도와 의식절차 그리고 법도들을 덜고 더하는 가운데 영원히 변치 않는 원리를 통괄하여 관통한 결과 선왕의 예禮가 바로 법도를 창조하는 원칙이며, 사물의 이치를 추리하는 기준이라는 사실을 도출해냈다. 이러한 예禮는 인문세계의 최고의 도덕규범이며 인간사회의 각종 사물들의 구체적인 규범이 되는 것으로 모든 이론을 통섭하고 일체의 행위의 법도가 되는 것이다.[30] 그러므로 선왕은 예禮에 의해서 의義를 실천했으며 법도를 수립하고 제도를 정비하여 태평성대를 이룩할 수 있었던 것이다. 그렇기 때문에 선왕의 도를 탐구하고자 한다면 인의仁義의 근본을 조사해야 하는데, 이는 예禮로부터 착수하는 것이 가장 정확한 방법이라고 할 수 있다.

> 여러 옛 임금들의 도는 후세 임금들의 도가 되기도 한다. 군자가 후세 임금들의 도를 잘 살핀 다음에 여러 옛 임금들의 전 일들에 대해 논한다면, 팔짱을 끼고 앉아 논의하는 것처럼 쉬운 일이 될 것이다. 예의의 기본 규범을 밀고 나가 옳고 그른 분별을 분명히 하고, 천하의 중요한 일들을 총괄해 세상 사람들을 다스린다면, 한 사람을 부리는 것처럼 쉬울 것이다. 그러므로 지키는 행동 규범이 간략할수록 하는 일은 더욱 위대해지는 것은, 다섯 치의 굽은 자를 가지고 온 천하의 네모꼴을 올바로 가늠할 수 있는 것과 같다.[31]

---

29) 『荀子』, 「勸學」, "禮者, 法之大分, 群類之綱紀也."

30) 李滌生, 『荀子集釋』, 臺北, 學生書局, 1986년, 12~13쪽 참조.

31) 『荀子』, 「不苟」, "百王之道, 後王是也. 君子審後王之道, 而論百王之前, 若

그러므로 군주는 성왕의 통치를 본받아 그 근본원리의 예禮를 밝혀서 변화의 상황에 대응할 수 있는 조치를 취함으로써 자신의 통치력을 상실하지 않아야만 하는 것이다.

> 예의는 국가를 다스리는 규범이며, 강하고 굳건해지는 근본이며, 위세를 펴는 길이며, 공적과 명성을 올리는 요체이다. 군주가 예의를 따르면 천하를 얻는 방법이 될 것이며, 예의를 따르지 않으면 나라를 망치는 근거가 될 것이다.[32]

그렇기 때문에 예禮는 국가를 세우는 최고의 준칙이 되는 것이다.

> 나라에 예의가 없으면 바르게 다스려지지 않으니, 예라는 것은 나라를 바르게 다스리는 근본이다. 그것은 마치 저울이 무겁고 가벼운 것을 가늠하는 근본이 되고, 먹줄이 곧고 굽은 것을 가늠하는 근본이 되며, 그림쇠와 굽은자가 네모와 동그라미를 가늠하는 근본이 되는 것과 같다. 이미 그런 근본이 놓여 있으니 사람이라면 아무도 그것을 속일 수가 없는 것이다.[33]

성왕은 예禮를 추종하고 의로움에 의거하여 실천함으로써, 예禮의 객관적 가치를 강화시키고 예禮의 정치적 입지를 더욱 공고히 하는 것이다. 예의가 정해진 뒤에는 어떻게 그것의 실제적인 효과를 나타나게

端拜而議. 推禮義之統, 分是非之分, 總天下之要, 治海內之衆, 若使一人. 故操彌約, 而事彌大. 五寸之矩, 盡天下之方也."

32) 『荀子』, 「議兵」, "禮者, 治辨之極也, 强固之本也, 威行之道也, 功名之總也. 王公由之所以得天下也, 不由所以隕社稷也."

33) 『荀子』, 「王覇」, "國無禮則不正. 禮之所以正國也, 譬之猶衡之於輕重也, 猶繩墨之於曲直也, 猶規矩之於方圓也, 旣錯之而人莫之能誣也."

할 수 있는 것일까? 성왕은 법률제도를 건립하여 합리적인 예의의 관리를 통한 합법적인 법률제도를 이룩함으로써 예의를 실행하는데 있어서 미진한 부분을 보완하려 했다. 또한 이를 통하여 예의교화의 실제적인 효과를 공고히 했다. 예禮라고 하는 것은 인간의 내재적인 도덕의 기준을 만들어서 선한 덕성을 드러나게 하고 악한 생각을 금지시킨다. 법도라고 하는 것은 인간의 외재적인 행동거지의 근거를 만듦으로써 선한 의지를 더욱 굳건하게 만들고 악행을 제어한다. 순자는 선악의 분별을 언급할 때, 인간사회의 사람들 상호간에 영향을 주는 관계위에서 구분을 했다. 그렇기 때문에 예의법도의 시행은 인간사회의 현실적인 삶을 염두에 두고 만든 규범적 제약으로서 예의를 내적인 것으로 하고 법률제도를 외적인 것으로 한 것이다.

성인이 예의를 건립하고 법률을 제정한 것은 예禮를 법을 실행하는 근본으로 삼고, 법을 예의에 의한 통치를 보완하는 수단으로 삼기 위해서였다. 그러므로 법의 의의는 예禮를 밝히는 것에 있고, 법의 장점은 예禮를 지키는 것에 있기 때문에 법이 없으면 그것은 예禮가 아닌 것이다. 또한 법의 의의를 알 수 있고 그것의 장점을 실행할 수 있어서 돌발 상황에 대응함으로써 혼란을 종식시킬 수 있는 사람은 오직 군자만이 가능하다.

> 그러므로 법이란 독립할 수 없는 것이며, 유례란 그 자체로써 행해질 수는 없다. 합당한 사람이 있으면 실행이 되지만, 합당한 사람이 없으면 실행되지 않고 없어지는 것이다. 법이란 다스림의 시작이고, 군자란 법의 근원이다. 그러므로 군자가 있으면 법이 비록 생략되었다 하더라도 충분히 두루 퍼질 것이다. 군자가 없으면 법이 비록 갖추어져 있다 하더라도 앞뒤로 시행할 순서를 잃고 일의 변화에 적응하지 못하여 충분히

어지러워질 것이다. 법의 뜻을 알지 못하면서 법의 조문만을 바로 지키는 사람은 비록 널리 안다 하더라도 일을 당하면 반드시 혼란을 일으킬 것이다.[34]

이상과 같은 순자의 뜻을 미루어 보면 인치人治와 예치禮治 및 법치法治의 구별이 조화롭게 되어 있으며, 이들 셋의 상호 작용의 관계가 모두 병렬적인 양상을 띠고 있음을 알 수 있다.[35] 그러므로 순자는 "예의를 숭상하고 법도를 이룩하면 나라의 표준이 있게 된다. 현명한 사람을 숭상하고 능력 있는 사람을 부리면 백성들이 나아갈 방향을 알게 된다."[36]라고 언급했던 것이다. 그렇기 때문에 성왕의 도를 계승함으로써 천하의 평안을 회복할 수 있는 사명을 완성할 수 있게 된다는 것이다.

예의라는 것은 통치의 출발점이 되는 것이고, 법도라는 것은 통치의 방법론이 되며, 군자는 통치의 중심축이 되는 것이다. 법도는 예의에 근원을 두고 예의는 군자에 근원을 둔다. 이와 같이 법도·예의·군자 셋이 상호 영향을 주고 의지하게 되면 안정을 얻게 되어 그것의 실행에 있어서의 효과를 이룩할 수 있게 되어 결국에는 순자의 '천생인성天生人成'의 요지에도 부합하게 되는 것이다.

---

34) 『荀子』, 「君道」, "故法不能獨立, 類不能自行; 得其人則存, 失其人則亡. 法者, 治之端也; 君子者, 法之原也. 故有君子, 則法雖省, 足以遍矣; 無君子, 則法雖具, 失先後之施, 不能應事之變, 足以亂矣. 不知法之義, 而正法之數者, 雖博臨事必亂."

35) 魏元珪, 『荀子哲學思想』, 臺北, 谷風出版社, 1987년, 193~196쪽 참조.

36) 『荀子』, 「君道」, "隆禮至法則國有常, 尙賢使能則民知方."

6. 맺는 말

이상과 같이 순자의 정치사상에 대하여 국가의 기원과 관료정치체제와 성왕의 통치 및 예의법도의 제정을 중심으로 논의를 진행해보았는데, 이를 정리하면 다음과 같다.

순자의 관점 속에서는 국가란 필요한 정치체제로서 백성들의 삶을 영위시켜주고 평안함을 유지시켜주는 것이 그 주된 임무라는 사실을 알 수 있다. 순자는 국가의 성립에는 반드시 기본적인 요건이 충족되어야 한다고 생각했는데, 바로 토지와 백성 및 도와 법 네 가지가 국가 성립의 기본적인 요건이다. 토지는 백성들의 삶의 근본이 되고, 도는 법률의 근원이 되는 것이기 때문에 국가가 힘써야 할 것은 바로 토지를 이용하여 백성들의 삶을 영위시켜 주고 도를 세워서 법률을 제정해야 하는 것에 있는 것이다. 결국 순자에게 있어서의 국가 성립의 필요성은 백성들 공동의 복지를 위해서 요청된 것이며, 국가의 정치시스템의 효과적인 운용은 경제적 이익과 합리적인 분배를 수반하게 된다.

순자는 관료정치체제가 가장 커다란 효과를 발휘할 수 있는 방법으로는 현명하고 유능한 사람이 그에 걸 맞는 지위에 있어야 하는 것으로 생각했다. 그러므로 순자의 현명한 사람을 숭상하고 능력 있는 사람을 등용한다는 언급의 의미는 관료정치체제의 필요성에 대한 입론의 근거와 상응하는 것이라고 할 수 있다. 또한 순자는 사람들이 각자가 지니고 있는 재질이 차이가 있다고 보아서 인재를 적재적소에 배치하여 운용한다고 하는 관념을 관직임명의 참고 기준으로 삼았다. 또한 순자는 군주가 공적인 일을 처리할 때나 사적인 일을 처리할 때를 막론하고 신중하게 재상을 등용시켜서 모든 관료들을 통솔하게 하고 도를 준수하여 제도를 정비하게 하면, 이로 인하여 신하를 비롯한 모든 백성들이 안정된 삶을 누리게 되어 천하는 제대로 통치될 수 있게 된다고 했던 것이다.

순자 정치론의 기본구조는 바로 성왕의 통치를 숭상하는 것에 있는 것으로서, 예의의 교화를 핵심으로 삼고 법률과 형벌로 금지시키는 것을 보완점으로 삼아서 올바른 도리에 의해서 통치되는 사회를 만드는 것이 그의 정치이상이라고 할 수 있는 것이다. 순자가 생각했던 성왕의 통치는 예의법도로서 구분을 명확하게 규정짓고 현명한 사람을 숭상하고 능력 있는 인재를 등용하는 것이었다. 그렇기 때문에 성왕이 재위에 있을 때는 국가는 제대로 통치되고 백성들은 안정적인 삶을 누리게 되고, 성왕이 돌아가시면 그 재위를 이어서 통치하는 사람은 반드시 성왕과 같은 사람이어야만 한다고 했던 것이다.

순자는 성왕이 법률제도를 건립하여 합리적인 예의의 관리를 통한 합법적인 법률제도를 이룩함으로써 예의를 실행하는데 있어서 미진한 부분을 보완하려 했다고 주장했다. 또한 순자는 성왕이 이를 통하여 예의교화의 실제적인 효과를 공고히 했다고 생각했다. 아울러 순자는 예의라는 것은 통치의 출발점이 되는 것이고, 법도라는 것은 통치의 방법론이 되며, 군자는 통치의 중심축이 되는 것이라고 했으며, 법도는 예의에 근원을 두고 예의는 군자에 근원을 둔다고 생각했다. 그래서 순자는 이와 같이 법도·예의·군자 셋이 상호 영향을 주고 의지하게 되면 안정을 얻게 되어 그것의 실행에 있어서의 실질적인 효과를 이룩할 수 있게 되는 것이라고 보았던 것이다.

참고문헌

王先謙,『荀子集解』, 北京, 中華書局, 1992년.

李滌生,『荀子集釋』, 臺北, 學生書局, 1986년.

王忠林,『荀子讀本』, 臺北, 三民書局, 1996년.

党晴梵,『荀子硏究』, 西安, 陝西人民出版社, 1953년.

魏元珪,『荀子哲學思想』, 新店, 谷風出版社, 1987년.

韋政通,『荀子與古代哲學』, 臺北, 臺灣商務印書館, 1985년.

黃俊傑,『春秋戰國時代尙賢政治的理論與實際』, 臺北, 問學出版社, 1977년.

沙亦群,『意識形態與社會變遷』, 臺北, 巨流圖書公司, 1983년.

陳鴻瑜,『政治發展理論』, 西寧, 青海教育出版社, 1995년.

朱岑樓,『社會學』, 貴陽, 貴州人民出版社, 1997년.

제8장
예론

1. 시작하는 말

순자가 예론체계를 수립한 것은 전통유가의 천인합덕의 관념을 부정하고 더나가 성악설을 주장하기 위해서였다고 할 수 있다. 또한 순자는 이로부터 천과 인성에 철학적 의미의 단서를 제공했으며, 환경적인 필요에 부응하기 위한 인간사회의 조화로부터 착수하여 성인이 제정한 예의법도가 갖춘 경험적 의미를 강조하는 한편 이러한 것을 통하여 안정되고 질서가 있는 사회구현의 목적을 달성하고자 했다.

순자의 예론체계의 내용은 경험 속에서 검증적인 의미를 더한 것을 특별히 중시한다. 그렇기 때문에 예禮는 성인의 손에서 그것의 중요성과 효용의 범위 등이 완성되어 인륜과 정치 및 사회 등의 제반 생활영역 속에 골고루 포함되어져 있게 되는 것이다. 즉 예는 개인과 사회에 대하여 어떤 것으로도 대신할 수 없는 존재가치를 갖고 있는 것이라고 할 수 있는 것이다.

이와 같은 순자의 예론에 대하여 우선적으로 예론의 내용에 관하여 기본개념 및 특색을 규명하는 것이 시급한 문제라고 할 수 있다. 그리고 순자가 전국시대 후반기라고 하는 법치주의가 매우 성행했던 시기를 살아갔기 때문에 그가 법의 기능을 중시할 수밖에 없었으며, 또한 당시 법가의 사회적 지위가 매우 특별했기 때문에 순자가 어쩔 수 없이 법률의 의미에 대한 사고를 진행했다는 것에서 자신의 예론에 예의와 법률 및 형벌 등의 서로 다른 요소들을 아우르는 예법관계를 건립했다는 점을 주의할 필요가 있다고 생각한다. 그리고 이러한 문제에 대한 규명 역시 순자 예론체계의 분석에 있어서 매우 중요한 요인으로 작용한다고 볼 수 있다. 또한 법률의 독특한 지위와 그것의 존재가치 및 예의와 법률의 관계에 대하여 심도 있는 분석 역시 필요하다고 할 수 있을 것이다.

이상과 같은 순자의 예론에 대하여 본문에서는 예의 기원과 그 중요성 및 예의 시행범위와 예의 효용성에 관하여 논의를 진행 해보았다.

2. 예의 기원과 그 중요성

예禮는 고대 중국문화의 발전과정 속에서 줄곧 특별한 위치에 있었다고 할 수 있다. 춘추전국시대가 시작되면서부터 유가의 학자들은 예의 기원문제에 대하여 지속적인 관심을 기울였으며, 그러한 문제에 대하여 수많은 논의와 사고를 진행하였다. 그 가운데 예가 고대의 제사의식에서 시작되었다고 하는 견해는 눈여겨 볼만하다.

> 예의 시작은 음식에서 비롯되었다. 옛날 그들은 기장을 익히고 돼지고기를 구우며 땅을 파서 물을 떠 마셨으며 풀을 묶어 만든 북채로 질장구를 쳤다. 이와 같았어도 귀신에게 공경하는 뜻을 바칠 수가 있었다. 사람이 죽으면 지붕 위에 올라가 "아무개 돌아오라!"라고 하며 혼을 불렀다. 그런 후에도 깨어나지 않으면 시체를 염습하고 익힌 고기를 넣어 입관시켰다. 그러므로 하늘을 향해 영혼을 불렀으며 시체는 땅 속에 매장한 것이다. 살아 있는 자는 이 세상에 있고 죽은 자는 저승으로 간다고 생각했기 때문에 죽은 자의 머리를 북쪽으로 두고 살아 있는 자의 머리를 남쪽으로 향하게 한 것이다. 이러한 일들은 모두 옛날 풍습을 따른 것이다.[1)]

고대인들은 항상 죽음의 세계와 삶의 세계를 동일하게 생각했는데, 이러한 관념을 상징적으로 나타낸 것을 바로 장례식을 거행할 때 망자가 생전에 필요했던 음식과 물건들을 제공하고 큰소리로 망자의 이름을 불러서 망자의 혼령이 다시 돌아와 가족들과 회합할 수 있기를 기원한 것에서 찾아볼 수 있는 것이다. 그래서 "음식에서 비롯되었다."라고 하는 것은 바로 귀신에게 음식을 봉양한 것을 의미하는 것이다. 그러므로 예는 제사에서 시작되었다고 할 수 있는 것이다. 근현대시기의 왕국유王國維같은 경우 예禮자 본래의 의미의 고증을 통하여 예가 모든 제사의식에 관련된 행위를 지칭한다고 보았다.[2)] 또한 현대의 일부 학자들은 왕국유의 예의 기원에 관한 견해를 바탕으로 예의 기원을 원시

---

1) 『禮記』, 「禮運」, "夫禮之初, 始諸飮食, 其燔黍捭豚, 污尊而抔飮, 蕢桴而土鼓, 猶若可以致其敬於鬼神. 及其死也, 升屋而號, 告曰: '皋!某復.' 然後飯腥而苴孰. 故天望而地藏也, 體魄則降, 知氣在上, 故死者北首, 生者南鄕, 皆從其初."

2) 王國維, 『觀堂集林』 第一册, 北京, 中華書局, 1994년, 291쪽 참조.

종교에서 찾기도 한다.[3)]

고대의 전적에 주공이 예악禮樂을 제정했다는 기록이 전해지고 있는데, 이는 그 이전의 종교적인 의미를 갖춘 예가 인문적인 의미를 갖춘 예로 전환되었음을 의미함과 동시에 예를 숭상하기 시작하고 그것의 사회적 역할의 의미를 긍정한 것이라고 할 수 있다. 공자는 춘추시대라고 하는 예악이 붕괴되는 혼란한 시기에 예를 통한 혼란의 종식을 역설했으며, 순자에 이르러 이러한 예는 국가를 안정적으로 통치할 수 있는 매우 특별한 의미로 부각된다. 바로 이러한 점에서 순자가 언급한 예의 기원에 관한 논의가 과거 제사의식에서 기원했다는 견해와는 다르게 예의 사회적 역할과 효용성의 구조적 작용을 특별히 중시했다는 사실을 파악할 수 있게 되는 것이다.

순자는 예의 기원에 대한 견해에서 특별히 이러한 사회적 역할에 관하여 관심을 집중하여 예가 성인이 인간의 본성을 바로잡기 위해서 만든 것이라고 생각했다.

> 옛날에 성왕께서는 사람들의 본성은 악하기 때문에 편벽되고 음험하며 바르지 않으며, 이치에 어긋나는 어지러운 짓을 해 다스려지지 않는다고 생각하였기 때문에, 이를 위해 예의를 만들고 법도를 제정해 사람들의 감정과 본성을 바로잡고 수식함으로써 이를 올바르게 하였으며, 사람들의 감정과 본성을 길들이고 교화함으로써 이를 올바로 인도하였다. 이에 비로소 모두 잘 다스려지고 도리에 맞는 행동을 하게 된 것이다.……그러므로 성인께서는 사람들의 본성을 교화시켜 작위를 일으키고, 작위를 일으켜 예의를 만들어 내고, 예의를 만들어 내어 법도를 제

3) 陳來, 『古代宗教與倫理－儒家思想的根源』, 北京, 三聯書店, 1996년, 225쪽 참조.

> 정한다. 그러니 예의와 법도는 성인이 생겨나게 하는 것이다.[4)]

예의는 성인의 작위에서 생겨난 것이지, 인간의 본성에 본래적으로 갖춰진 것이 아니다. 인간의 본성에는 예의가 없고 또 예의를 알지 못하기 때문에 이익을 좋아하고 서로 다투며 질시하며 서로를 해치고 욕망을 좇아서 음란한 행위를 하는 등의 행태가 지속적으로 발생하게 되고 혼란스러운 상태가 지속되어서 결국은 극악한 지경에 이르게 된다. 이러한 상태에서는 자기 자신을 바르게 할 수 없어서 작게는 개인에서부터 크게는 국가에 이르기까지 윗사람과 아랫사람들이 서로 무례하게 되어 쟁란이 끊어지지 않게 되어서 결국에는 천하까지도 혼란한 지경에 빠지게 만들게 된다. 그렇기 때문에 성인은 인간의 욕망으로 인해서 발생하게 되는 분쟁을 해결하기 위해서 예를 제정한 것이며, 그것의 기능과 목적은 바로 사회에서 발생하는 혼란을 막아서 사람들이 상호간에 협조할 수 있는 관계를 만드는 것에 있었던 것이다.

> 예는 어디에서 생겨났는가? 사람은 태어나면서부터 욕망이 있는데, 바라면서 얻지 못하면 곧 추구하지 않을 수 없고, 추구함이 일정한 기준과 한계가 없다면 곧 다투지 않을 수 없게 된다. 다투면 혼란해지고, 혼란해지면 빈궁해진다. 옛 임금들께서 그 혼란을 싫어했기 때문에 예의를 제정해 이들의 분계를 정함으로써, 사람들의 욕망을 충족시켜주고 사람들이 원하는 것을 공급케 하였던 것이다. 그리하여 욕망은 반드시

4) 『荀子』, 「性惡」, "古者聖王以人性惡, 以爲偏險而不正, 悖亂而不治, 是以爲之起禮義, 制法度, 以矯飾人之情性而正之, 以擾化人之情性而導之也, 始皆出於治, 合於道者也.……故聖人化性而起僞, 僞起而生禮義, 禮義生而制法度; 然則禮義法度者, 是聖人之所生也."

> 물건에 궁해지지 않도록 하고, 물건은 반드시 욕망에 부족함이 없도록 해, 이 두 가지가 서로 균형 있게 발전하도록 하였는데, 이것이 예가 생겨난 이유이다.[5)]

인간의 욕망은 태어날 때부터 갖춰져 있는 것으로, 만일 인간들 모두가 물질적인 것에 집착하게 되면 그것을 충족시킬 수 있는 물질의 수량은 한정되어 있는 것이기 때문에 인간들 저마다의 욕망을 충족시켜주지는 못하게 된다. 이처럼 한정된 물질을 놓고 사람들이 서로 차지하려고 하는 가운데 분쟁과 혼란이 시작되는 것이다. 그렇기 때문에 고대의 성인이 합리적인 도리에 입각해서 예의를 제정하여 사람들 사이의 분계를 정하여 사람들의 욕망을 충족시켜주고 사람들이 원하는 것을 공급해 주었던 것이다. 이러한 조처들을 통하여 사람들이 한정 없는 욕망에 빠져들지 않게 만듦으로써 서로가 공경하고 양보하는 등의 조화로운 삶을 영위할 수 있게 만들어 분쟁을 종식시켰던 것이다.

"예의 시작은 음식에서 비롯되었다."에서 "옛 임금들께서 그 혼란을 싫어했기 때문에 예의를 제정했다."에 이르기까지의 단계는 사회발전의 다양한 모식을 반영하고 있다고 할 수 있다. 순자가 생존했던 시기는 예악제도가 붕괴되고 왕도王道가 사라지는 등의 주나라의 정치 사회적 시스템은 완전히 몰락해가는 추세인 반면 진나라에 의한 통일의 기운은 점차 무르익어가고 있는 시점이었다. 그렇기 때문에 순자의 예론은 당시의 사회적 상황을 반영하고 있으며, 인간사회의 다양한 현상

5) 『荀子』, 「禮論」, "禮起於何也? 曰: 人生而有欲, 欲而不得, 則不能無求. 求而無度量分界, 則不能不爭; 爭則亂, 亂則窮. 先王惡其亂也, 故制禮義以分之, 以養人之欲, 給人之求. 使欲必不窮乎物, 物必不屈於欲. 兩者相持而長, 是禮之所起也."

들을 외재적이며 객관적인 형태의 문제로 간주했던 것이다. 그래서 순자는 도덕성에 관한 문제를 정치적인 문제로 전환시켜 해결의 실마리를 찾고자 했던 것이다. 이러한 이유 때문에 순자는 예의 기원을 종교적인 측면에서 찾지 않고 인성의 관점에 근거해서 인성의 필요에 의한 것에서 찾았던 것이다. 즉 예는 인간의 자연적인 욕망의 충족 및 성인이 혼란과 분쟁을 종식시켜서 사회질서를 유지하기 위해서 만들어졌다는 것이다. 그렇기 때문에 예는 성인이 법도를 제정하여 인성의 악함을 바로잡기 위해서 만든 것이라고 할 수 있는 것이다. 성인의 구체적인 업적은 예에 있기 때문에 순자는 본성을 변화시켜 작위를 일으킨다고 하는 방법론을 수립한 후에 예를 제시함으로써 그것의 중요성에 대한 근거를 통하여 통치의 도리를 완성한다.

예는 인도人道의 지극함으로 간주되는데, 이러한 예의 중요성은 바로 다스림에 있는 것으로 묘사된다.

> 하늘과 땅은 삶의 시작이고, 예의는 다스림의 시작이며, 군자는 예의의 시작이다.[6)]

> 예의는 나라를 잘 다스리는 규범이며, 강하고 굳세지는 근본이며, 위세를 펴는 길이며, 공적과 명성을 올리는 요체이다.[7)]

위의 인용문에서 언급되어진 통치는 넓은 의미의 통치를 의미하는 것으로, 그것은 사회의 다스림을 지칭하기도 하고 천지의 순리를 지칭

6)『荀子』,「王制」, "天地者, 生之始也; 禮義者, 治之始也; 君子者, 禮義之始也."
7)『荀子』,「議兵」, "禮者, 治辨之極也, 强固之本也, 威行之道也, 功名之總也."

하기도 하며 인간에 대한 묘사를 의미하기도 한다. 인간은 자연의 피조물이기 때문에 인간이 자연적 존재에서 문화적 사회적 존재로 거듭나는 데에는 예의 범주와 제약을 벗어나서는 안 되는 것이며, 또한 이러한 예가 있어야 만이 인간은 비로소 진정으로 자연을 초월하여 인문세계에로 진입할 수 있게 되는 것이다.

> 무릇 혈기와 의지와 지려를 활용하는 데 예를 따르면 잘 다스려지고 잘 통하지만, 예를 따르지 않으면 문란하고 산만해진다. 먹고 마시고 옷을 입고 생활하고 활동하는 데도 예를 따르면 조화가 되고 절도가 있게 되지만, 예를 따르지 않으면 뜻대로 되지 않고 병폐가 생긴다. 겉모양과 몸가짐과 나아가고 물러나는 것과 일을 행하는 데도 예를 따르면 우아해지지만, 예를 따르지 않으면 오만하고 편벽되고 저속하고 뒤떨어진다.……모든 기를 다스리고 마음을 기르는 방법은 예를 따르는 것보다 더 중요한 것은 없다.[8)]

자연과 인문세계의 구별은 낙후함과 세련됨의 차이와 같은 것으로, 낙후됨에서 세련됨으로 변할 수 있는 동력은 바로 예의 규범과 조절에 있는 것이라고 할 수 있다. 그러므로 예의 의미는 인간이 자연적인 상태에서 인문세계로 상승하는 것에 있는 것으로 불완전한 상태에서 완전한 상태로 가는 것을 보장하는 것에 있다고 할 수 있다. 그래서 예는 모든 덕목의 총체적인 강령이 되는 것이며 기를 다스리고 마음을 기르는 방법이 되는 것이다.

---

8) 『荀子』, 「修身」, "凡用血氣志意知慮, 由禮則治通, 不由禮則勃亂提僈; 食飮衣服居處動靜, 由禮則和節, 不由禮則觸陷生疾; 容貌態度進退趨行, 由禮則雅, 不由禮則夷固僻違, 庸衆而野.……凡治氣養心之術, 莫徑由禮."

예의 중요성은 보다 넓은 각도에서 볼 때, 국가를 경영하고 백성을 다스린다고 하는 의미도 가지고 있다고 할 수 있다.

> 예란 정치에서 수레의 줄과 같은 것이다. 예를 바탕으로 정치를 하지 않으면, 정치는 제대로 되지 않는다.……예가 국가를 바로잡는 역할은 마치 저울이 가볍고 무거운 것을 다는 것과도 같고, 먹줄로 굽고 곧은 것을 가늠하는 것과도 같다.[9]

> 나라에 예의가 없으면 바르게 다스려지지 않으니, 예라는 것은 나라를 바르게 다스리는 근본이다.[10]

> 예라는 것은 법도의 근본이며 여러 가지 일에 관한 규정이다.[11]

예의가 생겨나고 법도가 제정되어 예와 법이 결합되어서, 예를 현실 정치에 운용될 수 있는 제도가 되게 만든다. 예는 국가를 부강하게 만드는 근본이 되며, 부강한 나라는 반드시 강력한 군사력을 보유해야 하는데, 이러한 강력한 군사력을 보유하는 방법은 바로 예에 있다고 할 수 있다. 정치를 하는 것이 사람에게 있다는 것은 정치만 있고 좋은 사람이 없다면 좋은 정치는 어렵다는 것을 의미한다. 그렇기 때문에 사람 역시 매우 중요한 요소인 것이다. 그래서 사람을 고르는 데는 그를 따져보는 근거가 있어야 하는데, 순자는 사람을 고르는 도가 예에 있는 것으로 생각했다. 그러므로 순자는 "그들은 사람을 고르는 데 도

---

9) 『荀子』, 「大略」, "禮者, 政之輓也. 爲政不以禮, 政不行矣.……禮之於正國家也, 如權衡之於輕重也, 如繩墨之於曲直也."

10) 『荀子』, 「王覇」, "國無禮則不正. 禮之所以正國也."

11) 『荀子』, 「勸學」, "禮者, 法之大分, 類之綱紀也."

가 있었고, 사람을 등용하는데 법이 있었다. 사람을 고르는 도란 예의로써 그를 따져보는 것이다."[12]라고 언급했던 것이다.

3. 예의 시행범위

순자는 예를 인도人道의 지극함으로 보는 한편 다스림의 극치로 보았다. 그래서 그는 성인의 경지에 도달하고 다스림을 이룩할 수 있는 것 모두가 예에 의해서 가능한 것이라고 생각했기 때문에, 예는 쉽게 바꿀 수 있는 도리가 아닌 것으로 보았다. 그러므로 순자는 "사람으로서 예가 없다면 제대로 살아가지 못하고, 일을 하는데 예가 없다면 성취시킬 수 없으며, 나라에 예가 없다면 편안하지 못하다."[13]라고 언급했던 것이며, 이러한 예는 내성內聖과 외왕外王의 도리가 되는 것이라고 할 수 있다. 내성內聖과 외왕外王의 도리는 성인이 수립한 예에 있는 것이며, 성인이 수립한 예는 반드시 시행되는 곳이 있는 것인데, 이러한 예의 시행범위는 과연 어디까지 일까?

> 순자가 언급한 예는 그 범위가 매우 넓은데, 위로는 군주의 치국의 도리부터 아래로는 개인의 입신처세의 도리에까지 이르며, 먹고 마시며 머무르는 일상생활의 소소한 부분까지도 그것이 포함하지 않는 것이 없을 정도이다. 예는 행위적 측면의 기준이 될 뿐만 아니라 사회적 현상을 처리하는 기준도 되며, 또한 자연현상에 대응하는 기준이 되기도 하는 것이다. 그러므로 순자가 언급한 예는 말하고 행동하는 각종의 규범을

---

12) 『荀子』, 「君道」, "其取人有道, 其用人有法. 取人之道, 參之以禮."
13) 『荀子』, 「修身」, "人無禮則不生, 事無禮則不成, 國家無禮則不寧."

포함하는 것으로 모든 규범의 총체적인 명칭이라고 할 수 있는 것이다.[14]

작게는 개인의 행위에서부터 크게는 사회적 규범에 이르기까지 모두가 예의 규범 속에 포함되는 것으로, 예가 시행되는 범위가 매우 광범위하다는 사실을 알 수가 있다. 예의 범위가 매우 광범위하지만, 순자는 시종일관 인간이 모여서 사는 사회적 측면에 관심을 집중해서 예의 시행범위를 좁혔다. 그래서 인륜과 정치교화를 위주로 했으며, 그 가운데 취급한 내용은 다음과 같은 곳에서 찾아볼 수 있다.

> 예란 재물로 활용을 하고, 귀하고 천함으로 형식적인 수식을 정하고, 많고 적은 형식으로 신분을 구분해, 등급을 융성하게 하고 낮추어 요점을 삼는다. 형식적인 수식은 많고 감정과 실용적인 면은 간략한 것이 예의 등급을 융성하게 하는 것이고, 형식적인 수식은 간략하고 감정과 실용적인 면은 번잡하고 많게 하는 것이 예의 등급을 낮추는 것이다. 형식적인 수식과 감정과 실용적인 면이 서로 안팎을 이루어 겉과 속이 나란히 행해지며 섞여 있는 것, 이것이 올바른 예이다.[15]

감정은 본성의 실질이 되는 것으로서, 희노애락喜怒哀樂 등의 감정은 선천적으로 구비되어 있는 것으로 본성에서 비롯되고 나타나는 주관적인 존재라고 할 수 있으며, 형식적인 수식은 사람들의 희노애락喜怒哀樂 등의 감정이 표현되는 각종의 구체적인 예의 행위로서 이는 곧

---

14) 陳大齊, 『荀子學說』, 臺北, 中國文化大學出版部, 1988년, 163쪽 참조.

15) 『荀子』, 「禮論」, "禮者, 以財物爲用, 以貴賤爲文, 以多少爲異, 以隆殺爲要. 文理繁, 情用省, 是禮之隆也. 文理省, 情用繁, 是禮之殺也. 文理情用相爲內外表裏, 並行而雜, 是禮之中流也."

외재적이고 객관적인 예의의 표현인 것이다. 예를 행하는 사람은 예를 받는 사람을 위하여 정서와 각종의 의식을 표현한다. 그렇기 때문에 예의 형식적인 수식의 표현이 적당한지 여부는 감정과 형식적인 수식 사이의 많고 적음의 배합을 요강으로 삼는 것이다. 사람과 사람 사이의 행위는 위로는 통치계층에서부터 아래로는 백성들 사이의 상호관계 속에도 모두 감정과 형식적인 수식이 존재하고 있으며, 그것들 사이의 차별은 바로 감정과 형식적인 수식 사이에 있는 어떤 것이 더 중요하고 어떤 것이 덜 중요하냐에 있을 뿐이다. 『순자』에서 예의 시행범위에 대해서 언급한 내용은 시기와 공간 및 역할의 차이와 경중에 따라서 다양하게 묘사되어져 있다고 할 수 있다. 이러한 예의 시행범위에 대하여 정치의 예와 인문의 예로 나누어 살펴보도록 하겠다.

먼저 정치의 예이다. 순자는 예를 인도人道의 최고 표현이라고 생각했으며, 정치를 인도의 범주 내에 속하는 것으로 보았다. 그래서 순자는 정치에 있어서 예를 치국의 수단이자 귀착점으로 보았던 것이다. 그러므로 정치를 예로써 하게 된 것이며 백성은 예에 의해서 다스려져야 하는 것이다.

조화롭고 질서가 있는 사회를 건립하기 위해서 순자는 정치상에 있어서 가장 이상적인 방법론으로서 분별을 명확하게 하는 것 즉 명분明分을 제시한다. 귀천의 등급과 장유의 차이 그리고 현명하고 어리석음 및 유능함과 무능함의 차이 등은 순자의 시야에서는 해소할 수 없는 사회적 현상에 속하는 문제였다. 그러나 사회속의 군중들은 그 수효가 너무나 많기 때문에 만일 그들 사이의 등급차이를 명확하게 분별하지 않는다면, 백성들 사이에는 반드시 분쟁이 발생하게 되어 사회는 혼란한 지경에 빠지게 될 것은 자명한 사실이다. 그렇다면 어떻게 하여야

만이 사람들이 모여서 사는 사회를 조화로운 사회로 만든다고 하는 이상에 도달할 수 있을 것인가? 사람들이 집단을 이루어 사는 것에는 반드시 도리가 있는데, 이러한 집단생활에 있어서의 도리는 바로 분별인 것이다. 이러한 분별은 곧 예의 객관적인 측면의 효용성을 대표하며 윤리적인 국면을 유지시켜주는 역할을 한다고 볼 수 있다. 정치적으로 분별과 집단생활의 측면에서 출발하여 예에 의해서 운영되는 사회적 정치적인 단계로 진입하게 되면, 예는 국가를 바로잡을 수 있게 되고 동시에 사람들 사이의 등급질서를 명확하게 분별할 수 있게 되는 것이다. 즉 정치의 예라는 것은 귀천·장유·상하·부귀·경중 등의 모두를 그 명칭에 걸맞게 역할을 하게 만드는 것이라고 할 수 있다.

> 군주 노릇은 어떻게 하면 되는가? 군주는 예에 따라 신하들에게 나누어 베풀고, 고르게 베풀어 한쪽으로 치우치지 않도록 해야 한다. 신하 노릇은 어떻게 하면 되는가? 신하는 예로써 군주에게 봉사하고 충성되고 순종하여 게을리 하는 일이 없어야 한다. 아버지 노릇은 어떻게 하면 되는가? 아버지는 자식들에게 너그러우면서도 그들을 사랑하고 예의를 지켜야 한다. 아들 노릇은 어떻게 하면 되는가? 부모를 공경하고 사랑하며 예법을 잘 지켜야 한다. 형 노릇은 어떻게 하면 되는가? 아우들에게 자애로우면서도 우애가 있어야 한다. 아우 노릇은 어떻게 하면 되는가? 형을 공경하고 형에게 복종하되 구차하지 않도록 해야 한다. 남편 노릇은 어떻게 하면 되는가? 부인과 화합하되 아무렇게나 행동하지 않으며, 위엄을 가지고 부인을 대하되 분별이 있어야 한다. 부인 노릇은 어떻게 하면 되는가? 남편이 예의를 잘 지키면 부드럽게 따르면서 시중을 하고, 남편이 무례하다 하더라도 자신에게 잘못이 있을까 두려워하면서 스스로를 삼가야 한다.[16]

위의 인용문에서와 같이 볼 수 있듯이, 정치의 예는 사회속의 각각의 구성원들 모두가 명확하고 적합한 지위에 있는 것과 그러한 지위에서 마땅히 해야 할일과 해서는 안 될 일에 대하여 명확한 규범이 있음을 강조한다. 예를 들면 군주의 직책은 "예에 따라 신하들에게 나누어 베풀고, 고르게 베풀어 한쪽으로 치우치지 않도록 해야 한다."에 있는 것이다. 이와 같이 인륜관계의 분별이 명확하고 등급질서의 구별이 엄격한 사회 구조는 지위등급의 분별이 분명한 사회가 된다.[17] 이러한 사회는 예의로써 질서가 잡힌 사회라고 할 수 있으며, 이와 동시에 순자는 주나라 문화를 전범으로 삼아서 예를 구체적으로 나타냈던 것이다.

다음은 인문의 예이다. 예는 다스림의 시작이 되며, 그것의 중요성은 비록 정치의 표현을 위주로 하지만 그렇다고 해서 사물에 대응하는 도리를 홀시해서는 안 되는 것이다. 그래서 순자는 "예의란 인심을 따르는 것이 근본이다."[18]라고 하여 사람이 되어서 실천할 수 있는 것이 바로 인문의 예라고 했다. 인문의 예는 군대의 의식에 관한 예와 달리, 그것은 인간과 인간 사이의 가장 기본적인 관계로 인하여 발생할 수 있는 출생·장례·제사 등에 관한 예라고 할 수 있다.

---

16) 『荀子』, 「君道」, "請問爲人君? 曰: 以禮分施, 均遍而不偏. 請問爲人臣? 曰: 以禮侍君, 忠順而不懈. 請問爲人父? 曰: 寬惠而有禮. 請問爲人子? 曰: 敬愛而致文. 請問爲人兄? 曰: 慈愛而見友. 請問爲人弟? 曰: 敬詘而不苟. 請問爲人夫? 曰: 致功而不流, 致臨而有辨. 請問爲人妻? 曰: 夫有禮則柔從聽侍, 夫無禮則恐懼而自竦也."

17) 牟宗三, 『名家與荀子』, 臺北, 學生書局, 1990년, 210쪽 참조.

18) 『荀子』, 「大略」, "禮以順人心爲本."

무릇 예가 삶을 섬김은 기쁨을 장식하려는 것이고, 죽음을 전송함은 슬픔을 장식하려는 것이고, 제사를 지냄은 존경을 장식하려는 것이며, 군대의 의식은 위엄을 장식하는 것이다. 이것은 모든 군주들이 다 같았으며, 예나 지금이나 한결같지만, 그것이 어디에서 유래한 것인지는 아는 이가 없다.[19]

출생의 예는 기쁨을 장식하려는 것인데, 이러한 기쁜 감정의 구체적인 표현은 바로 삶을 보양하고 안정됨을 즐기는 것에 있다고 할 수 있다. 또한 예는 존비와 귀천 및 장유와 친소의 분별을 할 수 있게 하는데, 이러한 장유유서의 인륜관계 가운데 그것을 예로써 집행할 수 있다면 이 또한 기쁨을 장식하는 것이라고 할 수 있다.

예란 신분이 존귀한 사람에게는 존경을 표시하고, 노인들에게는 효성을 나타내고, 나이 많은 사람들에게는 순종함을 드러내고, 어린아이들에게는 자애로움을 표시하고, 신분이 천한 사람에게는 은혜로움을 드러내는 것이다.[20]

신분지위가 존귀한 사람에게는 존경을 표하고, 노인에 대해서는 효성을 표시하고, 연장자에게는 공경함을 드러내고, 어린아이들에게는 자애로움을 드러내고, 신분지위가 낮은 사람에게는 은혜를 베푼다고 하는 것들은 모두 예의 발휘이며 또한 인간관계 속에서 나타나는 미덕의 표현이라고 할 수 있다.

---

19) 『荀子』, 「禮論」, "凡禮, 事生, 飾歡也; 送死, 飾哀也; 祭祀, 飾敬也; 師旅, 飾威也. 是百王之所同, 古今之所一也, 未有知其所由來者也."

20) 『荀子』, 「禮論」, "禮也者, 貴者敬焉, 老者孝焉, 長者弟焉, 幼者慈焉, 賤者惠焉."

장례의 예는 슬픔을 장식하는 것으로, 슬퍼하는 감정을 치장하는 것은 예로써 해야만 하는 것이다.

> 예란 삶과 죽음을 다스리는 일을 삼가는 것이다. 삶은 사람의 시작이고, 죽음은 사람의 마지막이다. 마지막과 시작이 모두 훌륭하면 사람의 도리는 다한 것이다. 그러므로 군자는 시작을 공경하고 마지막을 삼가서 마지막과 시작이 한결같도록 한다. 이것이 군자의 도리이며 예의의 형식이다.……그러므로 상례는 별다른 것이 아니다. 죽음과 삶의 뜻을 밝혀 슬픔과 존경으로 전송하며 잘 묻는 것으로 끝맺는 것이다. 그래서 죽은 자를 묻는 것은 그의 형체를 공경히 땅속에 모시는 것이다.……탄생의 의식은 사람의 시작을 장식하는 것이고, 죽음을 전송함은 마지막을 장식하는 것이다. 마지막과 시작이 다 갖추어져야만 효자로서의 일이 끝나고 성인의 도가 갖추어진다.[21]

삶은 사랑과 공경으로 섬기고, 죽음은 슬픔으로 섬기는 것이다. 시작을 공경하고 마지막은 삼가서 삶과 죽음을 섬기는 것이 시종일관되게 해야 하는 것이며, 시작과 마지막이 모두 갖춰지면 이는 바로 사람의 도리가 되는 것이며 예의의 의식이 되는 것으로 정감의 지극함인 것이다. 그래서 순자는 "그들의 생활에는 법도가 없으며, 그들이 죽은 이를 장사지낼 때에는 박하고도 공경스럽지 못하다."[22]라고 하여 죽은

---

21) 『荀子』, 「禮論」, "禮者, 謹於治生死者也. 生, 人之始也; 死, 人之終也. 終始俱善, 人道畢矣. 故君子敬始而愼終, 終始如一, 是君子之道, 禮義之文也.……故喪禮者, 無他焉, 明死生之義, 送以哀敬, 而終周藏也. 故葬埋, 敬藏其形也.……事生, 飾始也; 送死, 飾終也; 終始具, 而孝子之事畢, 聖人之道備矣."

22) 『荀子』, 「樂論」, "其養生無度, 其送死瘠墨."

이를 장사지낼 때, 진실하지 않고 공경하는 태도가 없으면 이는 짐승과 다름이 없다고 여겼던 것이다. 그렇기 때문에 순자는 삼년상三年喪을 "인정에 어울리도록 형식을 정한 것이다. 그것으로 사회를 수식하고 친하고 먼 관계와 귀하고 천한 신분의 분별을 한 것이니, 마음대로 덜 수도 더할 수도 없는 것이다."[23]라고 하여 그것의 공경하는 형식을 매우 중요하게 여겼던 것이다.

제사의 예는 존경을 장식하는 것으로, 정성과 존경 및 삼간다는 마음을 표시하는 것과 제사의식 등을 예로써 한다는 것이다. 순자는 이러한 제사의 형식은 그리워하는 정으로 치장해야 하는 것이라고 했다.

> 제사란 죽은 이를 생각하는 뜻과 사모하는 마음이 쌓여 이루어지는 것이며, 충성과 신의와 사랑과 공경을 지극히 다하는 일이며, 예절과 형식의 모양을 성대하게 갖추는 행사이다.……슬퍼하도다! 공경하도다! 죽은 이 섬기기를 마치 살아 계신 이 섬기듯이 하고, 돌아가신 이 섬기기를 생존해 계신 이 섬기듯이 하도다! 형체도 그림자도 없는 중에 의식을 마련한 것이다. 예의 형식을 잘 이룩하도다![24]

예는 사람의 마음을 표시하는 것인데, 이는 인간의 정서를 근본으로 하는 것이라고 할 수 있다. 또한 제사는 인간의 마음속에 있는 정성과 존경의 정서에 기인하는 것으로, 만일 황폐한 묘지 사이에 갔을 때 갑자기 슬프고 그리워하는 감정이 피어나는 것을 면할 수 없게 된다면

---

23) 『荀子』, 「禮論」, "稱情而立文, 因以飾群, 别親疏貴賤之節, 而不可益損也."

24) 『荀子』, 「禮論」, "祭者, 志意思慕之情也. 忠信愛敬之至矣, 禮節文貌之盛矣, 苟非聖人, 莫之能知也.……哀夫! 敬夫! 事死如事生, 事亡如事存, 狀乎無形, 影然而成文."

이는 그 죽은 이를 공경하는 것이기 때문인 것이다.

정치의 예는 분별을 중시하여 사회적 혼란을 막고, 사회생활에서 계급구별을 명확하게 하여 모든 사람들이 각자 자신에게 맞는 지위와 일을 할 수 있도록 함으로써 사회적 안정을 도모하고자 했으며, 인문의 예는 인간관계 속에서 발생할 수 있는 출생·장례·제사 등에 관한 예로서, 기쁨과 슬픔 및 공경의 마음을 꾸미는 것임과 동시에 그러한 것을 형식적으로 나타내는 행위라고 할 수 있는 것이다.

4. 예의 효용성

예의 범위는 군주의 국가통치에서부터 개인의 입신처세에 이르기까지 모든 사안을 포함하고 있다고 볼 수 있다. 예의 구체적인 시행은 그러한 가운데 있는 것으로서, 이러한 것으로부터 천하의 통치가 가능하게 되고 안정이 될 수 있는 것이며 인간들의 조화로운 삶이 지속 가능할 수 있게 되는 것이다. 순자는 이와 같이 예라고 하는 것을 천하를 조화롭게 안정시킬 수 있는 것으로 보았던 것이다. 예가 이와 같이 중요한 것이라면 그것의 작용이 어떠해야 만이 천하를 다스려지게 만들 수 있는 것일까? 순자는 예라고 하는 것에는 분계를 명확하게 하고 군집생활을 할 수 있게 하며, 사람들의 욕망을 충족시키고, 조절하여 쓰게 할 수 있는 기능이 있다고 보아서, 그러한 기능이 충분하게 발휘되면 사회체제의 조화와 안정을 지속시킬 수 있다고 생각했다.

먼저 예가 분계를 명확하게 하고 군집생활을 할 수 있게 한다는 것이다.

인간은 천지간에 가장 귀한 존재로서 만물을 부리고 사용할 수 있으나, 군집생활을 벗어나서 홀로 살수는 없는 존재라고 할 수 있는데, 이는 곧 인간이 다른 존재와의 확연한 차이는 군집생활을 할 수 있다는 것에 있다는 것으로 즉 사회를 구성할 수 있다는 것이다. 인간이 단체를 이루어 살려면 반드시 단체생활의 유지에 필요한 시스템이 존재해야 하는데, 모든 사람들의 사회적 여건이 제각기 상이한 관계로 각자는 반드시 자신의 지위에 맞는 신분상의 분별이 있어야 하는 것이다. 바꿔 말하면 예는 사회의 제도가 되는 것으로 이것에는 사람들의 힘을 모아서 사회를 정상적으로 운용하게 만드는 기능 외에 사회적 자원을 합리적으로 분배하는 기능이 있다고 할 수 있다. 그렇다면 순자가 말하는 분계란 무엇을 의미하는 것인가? 순자는 분계를 실행하는 근거를 의로움에 두었는데, 이러한 의로움은 예에 종속되며, 예는 분계의 가장 큰 표현이라고 할 수 있기 때문에 군집생활을 하는 사회가 조화를 이루어 운영될 수 있는 것은, 바로 예의 분계를 명확하게 하고 군집생활을 할 수 있게 한다는 작용에 기인하는 것이라고 할 수 있는 것이다.

분별한다는 것에는 상하 · 친소의 분별이 있는 것이며, 분별의 작용은 군신 · 부자 · 부부 등의 관계에서 제각기 명칭에 맞는 구분이 있게 만드는 것이며, 사람들이 각자의 직무에 맞는 본분을 준수하게 만드는 것으로 이것이 곧 군집생활을 할 수 있게 만드는 도리가 되는 것이다. 분계를 명확하게 한다는 것은 하늘과 인간의 분계를 명확하게 하는 것으로부터 인간과 사물과의 분계를 명확하게 하는 것, 인간의 업무에 대한 분계를 명확하게 하는 것, 귀천의 분계를 명확하게 하는 것에 이르기까지 다양한 측면에서 조명할 수 있다. 이들 가운데 하늘과 인간의 분계를 명확하게 하는 것은 하늘과 인간의 다른 성질과 중요성을 분별해낸다는 것으로, 하늘은 일종의 자연현상이며 인간의 생명이 하늘로부터 비롯되었다고 하는 것은 객관적인 사실일 뿐이며, 이러한 하늘과 인간의 가장 커다란 차이는 인간이 주도적으로 자신의 일에 대한 권리와 천지의 조화에 참여하는 능력을 가졌다는 것이다. 하늘은 만물을 낳지만 그것을 변별하지 못하고 땅은 인간을 양육하지만 다스리지는 못한다. 즉 자연세계와 인문세계는 성인이 예로써 분별하여 하늘과 인간의 작용과 범위가 정해지며 그것들 사이에 명확한 한계와 중요성이 정해지게 되는 것이다. 그렇기 때문에 인간은 자신을 공경해야 하며 하늘을 흠모할 필요는 없다는 것이다.

인간과 사물과의 분계를 명확하게 하는 것은 즉 인간은 도덕성을 갖춘 존재로서 그것의 본질은 예에 있는 것이기 때문에 다른 사물 존재와 구별되는 것이다.

> 사람을 사람이라 할 수 있는 근거는, 그들이 두 다리를 가지고 있고 털이 나지 않은 동물이라는 특징이 아니라 분별이 있다는 것이다. 지금 성성이의 모양을 보면 역시 두 다리에 털이 나지 않았다. 그러나 군자들은 고기로 만든 국을 마시고 그 고기를 썰어 먹고 있다. 그러므로 사람을 사람이라 할 수 있는 근거는, 그들이 두 다리를 가지고 있고 털이 나지 않은 동물이라는 특징이 아니라 분별이 있다는 것이다. 새나 짐승에게도 아비와 자식은 있지만 아비와 자식 사이의 친함은 없으며, 암컷과 수컷이 있기는 하지만 남녀의 분별에 관한 윤리는 없다. 그러므로 사람으로서의 도에는 어디에나 분별이 있다는 것이다. 분별에는 분수보다 더 큰 것이 없고, 분수에는 예의보다 더 큰 것이 없다.[25)]

25) 『荀子』, 「非相」, "人之所以爲人者, 非特以二足而無毛也, 以其有辨也. 今夫狌狌形狀亦二足而無毛也, 然而君子啜其羹, 食其胾. 故人之所以爲人者, 非特以其二足而無毛也, 以其有辨也. 夫禽獸有父子, 而無父子之親, 有牝牡而無男女之別. 故人道莫不有辨. 辨莫大於分, 分莫大於禮."

인간과 사물의 차이는 기氣·삶·지식·정의로써 그것들의 본질과 구별을 짓는데 있다. 인간이 물이나 불 초목이나 금수보다 우월한 것은 바로 인간만이 의로움을 가지고 있다는 점에 있는 것이라고 할 수 있다. 구체적으로 말하자면 인간을 인간이라고 할 수 있는 근거는 바로 두 다리로 걷고 털이 없다는 등의 육체적 특징에 기인하지 않고 인간만이 만물을 분별할 수 있다는 것에 있다. 예는 분별의 근거이자 실질이기 때문에 인간을 인간이라고 할 수 있는 근거의 존재적 함의를 구성하는 것이다.

인간의 업무에 대한 분계를 명확하게 하는 것은 바로 협력적 분업을 의미하는 것이다.

> 분별은 어떻게 실행할 수 있는가? 그것은 의로움이 있기 때문이다. 그러므로 의로움으로써 사람들을 분별 지으면 화합하고, 화합하면 하나로 뭉치고, 하나로 뭉치면 힘이 많아지고, 힘이 많으면 강해지고, 강하면 만물을 이겨낼 수가 있다. 그러므로 사람들은 집을 짓고 살 수가 있다. 그러므로 사계절의 질서를 따라 만물을 생장케 하여 온 천하를 함께 이롭게 하는 것은, 다름이 아니라 바로 분별과 의로움을 지니고 있기 때문이다.[26]

사람들의 힘을 헤아려 그에 상응하는 직분을 주면 그러한 업무를 감당해낼 수 있게 되어 생존에 필요한 모든 것들을 확보하고 여유분은 비축할 수 있게 되는데, 이러한 것들을 협력적 분업을 통해서 이룰 수

---

26) 『荀子』, 「王制」, "分何以能行? 曰: 義. 故義以分則和, 和則一, 一則多力, 多力則彊, 彊則勝物; 故宮室可得而居也. 故序四時, 裁萬物, 兼利天下, 無它故焉, 得之分義也."

있게 되는 것이다. 분별의 실행은 의로움을 구분으로 삼고 의로움은 예를 근거로 삼아야만이 집을 지어서 평안하게 거처할 수 있으며, 사계절의 질서에 순응하여 만물을 생장케 하고 모든 세상을 이롭게 할 수 있는 것은 바로 의로움으로 인간의 업무를 분별하기 때문인 것이다.

귀천의 분계를 명확하게 하는 것은 곧 사람과 사람들 사이의 인식상의 차별을 명확하게 한다는 것이다.

> 그러므로 선왕은 생각 끝에 이를 위해 예의를 재정하고 분별을 마련해, 귀하고 천한 등급이 있게 하고, 어른과 아이의 차별을 두게 하고, 지혜 있는 이와 어리석은 자와 능력 있고 능력 없는 사람의 분별을 마련했다. 언제나 사람들로 하여금 그들의 일을 맡아 하게 함으로써 각기 그에게 합당한 일을 갖게 하셨다. 그런 뒤에야 녹봉으로 받는 곡식이 많고 적고 두텁고 엷은 균형이 있게 되었다. 이것이 곧 여러 사람이 모여 살면서 하나로 조화되는 도이다.[27]

성인이 분별을 통하여 사람들이 해야 할 것과 해서는 안 될 것을 알 수 있게 하고, 귀천과 장유와 빈부의 구분을 두게 하여, 윗사람과 아랫사람 사이에 분란과 곤궁함이 없게 했다. 그러므로 인간은 같음과 다름 및 귀하고 천함을 분별할 수 있는 것이며, 인간은 반드시 사회 속에서 생활해야 하기 때문에 예는 사회 속에 응용되어 자연히 귀천 등의 다른 층면의 요구에 부응해야 하는 것이다. 그래서 귀천의 분계를 명확하게 하는 것은 사회생활의 도리로서 장구하게 지속되어야만 하는

---

27) 『荀子』, 「榮辱」, "故先王案爲之制禮義以分之, 使有貴賤之等, 長幼之差, 知愚能不能之分, 皆使人載其事, 而各得其宜. 然後使穀祿多少厚薄之稱, 是夫群居和一之道也."

것이다.

이러한 분계를 명확하게 하고 군집생활을 할 수 있게 한다는 것에서 분계를 명확하게 한다는 것의 근거는 예이며, 실질적으로 분계를 명확하게 하는 것은 예의 작용이자 체현이라고 할 수 있는 것이다.

다음은 사람들의 욕망을 충족시킨다는 것이다.

분별은 예의 주요한 효용 가운데의 하나라고 할 수 있으며, 그것의 목적은 혼란을 종식하여 안정된 사회를 건설하는데 있는 것이다. 그러나 이러한 분별만으로는 혼란한 사회상을 종식시키기에는 부족한 점이 있기 때문에 반드시 욕망의 충족을 적절하게 배합시켜야 제대로 효과를 발휘시킬 수가 있는 것이다.

> 옛 임금들께서 그 혼란을 싫어했기 때문에 예의를 제정해 이들의 분계를 정함으로써, 사람들의 욕망을 충족시켜주고 사람들이 원하는 것을 공급케 하였던 것이다. 그리하여 욕망은 반드시 물건에 궁해지지 않도록 하고, 물건은 반드시 욕망에 부족함이 없도록 해, 이 두 가지가 서로 균형 있게 발전하도록 하였는데, 이것이 예가 생겨난 이유이다.……그러므로 예란 욕망을 충족시켜 주는 것이다. 군자가 이미 그의 욕망을 충족시켰다면 또 그 분별을 좋아할 것이다.[28)]

예는 백성들에 대한 분배의 한계를 구분 짓는 것 외에도 "사람들의 욕망을 충족시켜주고 사람들이 원하는 것을 공급함."이라고 하는 기능

---

28) 『荀子』, 「禮論」, "禮起於何也? 曰: 人生而有欲, 欲而不得, 則不能無求. 求而無度量分界, 則不能不爭; 爭則亂, 亂則窮. 先王惡其亂也, 故制禮義以分之, 以養人之欲, 給人之求. 使欲必不窮乎物, 物必不屈於欲. 兩者相持而長, 是禮之所起也.……故禮者養也. 君子旣得其養, 又好其別."

이 있다. 욕망 충족의 방법은 욕망과 사물 사이에 서로가 균형을 이룰 수 있도록 균형추를 맞춰 주는 것에 있다고 할 수 있다. 욕망 충족의 작용은 주로 본성이 악하다고 하는 견해에서 온 것으로, 욕망이란 태어나면서부터 가지게 되는 선천적인 것이기 때문에 인간 역시 태어나면서부터 욕망을 가지게 된다. 인간은 시간이 흘러도 물질자원의 부족함을 알지 못하고, 욕망을 계속적으로 추구하는 탐욕적인 존재인 것이다. 그래서 인간의 본성이 악으로 흘러갈 수밖에 없는 이유가 바로 욕망의 과도한 추구와 방종 및 유한한 물질자원 때문인 것이다. 만일 욕망이 적당한 만족을 얻을 수 있게 된다면, 인간들 사이의 분쟁은 발생하지 않을 것이며, 사회는 조화로운 상황을 맞이하게 될 것이다. 그렇기 때문에 욕망의 충족은 바로 인간의 가장 기본적인 생존욕구를 만족시키는 것이다. 그러나 순자는 이와 같은 욕망의 충족은 반드시 예를 통하여 제약해야 한다고 했다. 즉 욕망은 예에 의한 제약과 조절을 통해서 만이 비로소 인간의 본성이 악한 성향에서 벗어나게 되는 것이며, 또한 그것이 사회적 시스템을 파괴시킬 가능성을 줄일 수 있게 되는 것이다.

끝으로 쓰는 것을 절약하게 조절한다는 것이다.

순자는 예에 조절한다는 기능이 있다고 보았는데, 이러한 기능은 앞에서 언급했던 효능들과 마찬가지로 사회의 안정에 도움이 되기 때문에 매우 중요하게 취급되었다. 그렇다면 조절한다는 것은 무엇을 의미하는 것일까? 이에 대하여 순자는 "예의란 조절하는 기준이다."[29]라고 하여, 조절에 제한과 적합함의 의미가 있다고 보았다.[30] 다시 말하자

29) 『荀子』, 「致士」, "禮者, 節之準也."

30) 陳大齊, 『荀子學說』, 臺北, 中國文化大學出版部, 1988년, 181쪽 참조.

면, 조절은 일종의 강제성을 띤 규범으로서, 이러한 규범의 적극적인 측면은 인간이 선함을 향할 수 있도록 인도하는데 있고, 소극적인 측면은 징벌의 기능을 구비하고 있는 것으로, 일단 행위가 예에 벗어난 것이 있을 경우 형벌을 받게 되는 것이다. 이러한 조절은 예가 가지고 있는 강제적인 규범의 효과가 있기 때문에 예가 포함하는 범주에 들어가는 것이며 모두가 조절의 대상이 되는 것이다.

> 의로움이란 안으로는 사람들을 조절하고, 밖으로는 만물을 조절하는 것이다. 위로는 군주를 편안하게 하고, 아래로는 백성들을 조절하는 것이다. 안팎과 위아래 모든 것을 조절하는 것이 의로움의 실정이다.[31)]

안으로 사람을 조절한다는 것은 욕망을 조절하는 것이고, 밖으로 만물을 조절한다는 것은 쓰는 것을 절약하여 백성들을 부유하게 만든다는 것이다. 욕망이 많고 적은 것은 마음으로써 그것을 제지하느냐 혹은 유도하느냐가 관건적인 요소가 된다. 욕망이 비록 많다고 하여도 마음이 예의를 인식할 수 있으면 악행을 하지 않게 되며, 마음이 예의를 인식하지 못할 경우에는 비록 욕망이 적다고 하더라도 그것으로 인해서 발생하는 혼란을 제한 할 수는 없는 것이다. 그래서 마음은 반드시 도를 인식해야만 하는 것이며, 그런 후에 도를 지킬 수 있어서 도에 어긋나는 것을 금할 수 있게 되는 것이다. 도라는 것은 예의인데, 다스려짐과 혼란은 마음이 도를 따르는 것의 여부에 달려 있는 것으로, 마음으로써 욕망을 조절하여 마음이 예의 인도를 받게 되는 것이기 때문

---

31) 『荀子』, 「彊國」, "夫義者, 內節於人, 而外節於萬物者也; 上安於主, 而下調於民者也; 內外上下節者, 義之情也."

에 예는 안으로 인간의 욕망을 조절하는 것이라고 하는 것이다. 밖으로 만물을 조절한다고 하는 것은 바로 만물을 재단함으로서 백성들을 양육한다는 것을 의미하는 것으로, 재단은 예를 근거로 해서 해야만 하는 것으로 이는 예에 의거해서 쓰는 것을 절약한다는 의미이다. 그래서 순자는 "농사에 힘쓰고 쓰는 것을 절약하면 하늘도 가난하게 할 수 없고,……농사를 버려두고 사치하게 쓰기만 하면 하늘은 그를 부유하게 만들 수 없다."[32)]라고 했던 것이다. 안으로 사람의 욕망을 조절하면 분쟁이 없게 되고, 밖으로 만물을 조절하여 절약해서 쓰면 혼란이 발생하지 않게 된다. 이와 같이 인간의 욕망 조절과 쓰는 것을 절약하는 조절을 통하여 인간 사회의 분쟁과 혼란을 막아주는 것이 바로 예의 효용이라고 할 수 있는 것이다.

5. 맺는 말

이상과 같이 순자의 예론에 대하여 예의 기원과 그 중요성 및 예의 시행범위와 예의 효용성을 중심으로 논의를 진행해보았는데, 이를 정리하면 다음과 같다.

순자가 생존했던 시기는 예악제도가 붕괴되고 왕도가 사라지는 등의 주나라의 정치 사회적 시스템은 완전히 몰락해가는 추세인 반면 진나라에 의한 통일의 기운은 점차 무르익어가고 있는 시점이었다. 그렇기 때문에 순자의 예론은 당시의 사회적 상황을 반영하고 있으며, 인간사회의 다양한 현상들을 외재적이며 객관적인 형태의 문제로 간주

---

32) 『荀子』, 「天論」, "彊本而節用, 則天不能貧,……本荒而用侈, 則天不能使之富."

했던 것이다. 그래서 순자는 도덕성에 관한 문제를 정치적인 문제로 전환시켜 해결의 실마리를 찾고자 했던 것이다. 이러한 이유 때문에 순자는 예의 기원을 종교적인 측면에서 찾지 않고 인성의 관점에 근거해서 인성의 필요에 의한 것에서 찾았던 것이다. 즉 예는 인간의 자연적인 욕망과 그로 인해서 야기되는 혼란과 분쟁을 종식시켜서 사회질서를 유지하기 위해서 성인이 만들었다는 것이다. 그렇기 때문에 예는 성인이 예의를 제정하여 인성의 악함을 바로잡기 위해서 만든 것이라고 할 수 있는 것이다.

작게는 개인의 행위에서부터 크게는 사회적 규범에 이르기까지 모두가 예의 규범 속에 포함되는 것으로, 예는 그것이 시행되는 범위가 매우 광범위하다고 할 수가 있다. 이와 같이 광범위한 예의 범위를 순자는 사회적 측면에 관심을 집중해서 예의 시행범위를 좁혔다. 이러한 순자의 예의 시행범위에 대하여 정치의 예와 인문의 예로 나누어 볼 수 있는데, 정치의 예는 분별을 중시하여 사회적 혼란을 막고, 사회생활에서 계급구별을 명확하게 하여 모든 사람들이 각자 자신에게 맞는 지위와 일을 할 수 있도록 함으로써 사회적 안정을 도모시키고자 한 것이며, 인문의 예는 인간관계 속에서 발생할 수 있는 출생·장례·제사 등에 관한 예로서, 기쁨과 슬픔 및 공경의 마음을 꾸미는 것임과 동시에 그러한 것을 형식적으로 나타내는 행위라고 할 수 있는 것이다.

순자는 예에 인간의 분계를 명확하게 하고 그들이 군집생활을 할 수 있게 하며, 사람들의 욕망을 충족시키고, 조절하여 쓰게 할 수 있는 기능이 있다고 보아서, 그러한 기능이 충분하게 발휘 되면 사회체제의 조화와 안정을 지속시킬 수 있다고 생각했다. 먼저 분계를 명확하게 한다는 것에는 하늘과 인간의 분계를 명확하게 하는 것으로부터 인간과 사물과의 분계를 명확하게 하는 것, 인간의 업무에 대한 분계를 명확하게 하는 것, 귀천의 분계를 명확하게 하는 것에 이르기까지 다양한 측면 있다. 또한 순자는 인간의 본성이 악으로 흘러갈 수밖에 없는 이유가 바로 욕망의 과도한 추구와 방종 및 유한한 물질자원의 상황에서 비롯된 것이라고 보아서, 만일 욕망이 적당한 만족을 얻을 수 있게 된다면, 사회는 조화롭게 될 것이라고 했다. 그러나 순자는 이와 같은 욕망의 충족은 반드시 예에 의한 제약과 조절을 통해서 만이 인간의 본성을 악한 성향에서 벗어나게 하고, 그것이 사회적 시스템을 파괴시키지 못하게 하는 것이라고 했다.

끝으로 순자는 예에 조절하는 기능이 있는 것으로 보았는데, 이러한 기능은 앞에서 언급했던 효능들과 마찬가지로 사회의 안정에 도움이 되기 때문에 매우 중요하게 취급되었다. 순자가 언급한 조절은 일종의 강제성을 띤 규범으로서, 이러한 규범의 적극적인 측면은 인간이 선함을 향할 수 있도록 인도하는데 있고, 소극적인 측면은 징벌의 기능을 구비하고 있는 것으로, 일단 행위가 예에 벗어난 것이 있을 경우 형벌을 받게 되는 것이다. 이러한 조절은 예가 가지고 있는 강제적인 규범의 효과가 있기 때문에 예가 포함하는 범주에 들어가는 것이며 모두가 조절의 대상이 되는 것이라고 할 수 있는 것이다. 이와 같은 조절은 안으로 사람의 욕망을 조절하여 분쟁이 없게 만들고, 밖으로 만물을 조절하여 절약해서 쓰게 하여 혼란이 발생하지 않게 만드는 것이다. 이와 같이 인간의 욕망 조절과 쓰는 것을 절약하는 조절을 통하여 인간 사회의 분쟁과 혼란을 막아주는 것이 바로 예의 효용이라고 할 수 있는 것이다.

참고문헌

朱彬, 『禮記訓纂』, 『宜祿堂』 淸刻本.

王先謙, 『荀子集解』, 北京, 中華書局, 1992년.

王忠林, 『荀子讀本』, 臺北, 三民書局, 1996년.

王國維, 『觀堂集林』 第一册, 北京, 中華書局, 1994년.

党晴梵, 『荀子研究』, 西安, 陝西人民出版社, 1953년.

魏元珪, 『荀子哲學思想』, 新店, 谷風出版社, 1987년.

陳大齊, 『荀子學說』, 臺北, 中國文化大學出版部, 1988년.

牟宗三, 『名家與荀子』, 臺北, 學生書局, 1990년.

陳來, 『古代宗教與倫理－儒家思想的根源』, 北京, 三聯書店, 1996년.

제9장 자연론

1. 시작하는 말

고대 중국의 유가사상가 가운데 현실주의자였던 순자의 자연론에 관해서는 하늘과 인간 및 하늘과 사회와의 관계로 조명해볼 수 있는데, 그에게 있어서의 하늘은 일종의 자연현상이라고 할 수 있다. 이처럼 순자의 관념 속에서의 천天은 주재 · 운명 · 법칙 · 자연 · 우주 등의 여러 가지 의미를 가진 형태로 나타나고 있는데, 순자는 그 가운데에서도 특히 자연적 의미의 천을 중시하고 있다. 그렇기 때문에 순자를 한편으로는 유가의 자연철학자라고 말하기도 한다. 순자에게 있어서 자연적 의미의 천은 다양한 특성들을 가지고 있는데, 언급하자면 다음과 같다고 할 수 있다.

먼저, 천은 영원히 변치 않는 천체이다.[1] 이러한 의미의 천은 물질

---

1) 陳大齊, 『荀子學說』, 臺北, 中國文化大學出版部, 1988년, 15쪽 참조.

적 특성을 지니고 있는데 시공간을 포함하는 우주를 의미한다고 할 수 있다. 즉 일월성신日月星辰으로 이루어진 공간과 과거에서 현재에 이르기까지 부단히 형성된 시간을 뜻하는 것이다. 그래서 순자는 "천도는 일정하고 불변한 것이다. 요임금이 나왔기 때문에 존재하는 것이 아니고, 걸과 같은 사람이 나왔기 때문에 없어지는 것이 아니다.……많은 별들은 순서에 따라 선회하고, 해와 달은 교대로 비친다."[2]라고 했다.

또한 천은 자연의 법칙 혹은 자연의 규율이다.[3] 이러한 자연의 법칙은 눈으로 볼 수 있는 형상들 및 눈에 보이지 않는 자연의 규율을 말하는데, 즉 사계절의 변화·음양의 교차로 인해 생성되는 만물 등을 의미한다. 그래서 순자는 "많은 별들은 순서에 따라 선회하고, 해와 달은 교대로 비치고, 사계절이 교대로 다스리고, 음양이 크게 만물을 화육시키고, 비바람은 만물에 널리 베풀어, 만물은 각각 그 조화를 얻어 생장하고, 각각 그 양분을 얻어 성장한다."[4]라고 하는 것이다.

끝으로 천에는 의지나 초월성이나 도덕성 같은 것들이 없다.[5] 자연적 의미의 천은 우주 그 자체로서 모든 것이 그 안에 내재되어 있다는 것이다. 이러한 우주는 정지해 있을 때는 일정함이 있고, 움직일 때는 질서가 있는 것으로 초월성 같은 것은 없기 때문에 "천도는 일정하고 불변한 것이다."라고 하는 것이며, 이러한 의미로서의 천은 순수한 물질적 존재로 어떤 영험이나 의지도 없다는 것이다. 그래서 "농사에 힘

---

2) 『荀子』, 「天論」, "天行有常, 不爲堯存, 不爲桀亡.……列星隨旋, 日月遞炤."

3) 薛保綸, 「荀子的天論」, 『哲學與文化』, 第三卷 第十三期, 臺北, 1978년, 25쪽 참조.

4) 『荀子』, 「天論」, "列星隨旋, 日月遞炤, 四時代御, 陰陽大化, 風雨博施, 萬物各得其和以生, 各得其養以成."

5) 魏元珪, 『荀子哲學思想』, 臺北, 谷風出版社, 1987년, 53쪽 참조.

쓰고 비용을 절약하면 하늘도 그것을 빈궁하게 할 수 없고, 의식이 풍족하고 운동을 적시에 하면 하늘도 그것을 병들게 할 수 없고, 도리를 따라 어그러지지 아니하면 하늘도 그것에 화를 내릴 수 없다."[6]라고 순자는 언급한 것이다. 이처럼 순자에게 있어서의 자연적 의미의 천은 순수한 물질적 존재로 의지나 이성 같은 것이 없기 때문에 도덕성이 없다고 말하는 것이다.

이와 같은 순자의 자연철학사상은 비록 중국유학사에 있어서 그다지 중시를 받지 못했으나 그가 고민한 현실문제에 대한 철저한 반성과 이상적인 사회를 건설하고자 하는 열망으로 당시의 혼란한 상황을 개선하려고 한 점은 충분히 철학적인 검토의 대상이 될 수 있다고 볼 수 있다. 순자는 과연 어떻게 공자와 맹자로 대표되는 전통유가의 도덕사상체계와 다른 관점을 기초로 자신이 직면한 현실의 문제를 해결하려 했을까? 그것은 바로 순자의 자연론에서 그러한 문제의 해결의 실마리를 찾을 수 있을 것이다. 본문에서는 이와 같은 문제에 대하여 순자의 자연과 인간의 관계 및 자연과 사회와의 관계 분석을 중심으로 규명해 보았다.

2. 자연과 인간의 관계

순자가 언급한 천은 여러 가지 의미를 가지고 있으나,[7] 특히 그 가

---

6) 『荀子』, 「天論」, "彊本而節用, 則天不能貧, 養備而動時, 則天不能病, 修道而不貳, 則天不能禍."

7) 薛保綸, 「荀子的天論」, 『哲學與文化』, 第三卷 第十三期, 臺北, 1978년, 24~25쪽 참조.

운데 자연적 의미에 편향되어 있다고 할 수 있다. 그렇기 때문에 순자에 있어서의 천은 자연계 가운데 모든 유형의 물질현상 및 우주 가운데의 무형의 원리·법칙을 모두 그 안에 포함하고 있는 것이라고 할 수 있는 것이다. 인간 역시 자연계의 일부분임과 동시에 그 속에서 살아가고 있는 존재이기 때문에 인간과 자연은 매우 밀접한 관계를 형성하고 있다고 순자는 보았던 것이다. 그렇기 때문에 순자는 "하늘의 직분이 이미 확립되고 하늘의 작용이 이미 완성되어, 인간의 육체가 갖춰지고 정신이 생기면 여기에 호오·희노·애락의 감정이 깃든다. 대저 이것을 가리켜 천정天情이라 한다. 눈·코·입·귀와 피부는 각각 외부사물과의 접촉을 통해 그 특수한 기능을 발휘하나 그러한 특수한 기능이 상호간에 통용되지는 않는다. 대저 이런 것을 가리켜 천관天官이라 한다. 마음은 체내의 중심에 있어서 오관을 제어한다. 대저 이것을 가리켜 천군天君이라고 한다."[8]라고 말한 것이다.

인간의 육체는 천에서 생성된 것이며, 감정이나 욕망 역시 천에서 생성된 것이며, 인간의 사고활동 역시 천에서 비롯된 것이며, 인간의 생리상태 및 생리적 욕구에 의해 반응 하는 심리현상 역시 모두 천에서 생성된 자연인 것이다. 인간의 감각은 천에서 비롯된 것이지만 감각이 최고의 효과를 발휘할 수 있게 하기 위해서는 반드시 인간의 후천적 노력이 필요하다고 할 수 있다. 이를테면 자동차가 최상의 상태를 유지해야만 최고의 기능을 발휘할 수 있는 것처럼, 꾸준한 정비를 통하여 유사시 각 기관이 제대로 기능을 발휘할 수 있도록 하는 것이

8) 『荀子』, 「天論」, "天職旣立, 天功旣成, 形具而神生. 好惡喜怒哀樂藏焉, 夫是之謂天情. 耳目鼻口形能各有接, 而不相能也, 夫是之謂天官. 心居中虛以治五官, 夫是之謂天君."

다. 마찬가지로 인간에게 있는 천관·천군과 천정을 최상의 상태로 유지시킬 때 그 기능을 제대로 발휘하게 되어 심신이 건강한 정상적인 사람이 되는 것이다.

생리적인 측면에 있어서 인간은 비록 천관과 천군의 각기 다른 기능을 가지고 있지만, 이러한 천관과 천군의 관계는 매우 긴밀하기 때문에 분리할 수 없는 것이며 때로는 천군을 천관의 일부로 보기도 한다. 천관 가운데의 귀는 주로 듣는 기능을 담당하고, 눈은 주로 보고 판별하는 기능을 담당하고, 혀는 주로 맛을 구별하는 기능을 담당하고, 코는 주로 냄새를 맡는 기능을 한다. 이러한 감각기관들이 각기 제 기능을 발휘하게 하기 위해서는 천군(뇌)의 명령이 필요하다. 그렇지 않으면 보아도 볼 수 없고, 들어도 듣지 못하고, 먹어도 그 맛을 알지 못하게 된다. 이외에도 근육·각종 신체기관 역시 모두 천관에 속하며 또한 천에서 생성된 것이다. 이러한 것들을 최적의 상태로 유지시켜 그 기능을 제대로 발휘하게 하는 노력은 인간의 인위적인 노력에 의해서 이루어지는 것이라고 할 수 있다.

심리적인 측면에 있어서 좋아하고 싫어함·기쁨과 노여움·슬픔과 즐거움의 천정은 본래 생리현상의 자연적인 반응이다. 천정의 발현 후에 비롯되는 행위는 예禮에 부합되어야 하는데, 이렇게 예에 부합되게 하는 행위는 인간의 인위적인 노력에 속한다고 할 수 있다. 이상과 같이 볼 때 천관과 천군 및 천정은 모두 천에서 생성된 자연적인 것으로 최상의 상태를 유지시켜 정상적인 기능을 발휘케 하는 것은 바로 인간의 후천적인 노력에 의해 결정된다는 사실을 알 수가 있게 되는 것이다.

순자에 있어서의 인성人性이란 인간이 후천적인 학습이나 노력에 의

하지 않은 선천적으로 가지고 있는 본능을 의미한다고 할 수 있다. 그렇기 때문에 순자는 "사람이 나면서부터 타고난 것을 본성이라 하고, 본성의 조화된 상태가 내외의 정묘한 감응을 받아 자연적으로 일어나는 작용도 또한 본성이라고 한다."[9]라고 했으며, 또한 "무릇 선천적 본성이란 하늘에 의하여 성취된 것이며,……학문의 대상도 바른 행위의 대상도 되지 않는 것으로서 나면서부터 사람에게 갖추어져 있는 것, 그것을 선천적 본성이라 하는 것이다."[10]라고 언급했던 것이다. 순자는 또한 인성에는 감정과 욕구가 내재되어 있다고 보아서 "본성이란 선천적으로 타고난 것이요, 인정人情이란 성의 본질이요, 욕망이란 정情의 반응인 것이다."[11]라고 주장했던 것이다.

이러한 언급들을 근거로 하여 볼 때 우리는 순자가 인간을 자연계에서 생성된 존재라고 생각했음을 알 수가 있게 되는 것이다. 인간은 태어날 때부터 육체 · 본성 · 감정과 욕망을 가진 존재이며, 인간과 동물은 모두 공통적으로 욕망을 가지고 있기 때문에 욕망의 측면에서 본다면 인성은 동물적 본능과 같다고 할 수 있는 것이다. 그렇기 때문에 만일 인간이 동물적 본능을 따라 발전해간다면 반드시 사회의 질서는 파괴되고 혼란한 상황이 발생할 것이기 때문에 인성에는 악한 경향이 있다는 것을 파악할 수 있게 되는 것이며, 더 나아가 악의 근원이 된다는 것을 알 수 있게 되는 것이다.

---

9) 『荀子』, 「正名」, "生之所以然者, 謂之性. 性之和, 精合感應, 不事而自然, 謂之性."

10) 『荀子』, 「性惡」, "凡性者, 天之就也……不可學 · 不可事而在人者, 謂之性."

11) 『荀子』, 「正名」, "性者, 天之就也; 情者, 性之質也; 欲者, 情之應也."

> 이제 인간의 선천적 본성을 생각해 보면, 그것은 타고날 때부터 이익을 좋아함이 있어 그(본성)에 따르는 까닭에 남과 쟁탈을 하게 되고 양보가 없게 된다. 태어나면서부터 남을 질투하고 미워함이 있어 그 본성에 따르는 까닭에 남을 해치는 일이 생기고 신의와 신뢰는 없어진다. 태어나면서부터 아름다운 소리나 색채를 좋아하는 눈과 귀 같은 감각기관의 욕망이 있어 그러한 본성에 따르는 까닭에 무절제함이 생기고 예의나 규범은 없어지고 만다. 이와 같이 인간의 본성을 따르고 인간 본래의 감정에 따르면 반드시 쟁탈하는 데로 나가 사회질서를 어지럽혀 천하는 혼란에 귀착하게 된다.[12]

순자는 비록 인간의 본성이 악하다고 생각했지만 동물과 다른 점은 '변별력이 있다'는 것이라고 보았는데, 이러한 변별력은 옳고 그름과 선악을 구별하는 판단력을 가리킨다.[13] 또한 인간이 천하에서 가장 귀한 존재가 되는 이유로는 인간의 "인간에게는 기·생명·지식 또한 예의가 있다."[14]는 것을 들고 있다. 즉 이러한 것들을 더욱 확대하여 모든 행위의 준칙을 예의에 의거하면 선善의 경지에 도달할 수 있다고 순자는 주장했다.

고대 중국인들은 인간에게는 인식과 변별할 수 있는 능력이 있는데 이러한 능력들은 마음의 작용에 의한 것이라고 생각했다. 순자 역시

---

12) 『荀子』, 「性惡」, "今人之性, 生而有好利焉, 順是, 故争奪生, 而辭讓亡焉; 生而有疾惡焉, 順是, 故殘賊生, 而忠信亡言; 生而有耳目之欲, 有好聲色焉, 順是, 故淫亂生, 而禮義文理亡焉. 然則, 從人之性, 順人之情, 必出於爭奪, 合於犯分亂理, 而歸於暴……然則人之性惡明矣."

13) 傅佩榮, 「荀子天論研究」, 『哲學與文化』, 第十二卷 第三期, 臺北, 1985년, 43쪽 참조.

14) 『荀子』, 「王制」, "人有氣·有生·有知, 亦且有義."

마음을 선천적인 감각기관의 하나로 생각하여 "무릇 인간의 감정은 눈은 매우 보기 좋은 아름다운 색을 좋아하고, 귀는 매우 듣기 좋은 아름다운 소리를 좋아하고, 입은 매우 좋은 맛을 좋아하고, 코는 매우 향기로운 냄새를 좋아하고, 마음은 매우 안일함을 좋아한다."[15]라고 언급한 것이다. 마음은 비록 천관의 하나이지만 그 지위는 기타의 감각기관 보다 높으며, 또한 평가와 명령의 기능을 갖추고 있는 것이라고 할 수 있다. 그렇기 때문에 순자는 "마음은 체내의 중심에 있으면서 오관을 제어한다. 대저 이것을 가리켜 천군이라고 한다."[16]라고 했으며 또 "마음이라고 하는 것은 육체의 왕이요, 신통하고 영묘한 주체로서, 스스로 명령을 내리되 명령을 받는 일은 없다."[17]라고 언급했던 것이다. 그렇다면 과연 어떻게 해야만 마음이 최상의 상태를 유지하여 평가와 명령을 잘 시행할 수 있는 것일까? 이에 대해 순자는 먼저 천군을 맑게 해야 한다고 주장했으며, 이러한 천군을 맑게 하기 위한 방법으로 그는 허일이정虛一而靜의 이론을 제시한다.

> 무엇으로 도를 알 수 있는가? 그것은 바로 마음으로 서다. 그러면 마음은 또 어떻게 도를 알 수 있는가? 마음을 비우고 전일 하게 하여 고요하게 하면 된다.……마음이 허하고 전일하고 고요한 것, 이것을 마음이 티 없이 맑고 밝다하여 대청명 이라고 한다. 대청명을 얻게 되면 일체의 사물 가운데 형체가 있는 것 치고 보이지 않는 것이 없고, 보고 인식한 이상 어느 한 가지 들어서 논평하지 않는 것이 없으며, 논평을 거친 이

15) 『荀子』, 「王霸」, "夫人之情, 目欲綦色, 耳欲綦聲, 口欲綦味, 鼻欲綦臭, 心欲綦佚."

16) 『荀子』, 「天論」, "心居中虛, 以治五官, 夫是之謂天君."

17) 『荀子』, 「解蔽」, "心者, 形之君也, 而神明之主也, 出令而無所受令."

상 그 모두가 각기 알맞은 순서를 얻어 제자리를 잃어버리는 예가 없다. 그래서 방안에 앉아서 천하의 형편을 내다보고, 오늘에 살고 있으면서 아득한 옛일을 논하고, 만물을 훑어보고서 그 실정을 알고, 치란의 자취를 참고로 하여 제도에 통하며, 나아가 천지를 바로잡고 만물을 다스려 그 모두가 제각기 제자리에서 제구실을 하도록 하고, 천하의 큰 도리를 바로잡아 우주를 남김없이 휩싸 안게 되는 것이다.[18)]

먼저 허虛라는 것은 마음의 기억 및 인지된 내용을 수용할 수 있는 능력을 뜻하며, 그것은 끝없이 새로운 지식을 흡수할 수 있으며 이미 있는 지식으로 인해서 새로운 지식을 인식하는데 방해받지 않는 것을 의미한다. 일一이란 것은 마음의 종합적인 분석 및 전념할 수 있는 능력을 뜻하며, 그것은 각기 다른 사물을 인식하면서 서로 혼동되지 않게 하는 것을 의미한다. 정靜이란 것은 마음의 냉철한 사고 및 이성적인 판단능력을 뜻하며, 그것은 인간이 객관성을 유지할 수 있게 하여 의식의 혼란한 상태를 방지 시켜주는 것을 의미한다.

순자의 자연론의 중심사상은 인간들이 적극적으로 인간의 일에 힘써 노력할 수 있게 만들고자 하는데 있는 것으로, 천의 능력에 대해 무작정 흠모하거나 경외감을 가질 필요가 없이 인간자신들에게 주어진 일에 대해 최선의 노력을 경주하는데 있는 것이다.[19)] 그래서 그는 "군자는 자신에게 관계된 문제를 신중히 하고, 하늘에 관계된 문제는

---

18) 『荀子』, 「解蔽」, "何以知道? 曰心. 心何以知? 曰虛一而靜.……虛一而靜, 謂之大淸明. 萬物莫形而不見, 莫見而不論, 莫論而失位. 坐於室而見四海, 處於今而論久遠, 疏觀萬物而知其情, 參稽治亂而通其度, 經緯天地而材官萬物, 制割大理而宇宙裏矣."

19) 馮友蘭, 『中國哲學史新編』 第二册, 北京, 人民出版社, 1995년, 377쪽 참조.

추구하지 않는다."[20]라고 언급했던 것이다.

순자는 "천지자연이 인간을 낳으면, 성인이 인간을 육성한다."[21]라고 말하였는데, 여기에서의 '생生'은 천지의 직분으로 자연적인 일을 뜻하는 것이다. 그리고 '성成'은 인간의 직분을 뜻한다. 천지는 인간과 사물을 생성할 수는 있으나 예의를 제정하여 인간을 육성하지는 못하고 성인만이 예의를 제정하여 인간을 육성할 수 있는 것이다. 또한 '천생인성天生人成'의 천은 자연적인 사물을 뜻하는데 좁은 의미로는 자연현상을 말하고, 넓은 의미로는 자연현상 및 인간의 심신과 감각기능 및 정욕까지 포함하는 것이다.

> 하늘의 직분이 이미 확립되고 하늘의 작용이 이미 완성되어(즉 이와 같은 자연의 생성작용에 의해) 인간의 육체가 갖추어 지고 정신이 생기면 여기에 호오・희노・애락이 깃든다. 이것을 가리켜 천정天情이라 한다. 이목구비와 형체는 각각 외계사물과의 접촉을 통해 그 특수기능을 발휘하나 상호간에 통용되지는 않는다. 이런 것을 가리켜 천관天官이라 한다. 마음은 체내의 중심에 있어서 오관을 제어한다. 이것을 가리켜 천군天君이라고 한다.[22]

천관・천군은 인간의 생리적인 부분을 뜻하는 것으로 이목구비・신체・오장・육부 등을 포함하며, 천정은 인간의 심리적인 측면을 의미하는 것으로 인간의 정신 및 희노애락喜怒哀樂 등의 감정을 포함한

---

20) 『荀子』, 「天論」, "君子敬其在己者, 而不慕其在天者."

21) 『荀子』, 「大略」, "天地生之, 聖人成之."

22) 『荀子』, 「天論」, "天職旣立, 天功旣成, 形具而神生, 好惡喜怒哀樂藏焉, 夫是之謂天情. 耳目鼻口形能, 各有接而不相能也, 夫是之謂天官. 心居中虛, 以治五官, 夫是之謂天君."

다.[23] 인간이 건강한 삶을 유지하기 위해서는 반드시 생리적인 건강과 심리적인 건강을 유지해야 하는데, 심리적인 건강은 완전한 인격의 배양을 그 안에 포함해야 하며, 또한 생리적인 건강은 신체의 정상적인 발육을 의미하며 각종 신체기관이 제 기능을 정상적으로 발휘하는 것을 의미한다.

생리적인 측면에 있어서 천관은 천군의 통제를 받으나 천관이 정상적인 상태를 유지하며 제 기능을 발휘하기 위해서는 인간의 인위적인 노력이 필요하며, 또한 이러한 인간의 인위적인 노력의 선결과제는 곧 천군을 맑게 하는 것에 있다. 천군을 맑게 하는 방법으로는 허일이정虛一而靜이 있는데, 즉 그것은 인간의 인식능력을 냉철하게 운용함과 동시에 각종 사물의 이치를 종합적으로 분석한 후 그것을 생활 속에 적용하는 것인데, 이렇게 하면 생리적인 건강을 도모할 수 있게 된다고 하는 것이다. 심리적인 측면에 있어서 좋아함과 싫어함·기쁨과 성냄·슬픔과 즐거움의 천정은 반드시 적당한 방임과 통제를 통해야만 정도正道에 들어갈 수 있는데, 이렇게 할 때 비로소 심리를 건강하게 할 수 있게 되는 것이다. 정도에 진입하는 구체적인 방법으로는 바로 성인이 제정한 예의법도에 따라 실천하는 것이다.

이러한 예의법도를 실천하는 군자는 심신이 건강한 사람이라고 할 수 있는데, 즉 군자는 천관과 천정이 모두 정상적으로 발전을 한 존재인데 이는 곧 『대학』에서 말하는 '수신修身'을 완성한 존재라는 것으로 이것이 바로 순자의 '천생인성天生人成'의 목표가 되는 것이라고 할 수 있는 것이다. 또한 군자는 '수신'을 한 후에 다시 예의법도를 제정하여

23) 藩菽主編, 『中國古代心理思想硏究』, 南昌, 江西人民出版社, 1983년, 49쪽 참조.

이것을 바탕으로 인간사회의 모든 일 즉 '제가'·'치국'·'평천하' 등의 천지만물과 조화를 이루는 것을 목표로 한다. 그렇기 때문에 순자는 "천지라는 것은 만물을 생성하는 것의 시작이고, 예의라는 것은 사물을 다스림의 시작이고, 군자는 예의를 실행함의 시작이다.……그러므로 천지는 군자를 낳고, 군자는 천지를 다스린다. 군자는 천지와 배합하고 만물의 총화이며 백성들의 부모가 된다."[24]고 했던 것이며, 또한 "하늘에는 사시의 운행이 있고, 땅에는 만물의 자원이 있고, 인간에게는 다스려야할 일이 있다. 이런 것을 가리켜 천지와 배합된다고 하는 것이다."[25]라고 언급한 것이다. 이와 같이 순자는 천지만물과 조화를 이루는 것을 '천생인성天生人成'의 최종목표로 삼았으며 또한 군자·성인이 되는 것을 최고의 경지로 생각했던 것이다.

천지만물은 일종의 자연현상으로 어떠한 의지나 감정을 가지고 있지 않기 때문에 인간의 삶에 대하여 재앙이나 축복을 줄 수도 없을뿐더러 또한 인간세상의 치란治亂에도 영향을 줄 수 없는 존재이기는 하지만, 다른 한편으로는 인간의 생존문제와 밀접하게 관계를 맺고 있다고 할 수 있다. 즉 인간의 현실생활은 모두 천지만물로부터 기본적인 토대를 제공받고 있기 때문에 인간의 삶과 밀접하게 관련되어 있다고 할 수 있는 것이다. 그렇기 때문에 순자는 '제천制天·용천用天'을 주장하며 "하늘을 위대하다고 여겨 하늘을 사모하는 것과, 물자를 축적해서 그것을 처리해 나가는 것 중에 어느 쪽이 더 훌륭한가? 하늘에 순종

---

24) 『荀子』, 「王制」, "天地者, 生之始也; 禮義者, 治之始也; 君子者, 禮義之始也.……故天地生君子, 君子理天地. 君子者, 天地之參也, 萬物之總也, 民之父母也."

25) 『荀子』, 「天論」, "天有其時, 地有其財, 人有其治, 夫是之謂能參."

하며 하늘을 찬송하는 것과, 하늘에 의해 생성된 사물을 처리하여 이용해 나가는 것 중에 어느 쪽이 더 훌륭한가?"[26] 라고 했는데, 여기에서 순자는 두 개의 '제制'자로써 천지만물에 대한 자신의 인식태도를 설명한다. 또한 그는 전체 천天사상을 규정하는데, 그 목적은 "물자를 축적해서 그것을 처리해 나가는 것" 및 "하늘에 의해서 생성된 사물을 처리하여 이용해 나가는 것"의 실제적인 효과에 도달하려 하는데 있는 것이라고 할 수 있다. 이러한 목적을 달성하기 위해서는 인위적인 노력이 필요하며, 이런 인위적인 노력은 군자나 성인의 임무가 되는 것인데, 즉 성인과 군자는 천군을 명확하게 할 수 있으며 변별을 할 수 있고 또한 군집생활을 지도할 수 있어서 인류의 행복을 조성할 수 있다는 것이다.

> 성인은 그 천군을 맑게 하고, 그 천관을 바르게 하며, 그 천양을 갖추고, 그 천정에 순종하고, 그 천정을 양성하여, 그 천공을 완전히 한다.[27]

> 인간의(짐승과 구별되는) 인간된 특색은 무엇 때문인가? 그것은(인간에게는) 변별이 있기 때문이다.……변별 가운데 가장 큰 것은 계급 구분이고, 구분 가운데 가장 큰 것은 예이고, 예 가운데 가장 큰 것은 성왕이다.[28]

---

26) 『荀子』, 「天論」, "大天而思之, 孰與物畜而制之? 從天而頌之, 孰與制天命而用之?

27) 『荀子』, 「天論」, "聖人淸其天君, 正其天官, 備其天養, 順其天政, 養其天情, 以全天功."

28) 『荀子』, 「非相」, "人之所以爲人者, 何已也? 曰, 以其有辨也……辨莫大於分, 分莫大於禮, 禮莫大於聖王."

> 인간은 사회를 구성할 수 있으나 소나 말은 그것이 안 되기 때문이다. 그러면 인간은 무엇으로써 사회를 구성할 수 있는가? 그것은 계급적 신분 질서에 의해서이다. 그러면 그 계급적 신분 질서는 무엇으로 실현할 수 있을까? 그것은 의에 의해서이다. 이와 같은 이유로 계급적 신분 질서가 실현되면 사람들은 화합하고, 화합하면 하나로 통합되고, 하나로 통합되면 힘이 증가하고, 힘이 증가하면 강해지고, 강하게 되면 인간 이외의 사물에게 이길 수 있다.……결국 사계절의 순회에 맞추어서 적절한 일을 하고 만물을 유용한 것으로 바꾸어서 활용하고 널리 천하에 이익을 줄 수 있는 것은 다른 특별한 이유가 있는 것이 아니다. 사회를 구성하는 데에 불가결한 계급적 신분 질서와 의를 소유하고 있기 때문이다.[29)]

이상은 순자가 생각한 인간과 동물의 차이점을 설명한 것으로, 인류는 흑백·미추·시비·선악을 분별할 수 있는 판단력을 지니고 있다는 것이다. 이러한 변별의 작용은 곧 상하를 분명히 하고 친소·귀천·존비 등을 명확하게 구분하는 것이다. 그래서 성왕은 이러한 구분을 기초로 예禮를 제정하였던 것이다. 또한 인간에게는 변별력 이외에도 의로움義과 군집생활을 하는 특색이 있다. 이처럼 인간에게는 의로움이 있기 때문에 사물에 대해서 합리적인 판단을 할 수 있는 것이며, 군집생활을 할 수 있기 때문에 합리적인 사회조직을 형성 할 수 있었던 것이다. 인간에게는 예의禮義와 군집생활을 할 수 있는 능력이 있기 때문에 서로 긴밀하게 단결을 할 수 있는 것이며, 이와 같은 역량을 바탕으로 자연을 제하고 이용할 수 있는 것이며 더 나아가 백성들의

---

29) 『荀子』, 「王制」, "人能群, 彼不能群也. 人何以能群? 曰分. 分何以能行? 曰義. 故義以分則和, 和則一, 一則力多. 多力則彊, 彊則勝物,……故序四時, 裁萬物, 兼利天下, 無它故焉, 得之分義也."

생활을 풍요롭게 하여 천하가 모두 이롭게 되는 경지에 도달할 수 있게 되는 것이다. 이와 같이 볼 때 성인은 자연을 이용하고 예의를 제정하여 인간의 생활을 개선함과 동시에 이것을 자신의 임무와 목표로 삼았음을 알 수가 있는 것이다.

순자는 '제천制天'과 '용천用天'을 역설하면서 다시 '제천祭天'과 '사천事天'이 인문교화의 필수적인 요소라는 주장했다. 그래서 그는 적극적으로 미신적인 색채를 띠고 있는 종교적 성격을 타파할 것을 역설했을 뿐만 아니라 정당한 인문 활동의 필요성을 주장했다.[30] 즉 전자는 '천생인성'의 기본원칙에 위배되어 인간 세상에 혼란을 조장하기 때문이며, 후자는 농후한 교육적 의미가 있을 뿐만 아니라 예를 시행하는데 빠져서는 안 될 중요한 요소이기 때문에 순자는 인문교화의 필요성을 주장했던 것이다.

> 별이 떨어지거나 나무가 울면 나라 안의 사람들이 모두 공포에 떨며 "이것이 어찌된 일인가"라고 말한다. 그것은 아무것도 아니다. 이는 천지와 음양의 변화 현상으로서 드물게 일어나는 일이다. 괴이하게 여겨도 되나 두려워할 필요는 없다. 저 일식이나 월식……그 같은 일이 계속해서 일어난다 해도 걱정할 것 없다.……일식・월식에 그것을 제거하려 힘쓰고 한발에 기우제를 지내고 점친 뒤에 대사를 결정하는 것은, 그것으로 원하는 일이 이루어진다고 생각해서가 아니고, 그것으로(의례로서의) 수식을 하는 것이다. 그래서 군자는 그것을 수식적 행위라고 생각하나 백성들은 그것을 신통력이라도 있는 것으로 생각하고 있다. 수식적 행위로 생각하면 길하나 신통력이 있는 것으로 생각하면 해가 있을 것이다.[31]

---

30) 李哲賢, 『荀子之核心思想』, 臺北, 文津出版社, 1994년, 63쪽 참조.

순자에 있어서의 천은 자연현상이지만 만물의 근본으로서 인류의 생존 근거가 된다고 할 수 있다. 또한 이러한 천에는 법칙이 있기 때문에 예의 근원이 되는 것이라고 할 수 있는 것이다. 그렇기 때문에 성인은 '사천'·'제천'을 주장하는데, 그것은 한편으로 근본을 잊지 말라는 것을 의미하고 다른 한편으로는 인문교화의 필요성을 강조하기 위해서였던 것이다. 이와 같이 볼 때 순자가 '제천'·'사천'을 주장한 의도는 바로 군자가 마땅히 '사천'을 잘 실행하여 인간의 기질을 변화시켜 좋은 풍습을 만들어 이상적인 사회를 만들어야 한다는 것에 있었던 것이다.

3. 자연과 사회의 관계

고대사회의 인류는 자연계의 천재지변을 극복할 수 없었다. 그래서 인류는 부득이 하게 종교의 힘에 의지하여 자신들 내면에 깊숙이 자리 잡고 있는 공포감으로부터 벗어나고자 했으며, 또한 천명에 의탁해서 정신적 중압감과 충돌을 해소하고자 하였다. 그래서 결국에는 개인의 미신과 신권정치가 형성되었던 것이다.[32)]

순자는 이성적인 인식과 의지를 굳건히 함으로써 인류의 이러한 잘못된 관념들을 해소시키고자 하였기 때문에 '천생인성天生人成' 및

---

31) 『荀子』, 「天論」, "星隊木鳴, 國人皆恐. 曰, 是何也? 是天地之變, 陰陽之化, 物之罕至者也. 怪之可也, 而畏之非也. 夫日月之有蝕……則是雖並世起無傷也.……日月蝕而救之, 天旱而雩, 卜筮然後決大事, 非以爲得求也, 以文之也 故君子以爲文, 而百姓以爲神. 以爲文則吉, 以爲神則凶也."

32) 王友三主編, 『中國宗敎史』, 濟南, 齊魯書社, 1991년, 9~10쪽 참조.

'제천制天'과 '용천用天'과 같은 주장을 했던 것이며, 또한 인간사회의 질서와 혼란은 인간자신의 노력 여하에 따라 결정된다고 하는 신념으로 이러한 미신적인 관념들을 타파하여 사회의 안정을 도모하고자 하였다. 이와 같은 인간의 노력으로 천을 극복할 수 있다고 하는 사상은 천의 자연적 의미가 인문주의적 의미로 변화되었음을 의미하는 것이라고 할 수 있다.[33] 이러한 천의 의미 변화는 바로 천과 사회와의 관계를 의미하는 것으로 그 원인과 의의에 대해 분석해 보겠다.

먼저 인간사회의 혼란과 질서는 천의 의지에 있지 않고 인간의 행위에 달려있다는 문제에 관하여, 순자는 비록 천지가 만물을 생성하는 것이지만 만물을 생장시키고 양육하며 보전해서 인류에게 축복을 가져다 줄 수 있게 하는 것은, 인간들 자신의 노력에 달렸다고 생각했다. 또한 순자는 천지는 비록 수재나 한재 혹은 지진 등의 여러 가지 돌변적요소가 있어 인류의 생존을 위협하지만, 이러한 것들 보다 더욱 크게 인류의 생존을 위협하는 것은 바로 인간 자신이라고 생각했다.

> 천도는 일정하고 불변한 것이다. 요임금이 나왔기 때문에 존재하는 것이 아니고, 걸과 같은 사람이 나왔기 때문에 없어지는 것이 아니다. 치도로 대응하면 길하고 혼란함으로 대응하면 흉하다. 농사에 힘쓰고 절약해서 쓰면 하늘도 그것을 빈궁하게 할 수 없고, 의식이 풍족하고 운동을 적시에 하면 하늘도 그것을 병들게 할 수 없고, 도리에 따라 어그러지지 아니하면 하늘도 그것에 재앙을 내릴 수 없다.……국가의 치란은 하늘에 달려 있는 것일까? 일월성신의 역상은 우임금 때나 걸왕 때나 다 마찬가지이다. 그런데 우임금 때에는 그것으로 다스려졌고 걸왕

33) 楊筠如, 『荀子研究』, 上海, 商務印書館, 1931년, 86쪽 참조.

때에는 그것으로 어지러워졌다. 그렇다면 치란은 하늘과 상관이 있는 것이 아니다.……치란은 시절과 상관이 있는 것이 아니다.……그러니 치란은 땅 때문이 아니다.[34)]

천지·사계절은 모두 같은 것이나 인간세상의 치세·난세와는 별개의 것으로 백성들의 길흉화복과는 전혀 무관하다는 것이다. 이것은 곧 인간의 재앙과 축복은 천도와는 전혀 관련이 없다는 것을 충분히 논증하여 주는 것으로, 인류가 만일 "농사에 힘쓰고 절약해서 씀", "의식이 풍족하고 운동을 적시에 함", "도리에 따라 어그러지지 아니함"과 같이 절제하는 삶을 영위 한다면, 수재나 한재와 같은 재앙과 요괴가 출현한다고 해도 사회의 안정에 영향을 끼칠 수 없다는 것이다. 반대로 비바람이 알맞은 때에 내리고 부는 등등 재난이 없어도 사회는 혼란해질 수도 있다고 순자는 보았다.

매우 빈번하게 일어나는 일로서는 인간 사회의 요괴야말로 두려워하여야만 할 일이다. 경작을 소홀히 하여 심은 곡식을 해치고, 거칠게 김매어 수확을 잃고, 정치를 나쁘게 하여 민심을 잃고, 농지는 황폐하여 곡식의 결실은 나쁘고, 사들여오는 곡식은 비싸서 백성들은 굶주리고, 길거리에는 굶어죽은 사람들이 뒹굴고 있다, 이런 것을 두고 인요라고 하는 것이다. 정령은 공명하지 못하고, (국가의 사업을)일정한 때를 가리지 않고 일으켰다 그만두었다하여, 농사가 잘 관리되지 못한다. 이런 일을 일컬어 인요라 한다. 예의가 지켜지지 않아 안팎의 일이 구별이 없

34) 『荀子』, 「天論」, "天行有常, 不爲堯存, 不爲桀亡. 應之以治則吉, 應之以亂則凶. 彊本而節用, 則天不能貧, 養備而動時, 則天不能病, 修道而不貳, 則天不能禍.……治亂天邪? 曰, 日月星辰瑞曆, 是禹桀之所同也. 禹以治, 桀以亂, 治亂非天也.……治亂非時也.……治亂非地也."

고, 남녀관계도 음란하고, 부자간도 서로 의심하고, 상하관계는 괴리되고 외적의 침입이 빈번하게 발생한다. 이런 것을 일컬어 인요라 한다. 요망한 현상이란 인간사회의 혼란에서 생긴다. 이러한 세 가지의 인요가 교대로 발생하면 안전한 나라는 없다. 그 인요설이 매우 비근하나 그 재해는 매우 참혹한 것이다.[35]

국가의 재난이라고 하는 것은 실제로는 인간에 의해서 비롯된 인재人災인데, 이것을 일컬어 '인요人妖'라고 하는 것이다. 또한 개인의 길흉화복 역시 이와 같은 것으로 궁극적인 원인은 자신에게서 찾아야 하는 것이다. 그렇기 때문에 순자는 "군자는 자신에 관련된 문제를 신중히 하고, 하늘에 달려있는 문제를 추구하지 않는다. 그래서 날로 진보해 간다. 소인은 자신에게 관련된 문제를 버려두고, 하늘에 관계된 문제를 추구하니, 날마다 퇴보해 간다."[36]라고 언급한 것에서 알 수 있듯이 순자는 인간의 일체의 길흉화복이 모두 인간자신의 행위에 달려있는 것이지 천도에 달려있는 것이 아니라고 생각했던 것이다. 그러므로 천을 원망하지도 흠모하지도 말 것이며, 군자는 반드시 인간사회 경영에 힘써야 한다는 것을 주장한 것이다.

이와 같이 볼 때 순자는 사회의 치란治亂 원인이 천의 의지에 있는 것이 아니고 인간의 행위에 있다고 생각했음을 알 수 있다. 또한 순자

---

35) 『荀子』, 「天論」, "物之已至者, 人妖則可畏也. 楛耕傷稼, 耘耨失薉, 政險失民. 田薉稼惡, 糴貴民飢, 道路有死人,夫是之謂人妖. 政令不明, 擧錯不時, 本事不理, 夫是之謂人妖. 禮義不修, 內外無別, 男女淫亂, 則父子相疑, 上下乖離, 寇難竝至, 夫是之謂人妖. 妖是生於亂, 三者錯, 無安國. 其說甚爾, 其菑甚慘."

36) 『荀子』, 「天論」, "君子敬其在己者, 而不慕其在天者, 是以日進也; 小人錯其在己者, 而慕其在天者, 是以日退也."

는 인간의 본성에는 악한 성향이 있는 것으로 생각했는데, 이는 인간에게는 정욕이 있어서 이러한 정욕에 따라 행위를 하고 예의로써 규범을 삼지 않는다면 인간사회는 반드시 분란의 국면에 빠지게 될 것이라고 주장했다. 이러한 혼란의 시기에는 강자가 약자를 억압하고 다수의 사람들이 폭력을 일삼으니, 인류의 생명은 매우 위태로운 지경에 놓이게 된다. 그렇기 때문에 선왕이 인류의 군집생활 속에서의 분쟁을 해결하기 위해 예의를 제정하여 지위의 한계를 명확히 구분하고 합리적인 분배를 통하여 인류가 서로 해치고 죽이는 살육의 대란 상태에 이르지 못하게 한 것이다.

> 예는 어떻게 생기는 것일까? 사람에게는 태어나면서부터 욕망이 있다. 욕망이 있는데 손에 넣어지지 않으면 어떻게 하든 손에 넣으려고 추구한다. 추구하여 거기에 일정한 한계가 없으면 다투지 않고는 견뎌내지 못한다. 다투면 사회는 혼란하고, 혼란하면 드디어 사회는 막힌다. 선왕은 그 혼란을 싫어했던 것이다. 그래서 예의를 제정하여 사람들의 욕망에 일정한 한계를 지어, 그것으로 사람들의 욕망을 양육하고, 사람들의 욕구를 충족시키며, 욕망이 물질로 인하여 결코 파탄이 오지 않도록 욕망과 물질이 서로 균형을 유지하면서 증가해 가도록 하였다. 이것이 예가 발생하게 된 이유이다.[37]

이러한 예의 제정에 관하여 순자는 다음과 같은 세 가지 원칙을 근거로 해야 한다고 주장했다. 그것은 곧 천지・군사君師・조상인데, 이

---

37) 『荀子』, 「禮論」, "禮起於何也? 曰, 人生而有欲, 欲而不得, 則不能無求. 求而無度量分界, 則不能不爭. 爭則亂, 亂則窮, 先王惡其亂也, 故制禮義以分之. 以養人之欲, 給人之求. 使欲必不窮乎物, 物必不屈於欲, 兩者相持而長. 是禮之所起也.

가운데 조상은 자신의 근원을 대표하는 것으로 종족의 유래와 지속성을 뜻하고, 군사君師는 정치의 형성을 대표하는 것으로 교화가 광범위하게 베풀어짐을 의미하고, 천지는 백성들 식량의 생산을 대표하는 것으로 경제의 근원을 뜻한다. 이러한 세 가지 원칙은 인류생존의 근본조건을 포괄함과 동시에 사회구성원들 사이의 긴밀한 유대관계를 포함한다.

> 예에는 세 가지 근본이 있다. 첫째로, 천지는 생명의 근본이다. 둘째로, 선조는 종족의 근본이다. 셋째로, 군사는 사회 안정의 근본이다. 천지가 없다면 결코 인간이 생겨나지 않으며, 선조가 없다면 결코 자손이 출현하지 않으며, 군사가 없다면 결코 사회가 안정될 수 없다. 따라서 셋 중의 하나라도 빠진다면 사람은 누구라도 안정될 수 없다. 그래서 예에서는 위로 하늘을 섬기고, 아래로 땅을 섬기고, 선조를 존경하고, 군사를 존경하고 있는 것이다. 이것이 예의 세 가지 근본이다.[38]

이상과 같이 예는 세 가지 원칙에 근거해서 제정되는 것이나, 각종 예절제도들이 그것을 적용하는 대상들이 같지 않음으로 인해서 각기 다른 규정들이 존재하는 것이다. 또한 순자가 언급한 예는 그 함의가 매우 광범위 한데 의로움義도 그 안에 포함시켜야 한다.[39] 그렇기 때문에 그 둘을 합하여 예의禮義라고 하는 것이며, 이는 맹자가 인仁과 의義를 합하여 인의仁義라고 부르는 것과 같은 맥락을 형성한다. 예의

38) 『荀子』, 「禮論」, "禮有三本. 天地者, 生之本也; 先祖者, 類之本也; 君師者, 治之本也. 無天地惡生, 無先祖惡出, 無君師惡治. 三者偏亡焉, 無安人. 故禮上事天, 下事地, 尊先祖而隆君師. 是禮之三本也."

39) 李哲賢, 『荀子之核心思想』, 臺北, 文津出版社, 1994년, 158쪽 참조.

는 인간의 행위의 준거가 되지만 또한 자연현상의 규칙에 부합하는 것을 그 기준으로 삼아야 한다. 인간의 행위의 준거는 개인의 수신과 처세의 구체적인 행위의 규범을 포함하고 사회는 군집생활의 제도를 규범으로 이용한다. 그렇기 때문에 순자는 특히 정치제도 및 사회적 제재를 중시하였던 것이다.[40)]

순자에 있어서의 예의는 인류의 행동의 준거가 될 뿐만 아니라 각종 사무를 처리하는 원칙의 근거가 된다. 예의는 비단 인륜사회를 주재할 뿐만 아니라 자연계 역시 주재하는데 그래서 예의는 순자 사상의 기초가 되는 것으로 순자가 예의의 중요성을 강조한 목적은 '인문화성人文化成'에 있다. 즉 역사 문화적인 의미의 예의를 사회·정치상에 운용함으로써 국가경영과 이상적인 치세治世의 목적을 달성하고자 한 것이다.

> 나라에 예가 없으면 그 나라는 정상적이 아니다. 예가 국가를 바로 잡는 것은……[41)]

> 학문이란 어디서 시작해서 어디에서 끝나는가? 학문하는 순서는 먼저 『시경』·『서경』 등 경전을 외우는 데서 비롯하고, 『예기』를 정독하는 데서 끝나는 것이며, 그 목적은 군자가 되는데서 비롯하여 성현이 되는 데서 끝나는 것이다…… 『예기』는 법의 근본인 동시에 사람으로서 지켜야할 관습의 근원인 것이다. 그러므로 학문은 『예기』에서 끝나는 것이니, 이것이야말로 도덕의 극치인 것이다.[42)]

---

40) 陳定閎, 『中國社會思想史』, 北京, 北京大學出版社, 1990년, 184쪽 참조.

41) 『荀子』, 「王覇」, "國無禮則不正, 禮之所以正國也……."

42) 『荀子』, 「勸學」, "學惡乎始?, 惡乎終? 曰, 其數則始乎誦經, 終乎讀禮. 其義則始乎爲士, 終乎爲聖人.……禮者法之大分, 群類之綱紀也. 故學至乎禮而止矣. 夫是之謂道德之極."

이와 같이 볼 때 순자가 중시한 예는 그의 전체사상에 있어서 핵심적인 부분이 되는 것이다. 이러한 예를 실천하는데 있어서 '정분定分' · '구평求平' · '화군和群'은 매우 중요한 위치를 차지하고 있는데, 그 구체적인 내용은 다음과 같다.

먼저 정분定分인데, 예의 중점은 귀천 · 존비의 구별을 분명하게 밝혀서 사람들로 하여금 제각기 자신의 분수에 맞는 생활을 영위케 하는데 있다. 순자는 만일 장유長幼의 구분이나 귀천貴賤의 구분이 명확해지지 않으면 곧 천하는 매우 혼란스러운 상태에 빠지게 되어 재앙이 발생한다고 보았다.43)

> 사람이 세상에 태어나면서부터 군집생활을 아니할 수 없고, 군집생활을 하는데 상하의 분별이 없으면 싸움이 벌어지게 되고, 싸움이 벌어지면 세상이 혼란해지고, 세상이 혼란해지면 모두가 곤궁에 빠져들게 된다. 그러므로 상하의 분별이 없다고 하는 것은 인간에게 있어서 가장 큰 손실이다.44)

> 인간은 군집생활을 떠나 서로 헤어져 각자의 공을 서로 통하지 않는다면 모두가 곤궁을 겪게 되고, 군집생활을 하더라도 상하의 분별이 없으면 반드시 싸우게 된다. 곤궁은 근심거리요 싸움은 재앙이다. 근심거리를 없애고 재앙을 떨어버리면, 무엇보다도 상하의 분별을 명백하게 하여 군집생활을 하게 하는 것이 제일이다.45)

---

43) 許俊雅, 「禮之精神及社會價值」, 『孔孟月刊』, 第二十三卷 第十二期, 臺北, 1982年, 16쪽 참조.

44) 『荀子』, 「富國」, "人之生不能無群, 群而無分則爭; 爭則亂, 亂則窮矣. 故無分者, 人之大害也."

45) 『荀子』, 「富國」, "離居不相待則窮, 群而無分則爭. 窮者患也, 爭者禍也. 故

순자는 인간에게 있는 장유·지혜와 어리석음·귀천 등이 각기 다르다고 생각하였는데, 만일 적절한 분배가 이루어지지 않는다면 각기 그 응분의 지위와 대가를 획득하기 위하여 서로 다투게 되어 천하는 커다란 혼란에 빠지게 된다고 보았다. 그렇기 때문에 반드시 예의를 제정하여 그 분배의 기준을 정해야 한다고 주장했던 것이다. 이와 같이 분업과 협력의 효과가 제대로 발휘 될 때 사회는 조화롭게 진보할 수 있다고 순자는 믿었던 것이다.

> 무릇 천자의 귀함과 천하를 갖는 부는 누구나 원하는 것으로 이는 인간의 정서로서 누구나 다 하고 싶은 일이다. 그러나 그 욕망을 방임하면 누구나 되는 것이 아니며, 그것으로 끝나는 것도 아니다. 그러므로 선왕이 이를 위하여 예의로 절제하여 분별한 것이다. 귀천의 차등과 장유의 차등이 있게 되고, 어질고 어리석음과 능하고 못한 구별을 알게 하여, 다 그 일을 맡아 각각 적소를 얻게 한 후에, 녹의 많고 적고 후하고 박한 정도의 적당한 한계가 있게 한 것이므로, 이것이 사회생활의 총화 통일을 얻게 하는 도리인 것이다.[46)]

다음은 구평求平이다. 정치는 계급을 구분하고 사회는 유형을 나누어 많은 불평등을 형성했기 때문에 순자는 정치상의 적재적소에서 인간의 평등을 주장했던 것이다. 즉 순자는 선천적인 불평등은 인력으로 극복할 수 있다고 믿었는데, 이는 곧 총명함과 지혜로움은 비록 모든

救患除禍, 則莫若明分使群矣."

46) 『荀子』, 「榮辱」, "夫貴爲天子, 富有天下, 是人情之所同欲也. 然則從人之欲, 則勢不能容, 物不能贍也. 故先王案爲之制禮義以分之. 使有貴賤之等, 長幼之差, 知賢愚能不能之分. 皆使人載其事, 而各得其宜, 然後使慤祿多少厚薄之稱. 是夫群居和一之道也."

인간이 제각기 다르지만 후천적인 노력여하에 따라서 그 성취의 대소를 결정할 수 있는 것으로서, 세습적인 제도에 의해서 결정되는 것이 아니라는 것이다.

> 사람의 성품과 지능은 군자나 소인이나 같고, 영예를 좋아하고 치욕을 미워하며 이익을 좋아하고 손해를 싫어하는 것은, 군자・소인이 같지만……요임금이나 우임금과 같은 성인이 되면 항상 안녕과 영화를 누릴 수 있으나, 걸이나 도척과 같은 악한이 되면 위험과 치욕을 면할 날이 없다. 또 요임금・우임금과 같이 되면 늘 유쾌하고 편안하나, 목수나 장인, 농군이나 상인이 되면 늘 바쁘고 고단하다. 그런데도 사람들이 후자를 힘쓰고, 전자를 힘쓰는 사람이 적은 것은 무슨 까닭일까? 그것은 전혀 보고 듣고 배운 것이 없는 데다 소견이 좁기 때문이다. 요임금・우임금도 나면서부터 성인이 아니요, 본래의 성품 곧 구태를 변화시켜 수양을 거듭 쌓았기에 비로소 그와 같은 성덕이 갖추어지게 된 것이다.[47]

> 왕이나 귀족, 사대부의 자손이었다 하더라도 예의에 힘쓸 수 없다면, 그들을 서인으로 신분을 낮추고, 비록 서인의 자손이라 할지라도 학문을 쌓아 몸가짐을 바르게 하여 행동하고 힘쓴다면, 그 인물을 재상이나 사대부로 끌어올리는 것이다.[48]

---

47) 『荀子』, 「榮辱」, "材性知能, 君子小人一也. 好榮惡辱, 好利惡害, 是君子小人之所同也.……爲堯禹則常安榮, 爲桀跖則常危辱. 爲堯禹則常愉佚, 爲工匠農賈則常煩勞. 然而人力爲此, 而寡爲彼, 何也? 曰陋也. 堯禹者非生而具者也. 夫起於變故, 成乎修, 修之爲待盡而後備者也."

48) 『荀子』, 「王制」, "雖王公大夫之子孫, 不能屬於禮義, 則歸之庶人. 雖庶人之子孫, 積文學, 正身行, 能屬於禮義, 則歸之卿相士大夫."

즉 순자는 비록 왕이나 귀족·대부의 자손일지라도 부지런히 학문에 힘쓰지 아니하고 예를 배우는 것을 게을리 한다면 마땅히 서민의 신분으로 강등시킬 것을 주장한다. 또한 반대로 비록 서민의 자손이라도 박학과 예에 통달한다면 경상卿相 대부의 지위에 올릴 것을 주장했던 것이다.

끝으로 화군和群인데, 순자가 주장한 '정분'과 '구평'의 목적은 조화로운 공동체 생활의 구현이라고 하는 이상적인 사회건설에 있다고 할 수 있다. 즉 순자는 사람들이 세상에서 각자의 본분을 지켜 월권행위를 하지 않는다면 나눔의 기준이 정해진다고 생각하는 한편, '정분'과 '화군'에 맞게 일을 처리해 나간다면 최고의 실효를 거둘 수 있다고 믿었다.

> 인간의 힘은 소에 미치지 못하고, 달리는 속도는 말에 미치지 못한다. 그럼에도 불구하고 소나 말이 인간에게 사용되는 것은 도대체 어떠한 이유에서일까? 그것은 인간은 사회를 구성할 수 있으나 소나 말은 그것이 안 되기 때문이다. 그러면 인간은 무엇으로써 사회를 구성할 수 있는가? 그것은 계급적 신분질서에 의해서이다. 그러면 그 계급적 신분질서는 무엇으로 실현할 수 있을까? 그것은 의에 의해서 이다. 이와 같은 이유로 계급적 신분질서가 실현되면 사람들은 화합하고……그러므로 인간은 이 세상에 태어나면 사회를 구성하지 않을 수는 없지만, 사회를 구성해도 계급적 신분질서가 없으면 분쟁이 일어나고, 분쟁이 일어나면 사회는 혼란해지고, 혼란하면 사람들은 흩어지고, 흩어지면 약해지고, 약해지면 이길 수 없게 된다. 그렇게 되면 건물 안에서 안심하고 생활할 수도 없게 된다. 이는 인간은 잠시라도 예의를 저버릴 수 없다는 사실을 의미하고 있는 것이다.[49]

또한 순자는 인간과 짐승의 가장 큰 차이는 인간이 예의를 제정할 수 있어 '정분'과 '구평'을 통하여 조화로운 군집사회를 형성할 수 있는 것에 있다고 보았다. 이와 같은 조화로운 군집사회를 형성하는 구체적인 방법으로 순자는 다음과 같은 네 가지를 말했다. 즉 '생양生養'·'반치班治'·'현설顯設'·'번식藩飾'이다. '생양'은 사회민생 문제에 속하는 것으로 농업을 중시하여 그것을 만사의 근본으로 삼는 것이며, '반치'는 관직을 설치하여 행정제도를 건립하는 것이며, '현설'은 사람을 기용하는 표준을 만드는 것으로 인재를 적재적소에 활용하는 것이며, '번식'은 봉록의 표준을 제정하는 것이다. 만일 이상 언급한 것들을 제대로 시행만 한다면 천하의 모든 사람들이 모두 돌아올 것이며 백성들이 마음으로부터 기뻐하며 따를 것이니 천하의 평화는 저절로 이루어 질 수 있을 것이라는 것이다.

이상의 논거를 종합해보면 순자는 사회의 치란은 천의 뜻과는 무관하다고 생각하였으며 사회 치란의 진정한 관건 소재는 바로 인간자신에게 있다고 생각하여 반드시 예의로써 사회를 이끌어야만 비로소 정치적인 안정과 백성들의 생활이 개선될 수 있다고 믿었음을 알 수 있다.

4. 맺는 말

순자의 천天사상에 있어서 그가 강조한 '천인지분'과 '천생인성'의 주

49) 『荀子』, 「王制」, "力不若牛, 走不若馬, 而牛馬爲用何也? 曰人能群, 彼不能群也. 人何以能群? 曰分. 分何以能行? 曰義. 故義以分則和.……故人生不能無群, 群而無分則爭. 爭則亂, 亂則離, 離則弱, 弱則不能勝物. 故宮室不可得而居也. 不可少頃舍禮義之謂也."

장은 사실상 유가사상의 '천인합일'과 상호 대립되는 것이 아니며 심지어는 유가에서 말하는 '천인합일'이론의 부족한 점을 보충해주는 역할을 했다고도 볼 수 있다. 즉 인간은 자연 속에서 생존하면서 자연의 일부분을 이루고 있기 때문에 마땅히 자연과 더불어 하나로 합일해야 한다. 그러므로 순자는 '천군'·'천관'·'천성'·'천정'의 이론을 말한 것이다. 인간의 '천관'은 유형의 생리현상이며, '천군'·'천성'·'천정'은 무형의 심리현상으로, 이러한 생리와 심리현상 두 측면이 정상적으로 표현되기 위해서는 반드시 자연의 상도常道에 합치되어야 하는데 이러한 것이 바로 '천인합일'의 도리인 것이다. 순자의 '천인지분'과 '천생인성'의 본의는 인간이 자연원리를 근거로 하여 인간생활의 각종 활동에 유익함을 더 해주는데 있었다. 이러한 자연의 도리를 근거로 삼고 인간의 응용을 더하여 그 효용이 극에 달하면 천지간의 모든 만물들로 하여금 이상적인 경지에 다다르게 할 수 있는 것이다.

유가의 '천인합일설'의 주요한 의미는 인간이 천과 더불어 하나가 되는 것을 긍정하는데 있지 않으며, 인심人心과 천심天心의 합치 즉 인간의 뜻과 하늘의 뜻의 합일을 통하여 인간과 천의 조화로운 관계의 형성에 있는 것이다. 이는 곧 순자의 '천인분직'·'천생인성'과 더불어 같은 맥락을 형성하는 것으로, 순자가 말한 "하늘에는 천체의 순행이나 사계절의 순환운동을 관리한다는 직분이 있고, 땅에는 생존에 필요한 자원의 생산을 관리한다는 직분이 있고, 인간에게는 사회의 안정을 실현한다는 직분이 있어 대체로 이것을 능히 참여한다고 하는 것이다."[50]라고 하는 언급과 상통한다고 할 수 있는 것이다.

---

50) 『荀子』, 「天論」, "天有其時, 地有其財, 人有其治, 夫是之謂能參."

순자의 '천인분직' · '천생인성'의 주장은 한편으로 '천인합일'과 상통하는 측면이 있으나, 그의 진정한 의도는 '제천'과 '용천'의 중요성을 강조하는데 있었으니 이것이 바로 순자의 천사상의 핵심이 되는 것이다. 순자는 인류가 천을 자연물로 보아 그것을 잘 이용해야 한다고 생각하였는데, 즉 자연현상을 잘 이용하여 인류생존에 도움을 줄 수 있도록 해야 한다고 하는 한편 인류의 지혜를 운용하여 끊임없는 연구개발을 통해서 생산력을 증진시켜 결국에는 모든 인류가 풍요로운 삶을 영위할 수 있도록 하는 이상에 도달하고자 했던 것이다. 순자는 인류가 이러한 이상을 실현하기 위해서는 무엇보다 먼저 교육에서부터 착수해야 한다고 생각하였는데, 교육을 통하여 '화성기위化性起僞'를 이룰 수 있고, 교육을 통하여 잘못된 미신을 타파할 수 있고 나아가 '제천'과 '용천'에 도달할 수 있다고 믿었는데 이는 곧 현대의 과학적 사고방식에 합치되는 것이라고 할 수 있는 것이다.

| 참고문헌 |

王先謙,『荀子集解』, 北京, 中華書局, 1992년.

北京大學哲學系注釋,『荀子新注』, 臺北, 里仁書局, 1983년.

李滌生,『荀子集釋』, 臺北, 學生書局, 1991년.

楊筠如,『荀子研究』, 上海, 商務印書館, 1931년.

周群振,『荀子思想研究』, 臺北, 文津出版社, 1987년.

魏元珪,『荀子哲學思想』, 臺北, 谷風出版社, 1987년.

陳大齊,『荀子學說』, 臺北, 中國文化大學出版部, 1988년.

李哲賢,『荀子之核心思想』, 臺北, 文津出版社, 1994년.

馬積高,『荀學源流』, 上海, 上海古籍出版社, 2000년.

馮友蘭,『中國哲學史新編』 第二册, 北京, 人民出版社, 1995년.

藩菽主編,『中國古代心理思想研究』, 南昌, 江西人民出版社, 1983년.

王友三主編,『中國宗敎史』, 濟南, 齊魯書社, 1991년.

陳定閎,『中國社會思想史』, 北京, 北京大學出版社, 1990년.

薛保綸,「荀子的天論」,『哲學與文化』, 第三卷 第十三期, 臺北, 1978년.

傅佩榮,「荀子天論研究」,『哲學與文化』, 第十二卷 第三期, 臺北, 1985년.

許俊雅,「禮之精神及社會價值」,『孔孟月刊』, 第二十三卷 第十二期, 臺北, 1982년.

제10장 예치와 정도론

1. 시작하는 말

순자는 유가의 학설을 계승하였는데, 특히 정치 분야에 있어서 도덕의 숭상을 통한 천하의 안정을 가장 중요한 가치체계로 생각했다. 그래서 순자의 '예치禮治' 사상이 탄생하게 된다. 유가에서는 한 개인의 수신으로부터 치국평천하에 이르기까지 모든 인간사가 이러한 외재적 도덕규범에 의해서 행해져야 한다고 주장한다. 즉 개인으로부터 시작하여 천하의 모든 사람들에게 이르기까지 모두 도덕규범에 의해서 질서의식이 생기게 된다면 천하는 바로잡히게 된다고 보았던 것이다. 그러나 순자는 유가의 이러한 사유방식과는 좀 다른 생각을 가지고 있었다. 그러한 까닭은 순자가 생존했던 시기의 시대적 상황이 공자와 맹자가 생존했던 시기의 상황과는 상당 부분에 걸쳐 다른 양상을 보였기 때문이다. 순자가 생존하던 시기는 사회적으로 모든 사람들이 이익만을 추구하여 사람들 사이에 분쟁과 찬탈이 발생하였으며 국가 사이에는 이익 때문에 전쟁이 빈번하게 발생하였던 시기였다. 당시는 모든 사회적 가치 및 정치적 행위들이 모두 이익에 초점이 맞춰져 행해지고 있는 상황이었기 때문에 순자의 정치사상은 현실적으로 국가를 통치하는 방법에 그 초점이 맞춰져 있었던 것이다.

순자의 국가 통치이론에는 일정 정도의 도덕준칙이 존재하고 있음을 부정할 수는 없다고 할 수 있는데, 바로 '예禮'의 규범과 상벌의 시행과 인재의 등용 등과 같은 국가 통치이론 속에서 이러한 도덕준칙을 찾아볼 수가 있다. 그렇기 때문에 순자에게 있어서 '치도治道'는 '정도政道'에서 파생되어 나온 것이라고 할 수 있는 것이다.

이상과 같은 순자의 정도론에 관하여 본장에서는 순자에 있어서 '정도'에 대하여 먼저 예로써 다스림을 통해 분석해보고, 그 다음에 군주를 존중하는 방법을 통해 분석을 하고, 마지막으로 백성들을 귀하게 대하는 방법을 통하여 분석 해보았다.

2. 禮治를 통해본 政道

순자가 제시한 '예'는 개인의 자기수양으로부터 언급되어질 수 있는데, 먼저 일정한 규범을 만들어 개인이 그것을 지킬 수 있게 만들고 다시 그러한 것을 사회와 국가에까지 확충해나가게 하는 것이라고 할 수 있다. 그리고 순자는 사회와 국가적인 측면에서 '예'의 세 가지 분야(구분, 양육, 절제)에 걸친 효용성을 언급한다. 이러한 세 가지 효용성을 중심으로 '예치'에 대하여 살펴보도록 하겠다.

순자는 국가가 반드시 표준이 되는 규범을 제정해야 한다고 함과 동시에 이러한 표준을 제정하는 데는 반드시 일정한 구분이 있어야 한다고 했다. 즉 백성들을 제 각각의 직업에 따른 본분이 있게 만드는 것이다. 가정에서 부모의 본분이나 자식으로서의 본분을 지켜야하는 것뿐만 아니라 국가나 사회적으로도 능력에 따라 직분을 나누어서 농민은 농민으로서 수공업자는 수공업자로서 상인은 상인으로서 직분에 맞는 일에 종사해야 하며, 관료는 관료로서의 직분에 최선을 다하게 만드는 것이다. 이와 같은 '구분의 관념'은 순자의 '치도治道'에서 다음과 같이 네 가지 측면으로 나타나 있다고 할 수 있다.

먼저 경제적인 측면이다. 백성들의 타고난 재주는 다양한 양상을 띠고 있기 때문에 사회적으로도 사무나 노동이라고 하는 다양한 종류의 업무가 존재하는 것이다. 그렇기 때문에 태생적으로 뛰어난 분별 능력과 임기응변 능력 그리고 예의도덕을 잘 체득할 수 있는 능력을 가진 사람은 관직에 적합하고, 또한 태생적으로 이득을 좋아하고 언변이 능숙한 사람은 상인에 적합하다고 하는 것이다.[1] 이와 같이 관료나 농민 수공업자 상인들은 제 각기 자신에게 적합한 직분이 있는 것이다.

각각의 직종에 종사하는 사람들은 자신의 직분에 최선을 다하여 자신의 업무를 최고로 만들게 되면 결국은 반드시 풍부한 수확 혹은 성과를 거두게 될 것이다. 농민이나 수공업자가 많은 잉여 생산물을 갖게 되면 그들은 그것들을 시장의 상인들에게 팔게 되고 상인들은 그것들을 매매함으로써 재화를 유통시킬 수 있게 된다. 이러한 과정들을 통하여 자연스럽게 수공업자와 농민과 상인들은 충분한 생필품을 확보할 수 있게 되는 것이다.[2] 그러므로 이런 활동을 통해서 백성들이

1) 陳伯堅, 「荀子政治思想探微」, 『復興崗學報』 第36期, 臺北, 國防大學政治作戰學院, 1986년, 433쪽 참조.

부유해지면 국가는 세금을 걷게 되는 것이며 그것으로 관료들에게 녹봉을 줄 수 있게 되는 것이다. 이와 같이 관료 농민 수공업자 상인들 모두가 윤택한 생활을 영위할 수 있기 때문에 구분은 각 업종에서 비중 있게 취급되어지는 것이다. 그렇기 때문에 농업을 중시하면서 상공업을 진작 시키는 정책이 실행될 수 있는 것이다.

농업을 중시하는 정책을 쓰게 되면 농민들 모두가 농토로 돌아가 부지런히 경작을 하게 되기 때문에 그 결과 농민들은 상당한 정도의 재화를 보유하게 된다. 이러한 결과를 도출시키기 위해서는 군주로부터 일반 관료들에 이르기까지 모두가 제 직분에 최선의 노력을 경주해야만 한다. 즉 백성들을 긍휼히 여기는 마음가짐으로 백성을 위해서 봉사하고, 합리적인 방법으로 국가의 지출 비용을 절약하고 농민들을 기만하지 않아야 한다는 것이다.[3] 이러할 때 비로소 농민들은 자발적으로 농사에 최선의 노력을 기울이게 되는 것이다.

상공업을 진흥시키는 정책은 수공업자들이나 상인들이 자신의 능력을 충분히 발휘할 수 있도록 환경을 조성해주고, 관료들이 시장에 좋은 여건을 제공할 수 있도록 만들어주는데 있다고 할 수 있다.[4] 수공업자들과 상인들이 편리한 도구들을 만들어낼 수 있게 하는 한편 상품의 유통을 더욱 원활하게 할 수 있도록 여건을 조성하게 되면 국가 경제는 더욱 견고해질 것이다. 그러므로 농업을 중시하고 상공업을 진작 시키는 경제정책은 '구분의 관념'을 극대화 시켜 경제발전을 가능하게

---

2) 楊素珍, 「荀子禮論與其政治思想的關聯」(上), 『孔孟月刊』 第34卷, 第2期, 臺北, 1995년, 21쪽 참조.

3) 王忠林, 『荀子讀本』, 臺北, 三民書局, 1996년, 401쪽 참조.

4) 蘇新鋈, 『先秦儒學論集』, 臺北, 文津出版社, 1992년, 284쪽 참조.

하는 것이다.

> 상인들이 정직하면 무역이 안정되고, 상품이 잘 유통되어 국가가 풍족해질 것이다. 수공업자들이 정직하게 물건을 만들어 내면 도구가 실생활에 편리하고 생산량이 풍족할 것이다. 농민들이 순박하여 부지런히 농사에 힘쓰면 농사시기를 놓치지 않고 땅의 이로움을 잃지 않고 다른 사람들과 조화를 이룰 수 있어 모든 일에서 실패하는 경우가 없을 것이다.[5)]

다음은 군사정책 측면이다. 순자는 군대제도시스템 속에서 사대부를 포함한 모든 관리들이 자신의 위치를 굳건하게 지키며 적군이 침략을 했을 때는 최후의 순간까지 최선을 다해서 위수해야 한다고 했다. 그리고 장수나 병졸들은 더욱 그러해야 하고 모든 군령에 복종함과 동시에 기율을 엄수해야 한다고 했다. 또한 장수는 군대를 통솔하는 책무에 충실해야 하고 병졸은 용감하게 적군과 맞서고 지휘관의 통솔에 복종해야 한다고 했다. 이와 같이 장수에서 병졸에 이르기까지 모든 사람들이 각자의 직분에 충실하면 제도는 자연히 정비가 되고 군대는 자연히 규율이 서게 되는 것이다.[6)] 이러한 군사정책은 '구분의 관념'을 잘 운용하여 강력한 군대를 운영할 수 있는 원동력이 되는 것이다.

그 다음은 인재등용의 측면이다. 순자는 사람들의 지적능력과 사무처리 능력 그리고 규범 준수 여부의 차이에 따라 적합한 직위를 부여

---

5) 『荀子』, 「王霸」, "商賈敦慤無詐, 則商旅安貨通財而國求給矣. 百工忠信而不楛, 則器用巧便而不匱矣. 農夫朴力而寡能, 則上不失天時, 下不失地利, 中得人和而百事不廢."

6) 韋政通, 『荀子與古代哲學』, 臺北, 臺灣商務印書館, 1992년, 138쪽 참조.

해야만 한다고 생각했다. 그리고 직위 역시 처리하는 일의 경중에 따라 차이와 구분이 있어야 한다고 했다. 이러한 두 종류의 여건이 서로 조정되어 걸맞을 때 직위와 능력은 서로 부합하게 되어 '구분의 관념' 목적에 도달할 수 있게 되는 것이다.[7] 이러한 것 외에도 순자는 군주가 일정한 원칙과 규범을 가지고 일을 처리해야만 한다고 했다. 즉 군주와 신하의 사이에는 대화하는 방법이나 행동거지 등에 관련하여 규범이나 의전이 분명히 있어서 일정한 한계를 넘어서는 안 된다는 것이다. 순자는 이와 같이 실제적으로 신하들을 대하는 과정 속에서 '구분의 관념'이 나타나는 것으로 보았다.

끝으로 포상과 처벌의 측면이다. 순자는 사람들이 행한 일의 결과에 따라 징계와 포상의 기준을 마련해야 한다고 했다. 즉 큰 공적이 있으면 포상도 그에 상응하게 커야만 하고 공적이 작으면 포상 역시 적어야만 하는 것이며, 큰 범죄를 저지르면 형벌도 그에 상응하게 엄중해야 하고 작은 범죄를 저지르면 형벌 역시 가벼워야만 한다는 것이다. 이와 같이 일정한 기준에 의거하여 일을 처리해나간다면 큰 과오 없이 포상과 처벌의 실행이 그 목적에 맞게 실현될 수 있을 것이다. 좀 더 정확하게 말하자면 포상과 처벌의 경중을 나누는 원칙은 바로 '구분의 관념'에 의거해서 만들어진다는 것이다. 포상을 하고 형벌을 내리는 것의 경중을 구분하는 기준은 가장 가벼운 벌금형 및 상금수여에서부터 가장 무거운 사형 및 관직의 수여에 이르기까지로 구분할 수 있다.[8] 이와 같이 볼 때 인간 행위의 결과에 대한 상벌의 타당한 기준 및 상벌

7) 羅漢文, 「荀子的政治思想」, 『政治評論』 第40卷 第3期, 臺北, 1982년, 48쪽 참조.

8) 周紹賢, 「荀子與法家」, 『文藝復興』 第152期, 臺北, 1984년, 26~27쪽 참조.

의 경중에 대한 기준의 마련은 모두 '구분의 관념'에서 파생된 것이라고 할 수 있을 것이다.

순자는 백성들이 삶을 영위해나가는 과정 속에서 일정한 정도의 만족을 느끼게 만들어야 한다고 했다. 또한 순자는 이러한 만족을 물질적인 측면뿐만 아니라 정신적인 측면에서도 느낄 수 있도록 해주어야 한다고 했다. 순자는 인간 자체가 욕망을 가진 존재이며 이러한 욕망은 인간의 본성으로 어떻게 제거할 수 없는 것이기 때문에 '예'의 작용에 의하여 절제할 수 있게 만들어야 한다고 생각했다.[9] 그리고 이러한 '절제'라고 하는 것은 백성들의 욕망을 계도하여 백성들의 욕망이 합리적으로 만족할 수 있도록 만들어주는 기능을 한다. 그래서 부강한 나라의 윤택한 백성들은 실제적인 행위에 있어서 '욕구를 양성'한다는 정신을 표출하기도 한다. 중농정책을 통하여 백성들이 성실하게 농업에 종사할 수 있도록 기상조건에 대한 정보를 제공하거나 관개수로를 만들어 제공하는 등의 경작에 대한 최적의 여건을 조성해주기 때문에, 매년 벼나 보리 등의 농작물이 풍작을 이루어 백성들이 가족을 양육할 수 있도록 만들어 주는 것이다. 그리고 상공업 진흥정책을 통하여 수공업자들이 아름다운 의복 편리한 기구 등을 만들어 제공하도록 하면 백성들 역시 눈과 귀의 욕구를 충족시킬 수 있는 기회를 갖게 되는 것이다. 게다가 상인들을 매개체로 하여 재화를 원활하게 유통시킨다면 최종적으로는 물질로 오감의 충족을 양성시킬 수 있는 목적을 달성할 수 있을 것이다.

이러한 조치들을 시행해나가는 과정 속에서 적절한 조절이 필요하

9) 賴慶鴻, 「荀子禮治思想之功用」, 『東吳政治社會學報』 第8期, 臺北, 1984년, 141쪽 참조.

다고 할 수 있다. 즉 마땅히 사용해야 할 부분에는 사용하고 절약이 필요한 부분은 반드시 절약을 하여 백성들의 욕구가 과욕의 추구로 치닫지 않도록 계도해야 한다는 것이다. 예를 들면 정부의 인력운용에 있어서 불필요한 관원들을 없애면 반드시 국가의 인건비 지출을 절약할 수 있게 된다. 정부에서 불필요한 인력들은 국가의 재원만 축내는 일 외에는 전혀 쓸모없는 존재들이기 때문이다. 이와 같이 한다면 물질적인 측면에서 '욕구를 충족'시켜 준다고 하는 이상에 도달할 수 있을 것이다.

순자는 경제정책이 백성들의 물질적 욕구를 충족시켜준 이후에야 비로소 정신적인 '양성'을 생각할 수 있다고 했다. 물질적인 욕구는 인간이 생존을 영위하기 위한 필수불가결 한 요소이기 때문에 생존을 영위하기 위한 목적을 달성한 후에 자연히 정신적인 측면을 추구해 가는 것이다. 인간은 영혼이 있는 존재이기 때문에 경제정책을 수립할 때는 반드시 물질적인 측면의 '양성'과 정신적인 측면의 '양성'이 상호 보완을 이루어 갈 수 있도록 해야만 한다고 한 것이다.[10]

순자는 인간의 감정을 절제하여 방종하지 않게 함으로써 사회적인 규범이나 타인의 마음을 상하지 않도록 해야 한다고 했다. 만일 장례를 치르는 과정에서 상주가 너무 과도하게 슬퍼하고 애통해 한다면 문상객들을 곤혹스럽게 만들 수 있을 뿐만 아니라 감정 조절능력을 상실하게 되어 혼절의 지경에 이를 수 있어 몸을 상하게 할 수도 있다. 그러므로 절제의 방법으로 상례 규범을 제정한 것이다. 또한 사람들이 그것을 준수하도록 상별의 원칙을 적용하면 충분히 그 목표를 달성할

---

10) 袁信愛, 「荀子的社會思想與當前民主政治」, 『哲學與文化』 第17卷 第11期, 臺北, 1990년, 1029쪽 참조.

수 있다고 했다.[11] 예를 들자면 만일 어떤 사람의 행위가 지나치게 과도하여 예법에 어긋난다면 처벌을 통하여 그 과도한 행위를 제어하고, 또 다른 어떤 사람의 행위가 예법에 부합하면 반드시 포상하여 백성들의 모범으로 삼아야 한다는 것이다. 백성들이 감정을 표출하는데 있어서 일정한 형식이 있게 하고, 성문화 된 포상과 처벌에 관한 운용 규범이 만들어진다면 이것이 바로 절제의 구체적인 표현이 되는 것이다. 그러므로 순자는 다음과 같이 말했던 것이다.

> 지극히 명확하게 고귀한 작위와 충분한 은상을 사람들 앞에 걸고, 죄상을 고지하는 형벌과 크나큰 수치(사형)를 사람들 뒤에 걸면, (그들이) 감화되지 않을 것을 바란다고 하더라도 그것은 불가능할 것이다.[12]

> 그러므로 현명한 군주는 권세로 임하고, 도로 다스리고, 명령으로 진전시키고, 인륜으로 밝히고, 형벌로 금지시킨다. 그러므로 백성들이 도에 동화되어 오는 것이 신비함에 가까운 것이다.[13]

3. 尊君과 貴民의 政策

순자는 '존군尊君'에 대하여 특별한 강조를 한다. 즉 순자는 군주란 도덕과 예법의 근원일 뿐만 아니라 인간 세상의 모든 규범들을 제정한

---

11) 袁信愛, 「荀子的社會思想與當前民主政治」, 『哲學與文化』 第17卷 第11期, 臺北, 1990년, 1032쪽 참조.

12) 『荀子』, 「議兵」, "雕雕焉懸貴爵重於其前, 縣明刑大辱於其後, 雖欲無化能乎哉."

13) 『荀子』, 「正名」, "故明君臨之以勢, 道之以道, 申之以命, 章之以論, 禁之以刑, 故其民之化道也如神."

사람이기 때문에 반드시 존중해야 한다고 역설했지만, 그는 어떠한 방식으로 군주를 존중해야 하는지에 대한 분명한 언급은 하지 않았다. 그렇다고 해서 법가처럼 군주가 법률로 백성들을 통치하고 권력과 통치기술로 신하들을 제어하여 그들로부터 존중받는다고 하는 목적을 효과적으로 달성하는 것과는 같은 맥락으로 이해해서는 안 된다. 순자가 '치도治道'에 대하여 언급하면서 군주는 반드시 진정한 행위의 규범으로서 '예'를 정확하게 숙지하고, 모든 정치행위는 군주가 주도적으로 실행해야만 한다고 하는 부분에서 우리는 그가 군주를 중시하는 관점을 견지하고 있음을 알 수 있다.

경제정책의 측면에서의 '존군尊君'에 대하여 살펴보면 다음과 같다. 즉 군주는 대자연의 운행 원칙을 숙지하고 있기 때문에 백성들이 때에 맞춰 경작을 할 수 있도록 지도해야하고, 그러한 것들을 몸소 실천하며 군주로서 갖추어야 할 요건들을 엄수해야만 한다. 또한 군주는 신하들과 백성들을 대하고 정무를 처리하고 국가의 재화를 유용하게 집행해야 하는 것 등을 포함한 업무를 충실하게 수행해야 하고, 자신의 욕망과 향락을 위해서 '예'에 어긋나는 일을 해서는 안 된다. 예를 들자면 군주가 사치와 향락을 일삼고 과도한 세금을 부과하며 백성들을 강제노역에 자주 동원시키는 것 등을 해서는 안 된다는 것이다. 그러므로 군주가 반드시 '예'에 의거하여 모든 정무를 처리할 때 백성들도 군주를 따라서 '예'에 맞춰서 자신들의 생업에 충실하게 되고 그 결과 부유해질 수 있게 되는 것이다. 이와 같이 되었을 때 비로소 군주는 백성들로부터 사랑을 받게 되고 존경받게 되는 것이다.

국방문제에 있어서도 순자는 군주가 합리적인 원칙에 의해서 국가를 통치해나가면서 백성들을 자애로서 대하고 신하들을 관용과 신뢰로서 대하여, 신하들이나 백성들 모두가 군주를 가깝게 여기도록 만들어 온 나라의 백성들과 군주가 혼연일체로 결속하게 된다면 만일의 사태가 발생했을 때 군주가 앞장서서 군대를 이끌었을 경우 백성들 모두가 그 뒤를 따를 것이라고 한다. 또한 전쟁이 발발해도 이와 같은 상황이 발생할 수 있을 것이니 이는 국방에 대한 가장 이상적인 정책인 것이라고 할 수 있는 것이다.

인재등용의 문제에 있어서도 순자는 군주가 유능한 인재를 판별하여 그러한 자에게 적합한 직위를 줘야한다고 했다. 또한 인재를 영입할 때는 공정하고 합리적인 기준에 의거하여 영입해야 하고, 일단 영입된 인재들은 능력과 직위가 부합할 수 있도록 원칙을 세워야한다고 했다. 이것 외에도 인재등용에 있어서 군주는 '예'로서 유능한 인재들을 대해주고 그들을 지극한 정성으로 대우 해줘서 그들 스스로가 중용받고 있다고 여기게 만들어야 한다고 했다. 그러므로 유능한 인재들이 군주로부터 중용 받고 있다는 사실을 인식했을 때 비로소 군주를 존경하고 우러러 보게 되는 것이다. 또한 백성들은 군주의 이러한 인재등용의 원칙 즉 '예'로서 유능한 인재를 대하고 성심으로 그들을 대우 해주는 것을 직접 목격하고 나서 군주의 덕행에 감복되어 군주를 더욱 숭배하고 존경하게 되는 것이다. 그러므로 이와 같이 보았을 때 군주는 유능한 인재를 선발하고 또 그들을 대우해주는 측면에 있어서 주인공의 역할을 담당한다고 할 수 있을 것이다.

포상과 처벌의 시행 문제에 있어서도 순자는 군주가 솔선수범 하여 상벌의 원칙을 지켜야한다고 주장했다. 이러한 원칙을 지키는 가장 좋은 방법은 바로 '예'에 의거하여 시행하는 것이라고 할 수 있다. 포상과 처벌의 원칙은 '예'에서 나온 것이기 때문에 군주는 원칙에 맞는 처벌의 시행을 엄수해야만 함과 동시에 포상과 처벌의 기준을 숙지해야만 하는 것이다.[14] 또한 군주는 이러한 기준에 의거하여 백성들의 행위를 살펴서 공적이 있으면 포상을 내려주고 죄를 지었으면 처벌을 실시하는 행위를 통하여 포상과 처벌이 무겁고 가벼운지에 따라 공정하게 이루어질 수 있게 해야 한다는 것이다. 이와 같이 된다면 백성들이 자신들의 군주가 솔선수범 하여 '예'를 지키고 '법'을 준수하는 것을 보고 모두가 따라서 '예'와 '법'을 준수하게 될 것이다. 게다가 포상과 처벌이 공정하게 이루어진다면 사회는 자연히 질서가 있게 될 것이고 질서가 있게 된다면 백성들은 생활에 안정과 즐거움을 도모할 수 있게 될 것이다.

이상과 같이 볼 때 '존군'은 '치도'의 네 가지 측면(경제, 국방, 인재등용, 포상과 처벌)의 전개라고 할 수 있으며, 군주 자신의 통치행위에 대한 백성들의 뜻이라고도 말해질 수 있는 것이다. 즉 '예'로써 경제정책을 실행하고, '예'로써 국방정책을 수행하고, '예'로써 공정하게 인재를 등용하고, '예'로써 공평하게 포상과 처벌 정책을 실행한다면 '존군'의 목적을 달성할 수 있을 것이다. 그래서 순자는 다음과 같이 언급한 것이다.

> 이와 같은 이유로 시기에 맞춰 적절하게 사육을 하면 여섯 종류의 가축도 살찌고, 시기에 맞춰 적절하게 벌채와 식목을 하게 되면 풀과 나무도 우거지고, 마찬가지로 정치상의 시의時宜를 얻고 있다면 백성들은 통일되고 도덕적으로 훌륭한 현자도 귀의하여 복종하게 된다. 이것이야말로 성왕의 정치제도의 효용이라는 것이다.[15]

---

14) 周紹賢, 「荀子與法家」, 『文藝復興』第152期, 臺北, 1984년, 26~27쪽 참조.

군주가 조세의 등급을 매겨 생산 사업을 정리하는 것은 만물을 완비하여 백성을 잘살게 하자는 것이다.[16]

저는 지금 인자仁者의 병법과, 군주의 뜻을 말하는 것입니다.[17]

그러므로 백락에게 이 말이 좋다 나쁘다 말을 속일 수 없고, 군자에게 이 사람이 좋다 나쁘다 사람을 속일 수 없으니, 이것이 바로 현명한 군주가 사람을 선택하여 기용하는 방법이다.[18]

군주의 행정은 덕이 있는 사람은 다 우러러 존중하고, 유능한 사람이라면 한 사람도 관직을 갖지 아니한 사람이 없도록 하고, 공적이 있는 사람은 한 사람도 빠짐없이 상을 주고, 죄가 있는 사람은 모조리 벌을 주는 것이다.[19]

순자는 백성을 귀하게 여겨야한다고 주장했는데, 이는 백성을 부유하게 함과 백성을 단결시킴과 상벌의 실행 그리고 현명한 사람을 숭상하고 유능한 인재를 등용하는 국가 통치의 구체적인 방법 속에 나타나 있다. 순자는 전국시대戰國時代 말기에 생존했기 때문에 끊임없는 전란으로 인해서 백성들의 삶은 도탄에 빠지고 도덕규범은 사라지고 이익만을 추구하는 풍조가 만연된 당시의 사회상황을 직접 목도했다. 그래서 그가 한 백성을 귀하게 여긴다(이하 貴民이라 표현)고 하는 주장은

---

15) 『荀子』, 「王制」, "故養長時, 則六畜育, 殺生時, 則草木殖, 政令時, 則百姓一, 賢良服. 聖王之制也."

16) 『荀子』, 「王制」, "王者之等賦政事, 財萬物, 所以養萬民也."

17) 『荀子』, 「議兵」, "臣之所道, 仁人之兵, 王者之志也."

18) 『荀子』, 「君道」, "故伯樂不可欺以馬, 而君子不可欺以人, 此明王之道也."

19) 『荀子』, 「王制」, "王者之論, 無德下貴, 無能不官, 無功不賞, 無罪不罰."

바로 백성들의 기본적인 삶을 충족시키고 백성들을 교화시키는 한편 전쟁의 방지를 중시한데서 비롯된 것이다.[20]

순자는 백성들의 민생문제를 해결하기 위해서는 경제적으로 모든 백성들을 부유하게 만들어야 한다는 주장을 함과 동시에 유능한 인재를 등용하고 백성들을 교화시키기 위해서는 적절한 포상과 처벌을 병행하여야 한다는 주장을 한다. 그리고 전쟁 방지의 문제에 대해서는 모든 백성과 군주의 대동단결을 통하여 해결하고자 했다.

백성을 부유하게 만든다고 하는 문제에 대하여 순자는 중농정책과 상공업 진흥정책 등의 경제정책을 통하여 해결하고자 했으며, 이러한 정책들의 시행 속에서 백성들을 중시하는 입장을 가감 없이 드러내놓고 있다. 즉 백성들을 중시하기 때문에 그들의 생활방식을 간섭하거나 방해하지 않아야 할 뿐만 아니라 최선의 노력을 기울여 협조해야 한다고 순자는 주장했던 것이다.[21] 백성 한 사람 한 사람 모두가 통치자로부터 가장 좋은 대우를 받을 수 있게 되어 자신의 일에 최선을 다할 수 있도록 만들어 준다면, 결국에는 이러한 것이 확산되어 모든 사회 구성원들이 자신의 일에 전념해서 최선을 다할 수 있기 때문에 부유해질 수 있다는 것이다.

그러므로 순자는 정부가 취해야 할 적극적인 정책으로는 백성들이 자신의 생업에 전념할 수 있도록 전폭적인 지원을 아끼지 말아야 한다고 하는 것을 주장하는 한편 정부가 취해야 할 소극적인 정책으로는

20) 施銘燦, 「荀子之尊君貴民思想」, 『高雄師範學院學報』 第16期, 高雄, 1988년, 61~62쪽 참조.

21) 과도한 세금을 징수치 않거나, 노역이나 부역에 동원시킬 때는 반드시 농사철을 피하는 것 등을 의미함.

세금을 가볍게 해주거나 노역을 줄여주어야 한다고 하는 것과 같은 주장을 했다. 즉 이러한 위민爲民정책을 통하여 백성들이 풍부한 경작물의 수확을 통하여 재화를 축적할 수 있도록 하는 한편 충분한 휴식의 기회를 제공해야 한다는 것이다. 이와 같은 정책들을 통하여 백성들을 부유하게 만든다고 하는 목적에 도달할 수 있는 것이며, 이를 통해 민생문제는 해결될 수 있는 것이다.

포상과 처벌을 적절하게 운용한다는 문제에 대하여 순자는 백성들에 대하여 실시하는 포상과 징계의 주요한 목적이 그들의 언행과 행동거지가 '예'의 규범에 부합하도록 하여 처벌을 받지 않으면 포상을 받을 수 있도록 만드는데 있다고 하였다. 만일 그렇지 않을 경우 반드시 형벌을 받게 만들어야 한다고 했다. 이와 같은 조치로서 백성들의 언행이나 행동거지가 '예'에서 벗어나거나 규범에 위배되지 않도록 교화시켜야 한다고 했다.

현명한 사람을 숭상하고 유능한 인재를 등용해야 한다는 문제에 대하여 순자는 이러한 조치가 백성들을 교화시키는데 있어서 가장 효과적인 방법이라고 주장했다. 순자는 군주가 "현자를 숭상하고 유능한 사람을 등용하면, 백성들이 저마다 스스로 나아갈 방향을 알게 된다."22) 고 하여 국가를 통치하고 인재를 등용하는데 있어서 원칙에 맞게 일을 처리하고 능력 있는 인재를 판별해서 기용해야 한다고 했다. 즉 모두가 유능한 인재라고 하는 사람들이 전부 국가의 관리로서 임용될 수 있다면 그들은 국가를 위하여 최선의 노력을 기울일 것이라는 것이다.

순자는 "비록 서인의 자손이라 할지라도 학문을 쌓아 몸가짐을 바르게 하여 행동하고 예의에 힘쓴다면, 그 인물을 재상이나 사대부로 끌

22) 『荀子』, 「君道」, "尙賢使能, 則民之方."

어올리는 것이다."[23]라고 언급하여 기층계급인 서인庶人에게 조차 신분상승의 기회를 주자고 한 것이다. 그렇다면 서인은 어떤 방법으로 유능한 인재로 변화 될 수 있는 것인가? 그것은 교화에 의해서이다. 그렇기 때문에 "학문을 쌓아 몸가짐을 바르게 하여 행동함"은 순자가 백성들에 대하여 실시하고자하는 교육방법론이 된다고 할 수 있는 것이다. 백성들이 자신들의 능력을 발휘할 수 있게 만들어 유능한 인재들이 신분에 관계없이 정치권에 입지를 마련할 수 있는 기회를 제공하자는 것이 순자가 언급한 백성들을 교화한다는 것의 주요한 목적인 것인 것이다.

순자는 '예'로서 백성들을 교화하여 덕행이 뛰어난 사람을 임용하고자 한 것이다. 이러한 그의 조치는 백성들로부터 대단한 호응을 받게 됨은 물론이고 그들이 반드시 능동적으로 모든 행동거지를 '예'에 맞춰 행동하게 만들 수 있는 원동력이 되는 것이다. 이러한 순자의 현명한 사람을 숭상하고 유능한 인재를 등용해야 한다는 주장은 백성들의 교화에 대해 많은 효과를 냈을 뿐만 아니라 백성들의 정치적 지위를 끌어올리는데도 일조 했다고 할 수 있는 것이다.[24]

백성들을 대동단결 시킨다고 하는 문제에 대하여 순자는 전쟁의 상황을 들어 설명을 한다. 순자는 만일 국가가 전쟁의 상황에 돌입하게 되었을 때 가장 염려되는 것은 바로 군주와 신하 및 백성들이 서로 한마음으로 협력하지 못하여 단결된 전력을 창출하지 못하는 점이라고

---

23) 『荀子』, 「王制」, "雖庶人之子孫也, 積文學, 正身行, 能屬於禮義, 則歸之卿相士大夫."

24) 袁信愛, 「荀子的社會思想與當前民主政治」, 『哲學與文化』 第17卷 第11期, 臺北, 1990년, 130쪽 참조.

했다. 즉 스스로 내분이 발생하면 적국은 싸우지 않고도 승리를 할 수 있다는 것이다. 그러므로 먼저 자국의 전력을 공고히 하기 위해서는 백성들을 일치단결 시켜야한다고 했다. 백성들을 일치단결시키기 위해서는 군주부터 모범을 보이기 시작해야 하는데, 그 이유는 군주가 백성들의 학습과 모방의 대상이 되기 때문이다.

군주가 진심으로 국가를 위하여 정사를 처리하면 백성들의 삶은 자연히 안정을 찾게 되고 그에 따라 국가도 안정된다는 것이다. 게다가 위로는 군주가 백성들을 자애로 돌보며 그들이 필요로 하는 것들을 적절하게 제공해주면 백성들은 당연히 군주를 더욱 믿고 따르게 된다. 이와 같이 군주와 백성들이 한마음으로 단결했을 때 반드시 공통의 이데올로기가 만들어지는 것이다. 또한 군주가 백성들의 삶을 안정적으로 만들어주면 백성들은 군주를 충성의 대상으로 여기고 충성을 바치게 된다. 그러므로 국가의 내부적인 여건이 이와 같이 굳건하게 다져져 있으면 전쟁이 발생해도 두려울 것이 없게 되는 것이다.

만일 모든 나라가 이와 같은 내부적인 여건을 모두들 갖추고 있다면 감히 어떤 나라의 통치자가 다른 나라와 전쟁을 하려고 생각을 할 수 있겠는가? '예'로써 백성들을 교화하고 자애로움으로 정치를 하고 백성들을 자식처럼 사랑하는 군주가 어떻게 백성들을 전쟁의 위험에 빠트리겠는가? 그렇기 때문에 이와 같은 조처들이 완성된다면 전란은 결코 발생하지 않을 것이라고 순자는 주장한 것이다.

4. 맺는 말

종합적으로 말하면, 순자의 정도론에 있어서 '예치'와 '존군 · 귀민'의 정책은 전체 '정도'의 정신이 된다고 말할 수 있다.

'예치'에서 '예'는 인간 사회의 규범이자 원칙으로, 인간 사회에서 발생하는 모든 일들 즉 개인의 언행에서부터 천하를 다스리는 일에 이르기까지 어떤 사안도 '예'를 벗어날 수는 없는 것이다. 인간 사회에 '예'가 존재하고 있기 때문에 인간 사회에 질서가 있는 것이고, 사람들이 마땅히 어떤 말을 해야 하고 어떤 행위를 해야 하는지를 알게 된다는 것이다.

이러한 '예'의 경제정책의 측면에 있어서의 효용은 바로 백성들이 각자 자신의 직분에 최선을 다하고 절제를 할 수 있게 만들어 '예'를 통한 구분의 관념을 양성한다는 것이다. 그리고 군사정책의 측면에 있어서의 효용은 바로 백성들이 자신들의 본분을 인식할 수 있게 하여 모든 사람들이 각자의 직분에 충실하면 군대는 자연히 규율이 서게 되어 강력한 군대를 운영할 수 있는 구분의 관념을 갖게 하는데 있는 것이다. 또한 인재등용 정책의 측면에 있어서의 효용은 바로 유능한 인재를 그 능력에 맞는 직위에 임용하여 구분의 관념을 전개할 수 있게 하는 것에 있다. 끝으로 포상과 처벌의 측면에 있어서의 효용은 포상과 처벌을 공정하고 원칙에 맞게 시행하는데 있는 것이다.

'존군·귀민'의 정책에서 먼저 '존군'의 경제적인 측면에 있어서의 효용은 군주가 반드시 '예'에 의거하여 모든 정무를 처리할 때 백성들도 군주를 따라서 '예'에 맞춰서 자신들의 생업에 충실하게 되고 그 결과 부유해질 수 있으며, 그럴 때 군주는 백성들로부터 사랑과 존경을 받게 되는 것이다. 또한 군사적인 측면에 있어서의 효용은 군주가 합리적인 원칙과 관용과 신뢰로 백성들과 신하를 대하여, 백성들과 군주 사이의 결속력을 강화시키는데 있다. 그리고 인재등용의 측면에 있어서의 효용은 군주가 공정한 원칙에 의거하여 유능한 인재를 등용하고 또한 그들을 '예'와 성의를 다해 대우 해주게 되면 백성들이 이를 통하여 군주를 더욱 숭상하고 존경하게 만드는데 있다. 끝으로 포상과 처벌의 시행 측면에 있어서의 효용은 상벌이 공정하게 이루어진다면 사회는 자연히 질서가 있게 될 것이고 질서가 있게 된다면 백성들은 생활에 안정과 즐거움을 도모할 수 있게 된다는데 있다.

'귀민'의 경제적인 측면에서의 효용은 국가가 백성들이 자신의 생업에 전념할 수 있도록 전폭적인 지원을 해야함과 동시에 세금을 가볍게 해주거나 노역을 줄여주는 정책을 통하여 백성들을 부유하게 만드는데 있다. 또한 포상과 징계의 적절한 시행이라는 측면에서의 효용은 포상과 징계의 목적이 백성들의 언행과 행동거지가 '예'의 규범에 부합하도록 교화시키는데 있다. 그리고 현명한 사람을 숭상하고 유능한 인재를 등용해야 한다는 측면에 있어서의 효용은 현명한 이를 높이고 인재를 등용하는 조치가 백성들이 자신들의 능력을 발휘할 수 있게 만들어 유능한 인재들이 신분에 관계없이 정치권에 입지를 마련할 수 있는 기회를 제공함과 동시에 이를 통하여 백성들을 효과적으로 교화시킬 수 있다는데 있다. 끝으로 백성들을 대동단결 시킨다고 하는 측면에 있어서의 효용은 군주가 진심으로 국가와 백성들의 윤택한 삶을 위하여 정치를 하면 백성들은 생활의 안정을 찾게 되고 그에 따라 국가도 안정되어 백성들은 군주를 신뢰하고 따르게 되어 결국은 군주와 백성들이 한마음으로 단결하게 만드는데 있다. 또한 이와 같이 군주와 백성들이 혼연일체가 되어 단결된 모습을 보이면 매우 효과적으로 전쟁을 방지할 수 있다는 것이다.

참고문헌

王先謙,『荀子集解』, 北京, 中華書局, 1992년.

王忠林,『荀子讀本』, 臺北, 三民書局, 1996년.

韋政通,『荀子與古代哲學』, 臺北, 臺灣商務印書館, 1992년.

蘇新鋈,『先秦儒學論集』, 臺北, 文津出版社, 1992년.

陳伯堅,「荀子政治思想探微」,『復興崗學報』第36期, 臺北, 國防大學政治作戰學院, 1986년.

楊素珍,「荀子禮論與其政治思想的關聯」(上),『孔孟月刊』第34卷, 第2期, 臺北, 1995년.

羅漢文,「荀子的政治思想」,『政治評論』第40卷 第3期, 臺北, 1982년.

周紹賢,「荀子與法家」,『文藝復興』第152期, 臺北, 1984년.

賴慶鴻,「荀子禮治思想之功用」,『東吳政治社會學報』第8期, 臺北, 1984년.

袁信愛,「荀子的社會思想與當前民主政治」,『哲學與文化』第17卷 第11期, 臺北, 1990년.

施銘燦,「荀子之尊君貴民思想」,『高雄師範學院學報』第16期, 高雄, 1988년.

참고문헌

[원전류]

朱公遷,『詩經義疏』,『四庫全書』本.

朱彬,『禮記訓纂』,『宜祿堂』淸刻本.

趙汸,『春秋左氏傳補注』,『通志堂經解』本.

黃侃,『論語義疏』,『皇淸經解』本.

朱熹,『中庸章句』,『海淵閣』明刻本.

王先謙,『荀子集解』, 北京, 中華書局, 1992년.

北京大學哲學系注釋,『荀子新注』, 臺北, 里仁書局, 1983년.

王忠林,『荀子讀本』, 臺北, 三民書局, 1996년.

李滌生,『荀子集釋』, 臺北, 學生書局, 1986년.

王先謙,『莊子集解』, 北京, 中華書局, 1987년.

司馬遷, 瀧川資言 會注考證,『史記會注考證』, 太原, 北岳文藝出版社, 1999년.

韓愈,『韓昌黎全集』, 北京, 中國書店, 1991년.

程頤, 程顥,『二程全書』, 遺書十九, 臺北, 臺灣中華書局, 1990년.

[중국자료]

楊筠如, 『荀子硏究』, 上海, 商務印書館, 1931년.

党晴梵, 『荀子硏究』, 西安, 陝西人民出版社, 1953년.

陳飛龍, 『孔孟荀禮學之硏究』, 臺北, 文史哲出版社, 1982년.

劉文起, 『荀子成聖成治思想硏究』, 臺北, 復文圖書出版社, 1983년.

牟宗三, 『名家與荀子』, 臺北, 學生書局, 1985년.

周群振, 『荀子思想硏究』, 臺北, 文津出版社, 1987년.

魏元珪, 『荀子哲學思想』, 新店, 谷風出版社, 1987년.

陳大齊, 『荀子學說』, 臺北, 中國文化大學出版部, 1988년.

廖名春, 『荀子新探』, 臺北, 文津出版社, 1994년.

鮑國順, 『荀子學說析論』, 臺北, 華正書局, 1993년.

韋政通, 『荀子與古代哲學』, 臺北, 臺灣商務印書館, 1992년.

惠吉星, 『荀子與中國文化』, 貴陽, 貴州人民出版社, 1996년.

韓德民, 『荀子與儒家的社會理想』, 濟南, 齊魯書社, 2001년.

李哲賢, 『荀子之核心思想』, 臺北, 文津出版社, 1994년.

馬積高, 『荀學源流』, 上海, 上海古籍出版社, 2000년.

王國維, 『觀堂集林』 第一册, 北京, 中華書局, 1994년.

曾金聲, 『中國先秦政治制度史』, 臺北, 啓業書局, 1970년.

張承漢, 『中國社會思想史』, 臺北, 三民書局, 1986년.

蕭公權, 『中國政治思想史』, 臺北, 華岡出版公司, 1977년.

林安弘, 『儒家禮樂之道德思想』, 臺北, 文津出版社, 1988년.

徐復觀, 『中國人性論史』, 臺北, 臺灣商務印書館, 1990년.

傅佩榮, 『儒道天論發微』, 臺北, 學生書局, 1988년.

曾春海, 『儒家哲學論集』, 臺北, 文津出版社, 1989년.

張豈之, 『中國儒學思想史』, 臺北, 水牛出版社, 1992년.

徐復觀,『中國人性論史』, 臺北, 臺灣商務印書館, 1990년.

胡寄窗,『中國經濟思想史』, 上海, 上海人民出版社, 1978년.

趙靖,『中國經濟管理思想史教程』, 北京, 北京大學出版社, 1993년.

趙靖,『中國經濟思想通史』, 北京, 北京大學出版社, 1996년.

黃俊傑,『春秋戰國時代尚賢政治的理論與實際』, 臺北, 問學出版社, 1977년.

陳來,『古代宗教與倫理－儒家思想的根源』, 北京, 三聯書店, 1996년.

馮友蘭,『中國哲學史新編』 第二册, 北京, 人民出版社, 1995년.

藩菽主編,『中國古代心理思想研究』, 南昌, 江西人民出版社, 1983년.

王友三主編,『中國宗教史』, 濟南, 齊魯書社, 1991년.

陳定閎,『中國社會思想史』, 北京, 北京大學出版社, 1990년.

蘇新鋈,『先秦儒學論集』, 臺北, 文津出版社, 1992년.

沙亦群,『意識形態與社會變遷』, 臺北, 巨流圖書公司, 1983년.

陳鴻瑜,『政治發展理論』, 西寧, 青海教育出版社, 1995년.

露絲・本尼迪克, 何錫章 譯,『文化模式』, 北京, 華夏出版社, 1987년.

朱岑樓,『社會學』, 貴陽, 貴州人民出版社, 1997년.

[한국자료]

尹乃鉉,『商周史』, 서울, 民音社, 1984년.

[논문자료]

薛保綸,「荀子的天論」,『哲學與文化』, 第三卷 第十三期, 臺北, 1978년.

傅佩榮,「荀子天論研究」,『哲學與文化』, 第十二卷 第三期, 臺北, 1985년.

岑溢成,「荀子性惡論析辯」,『鵝湖學誌』, 第3期, 臺北, 文津出版社, 1989년.

簡淑慧,「分的起源及其在荀子思想系統中的地位」,『孔孟月刊』, 29卷, 第5期.

王金凌,「論荀子與子思」,『徐文珊教授百歲冥誕紀念論文集』, 臺北, 文史哲出版社, 1999년.

許俊雅,「禮之精神及社會價値」,『孔孟月刊』, 第23卷 第12期, 臺北, 1982년.

陳伯堅,「荀子政治思想探微」,『復興崗學報』第36期, 臺北, 國防大學政治作戰學院, 1986년.

楊素珍,「荀子禮論與其政治思想的關聯」(上),『孔孟月刊』第34卷, 第2期, 臺北, 1995년.

羅漢文,「荀子的政治思想」,『政治評論』第40卷 第3期, 臺北, 1982년.

周紹賢,「荀子與法家」,『文藝復興』第152期, 臺北, 1984년.

賴慶鴻,「荀子禮治思想之功用」,『東吳政治社會學報』第8期, 臺北, 1984년.

袁信愛,「荀子的社會思想與當前民主政治」,『哲學與文化』第17卷 第11期, 臺北, 1990년.

施銘燦,「荀子之尊君貴民思想」,『高雄師範學院學報』第16期, 高雄, 1988년.

찾아보기

ㅁ

ㅂ

ㅅ

ㅇ

ㅈ

ㅊ

| 저자약력 |

조원일(趙源一)

대전에서 출생하고 성장기의 대부분을 그곳에서 보냈다. 유년시절 우연히 읽은 중국의 고전이라고 하는 한 권의 책 때문에 청소년기를 동서양고전에 심취하여 보내게 된다. 청소년기에 동서양고전의 세계를 탐닉하면서 인생의 진로를 인문학자의 길을 걷기로 결심한다. 그 후로 고대 중국의 지적(知的) 전통에 대한 깊이 있는 탐구를 위해 충남대학교 철학과에 진학했다. 대학 재학 기간 동안 중국철학과 중국문화 및 중국어를 체계적으로 공부하며 학자로서의 꿈을 키워나갔다. 대학 졸업 후에는 臺灣으로 유학을 떠나 中國文化大學 대학원 철학과에서 석사학위를 취득하고, 그 뒤에 다시 중국 본토로 유학을 가서 北京大學 대학원 철학과에서 박사학위를 취득하였다. 학위 취득 후에는 충남대학교 유학연구소, 남서울대학교 중국학과를 거쳐 현재 전남대학교 중국학과 교수로 재직하면서 전남대학교 이순신해양문화연구소장을 겸직하고 있다. 또한 중국 浙江大學 한국연구소의 객원연구원 및 寧夏大學 학술고문을 겸직하고 있다. 그 동안 집필한 저서로는『東吳哲學』,『哲學・宗教與人文』(中國出版),『半生緣』(영화로 배우는 중국어),『맹자의 도덕사상과 정치사상』,『고대중국의 사유세계』,『동아시아의 유학사상』,『선진유가의 사상』,『맹자의 철학사상』,『공자의 철학사상』등이 있으며, 외국에 발표한 논문으로는「韓愈的天命論探微」등을 포함하여 다수가 있으며 국내에 발표한 논문에는「孟子의 聖人觀 硏究」등을 포함하여 다수가 있다. 현재까지 고대 중국의 철학사상과 중국의 전통신화 분야에 대하여 지속적으로 관심을 가지고 연구하고 있으며 또한 고대 중국의 역사와 인문지리 및 전통문화에 대해서도 흥미를 가지고 연구를 진행하고 있다.

순자의 철학사상

인쇄 2014년 10월 15일
발행 2014년 10월 25일

저자 조원일
발행인 지병문
발행처 전남대학교출판부

등록 1981. 5. 21. 제53호
주소 500-757 광주광역시 북구 용봉로 77
전화 (062) 530-0571~2
마케팅 (062) 530-0573
팩스 (062) 530-0579
홈페이지 http://www.cnup.co.kr
이메일 cnup0571@hanmail.net

값 15,000원

ISBN 978-89-6849-152-8 (93150)

이 도서의 국립중앙도서관 출판예정도서목록(CIP)은
서지정보유통지원시스템 홈페이지(http://seoji.nl.go.kr)와
국가자료공동목록시스템(http://www.nl.go.kr/kolisnet)에서 이용하실 수 있습니다.
(CIP제어번호 : CIP2014029754)